世界大学女校长论坛
World Women University Presidents Forum

大学的选择与责任

第七届世界大学女校长论坛

Choice and Responsibility of University

—

The 7th World Women University Presidents Forum

周丽娜　王　娟　主编

中国传媒大学出版社
CUCP
·北京·

第七届世界大学女校长论坛开幕式致辞

◎ 吴永乾

尊敬的世界大学女校长论坛委员会主席刘继南，
尊敬的欧洲大学女校长协会主席居尔松·萨拉莫，
同济大学前校长吴启迪，
世新大学董事会主席成嘉玲，
尊敬的各位嘉宾，
女士们、先生们：

早上好，我叫吴永乾，是世新大学现任校长。我代表世新大学向在场的每一个人表示热烈的欢迎。非常荣幸主持这次论坛，与来自全世界这么多的杰出校长和领导会面。我衷心地祝愿大家在这里度过一段快乐的时光。

今年的论坛，我们将就大学身处在地球村和不断变化的国际社会之中如何做出选择、承担何种责任交换观点和想法。对于论坛组委会选择聚焦于这样一个重要的议题，我感到非常高兴。

我们正面临着全球范围内的诸多挑战，如低出生率和全球变暖等问题，单独靠自己的努力是行不通的。相反，无论是否存在矛盾冲突，我们都必须考虑所有相关利益并且联通各界，共同努力以寻找最佳的解决方案。在高等教育的领域里，我们彼此没有本质的区别。通过合作，建立了人与人之间的联系，这对于日益增长并相互联系的全球经济的长期发展起到至关重要的作用。我们邀请大家来到这里是想为大学女校长们建立一个平台，在这里她们可以不断贡献自己的最佳实践和成功案例，以此为他人提供灵感和借鉴。

我相信我们在此次论坛中一定会讨论出丰富的成果。在此我对大家的参与和关注表示衷心的感谢！

（吴永乾，台湾世新大学校长）

第七届世界大学女校长论坛开幕式致辞

◈ 刘继南

尊敬的各位同仁,女士们、先生们,朋友们:

上午好!

光阴荏苒,弹指十年成尘。十年前,在世新大学50周年校庆典礼上,我曾有幸作为大学校长代表发言,昔日情景历历在目。二十五年来,我们和世新大学的合作友谊,情同姊妹,历久弥新。世新大学六十年来传承创办人舍我先生"德智兼修、手脑并用"之育人宗旨,拓展为德智体群美五育并重之"全人教育"理念,经一甲子砥砺琢磨,培育精英8万有余。发展拔节有声,办学业绩卓然瞩目。

2001年,我们与世新大学时任校长成嘉玲女士共同发起并创立了世界大学女校长论坛,意在交流分享办学治校经验,提升女性领导力。今天,创办十五周年的世界大学女校长论坛在台北隆重举行,恰逢世新大学六十华诞,论坛发起者、指导者和见证者,老友新朋齐聚一堂,兴高采烈,让人倍感温馨。

在此,我谨代表世界大学女校长论坛组委会,向办学六十周年的世新大学表示最热烈的祝贺!向出席论坛的各位大学女校长表示最诚挚的欢迎!

十五年来,世界大学女校长论坛先后在北京、南京、厦门召开六届主论坛,在奥克兰、东京、夏威夷、伊斯坦布尔、哈拉雷、蒙特雷、加德满都和坦佩雷举办八次分论坛,足迹遍及五大洲,共计有近100个国家与地区的1000多人次参会;我们还创立了江苏中外大学女校长教育发展基金会,成立了现代女性领导力研究院,与欧盟大学校长委员会、欧洲大学女校长会议、非洲女性教育工作者论坛、美洲高等教育联盟等组织与机构建立了交流合作关系。世界大学女校长论坛受到联合国教科文组织和联合国妇女署的关注与支持,成为全球高等教育界以女性为主体的品牌论坛。

当今世界,全球一体,命运共联。大学作为思想与理念之创生地和集散地,立足当下、仰望星空、前瞻未来是其应尽之责。世新大学将"推动全球经济与社会转型升级:大学的选择与责任"作为本届论坛之主题,回应了世界经济复苏缓慢、全球治理亟待加强的

目 录
contents

第5章 女性领导者推动创新变革教育的责任

PART 01

第七届
世界大学女校长论坛
致辞

第七届世界大学女校长论坛开幕式致辞

◈ 成嘉玲

亲爱的朋友们:

我们很荣幸在我校世新大学成立60周年之际举办第七届世界大学女校长论坛。自2001年由中国传媒大学首办以来,世界大学女校长论坛汇集了来自世界各地区的大学和高校的共同对话,受到了联合国教科文组织的热切关注。

前六届论坛顺利地在中国大陆召开,本次第七届论坛同样汇集了来自四大洲14个国家的29位大学女校长共同探讨高等教育的创新和转型之路。世界大学女校长论坛的举办促进了女性领导力的提升,加强了学术交流。在此我要向我目光长远的朋友、同事、世界大学女校长论坛委员会主席刘继南表示深深的谢意。

今年(2016年)的论坛围绕"推动全球经济与社会转型升级:大学的选择与责任"这一中心论题展开。我们希望大众关注这一事实,即大学不仅能提供人才和知识,而且能在社会维度的进一步提升和经济的进一步发展上起到重要作用。在这个大数据和结构转型飞速发展的时代,教育者必须整合不同的价值观,改革和创新教学方法,鼓励知识传授的创造性转型,提升科研水平和发展水平,为我们社会的知识经济提供支撑。

60年前,成舍我先生创立了世新新闻职业学校,旨在培养新一代德才兼备的新闻传播人才。从最初的职业学校到五年制的学院再到如今完备的一流大学,世新大学现设有新闻传播学院、管理学院、人文社会科学学院及法学院。在任职世新大学首任校长期间,我最引以为傲的成绩就是在我校创立了性别研究所。该所旨在推动性别平等,提高性别意识,并通过改变公共领域中存在的社会性别偏见来促进系统变革的实现。今年秋天,正值世新大学建校60周年校庆之际,我们怀着自豪与内省的心态回顾了学校的历史,同时对前方令人兴奋的新挑战充满期待。我们很高兴能与世界大学女校长论坛分享我们的"生日派对",我们期待在未来的几天中即将在这里进行的活力四射的精彩讨论。同时,我们也希望能向大家展示我们大学的学术成就以及台北独特的文化和习俗。

再一次感谢您的加入,预祝所有参会人员在世新大学过得愉快!

(成嘉玲,台湾世新大学董事会主席)

现实需求,彰显了大学教育和大学女校长的责任担当和世界情怀。

人类之伟大,在于其不断孕育创生思想与理念以及所具有的无可匹敌之推动力。回溯人类社会发展史可知,每当人类社会处于发展转型的十字路口时,新诞生之思想与理念,或对原有思想与理念之新阐发、新开拓,将引领人类社会找到新的路径与突破,实现社会发展之转型与超越。

当今我们正处于一个经济社会转型发展遭遇瓶颈与障碍之时代,一个迫切需要思想与理念引领之时代。我们期待与会大学女校长围绕主题,从各国文化价值、各校学科特色、各自研究专长出发,进行跨国别、跨文化、跨学科之对话与交流,力促融合与凝聚,为推动全球经济与社会转型升级,贡献女性之智慧与方略,贡献大学之思想与理念。

最后,祝世新大学花叶盖世、甲子弥新!祝本届论坛思想涌流、理念迭出!

谢谢大家!

(刘继南,世界大学女校长论坛组委会主席、中国传媒大学名誉校长)

第七届世界大学女校长论坛闭幕式致辞

◈ 刘继南

尊敬的各位同仁，女士们、先生们，朋友们：

上午好！

时间过得真快，论坛闭幕时刻倏忽已至。会务保障之高效、思想研讨之充分、理念碰撞之精彩，让本届论坛一天半的议程言犹在耳、意犹未尽。这无疑是一次彰显女性领导力、诠释教育影响力的成功盛会。

本届论坛立足高远、主题宏阔，从教育与社会互动、教育与技术互动之视角出发，创新大学女校长学术话语，以深沉的人文关怀、强烈的担当意识，审视和前瞻大学在人类社会发展关键当口之使命与责任，意义非同凡响。

本届论坛组织方式灵活多样、交流互动热烈坦诚，不仅圆满完成了各项预定议程，还就明年在布加勒斯特和叶卡捷琳堡举行分论坛达成了共识，成果影响深远。

面对教育与社会的紧密互动，我们认为大学教育一味迎合社会需求容易陷入功利主义的美丽陷阱，只有坚持理想主义才能保持大学教育的高蹈独立，才能以高贵之思想与理念，去擘画经济与社会转型发展之蓝图。大学校长要做教育理想主义的践行者而不是教育功利主义的追随者。

面对第四次工业革命的滚滚浪潮，我们认为技术革命与变迁对教育的形态必将产生巨大影响，但教育之本质不仅不能变、不应变，反而更应深化、强化，这样才能引领新技术之变革和治理变革后的全球社会。大学教育要做经济与社会转型发展的弄潮儿而不是旁观者。

各位同仁，睿智之思想因切磋而更具包容性，先进之理念因碰撞而更具交融性。本届论坛因切磋和碰撞而迸发的思想与理念，必将随论坛文集的汇编出版而传播久远。在此，我要向倾情分享思想、倾心奉献理念的各位同仁，表达我崇高的敬意！向为筹备论坛做出精心周到安排的成嘉玲董事长、吴永乾校长及其团队，表达我诚挚的谢意！

世界大学女校长论坛每隔两至三年举办一届主论坛，其间到世界各地举办分论坛。

刚才,罗马尼亚迪米特里埃·坎特米尔基督大学董事长克瑞娜·杜米瑞斯库女士、俄罗斯乌拉尔国立师范大学校长西蒙诺娃·阿蕾弗提娜女士,分别向大家介绍了2017年布加勒斯特论坛、叶卡捷琳堡论坛之主题及筹备情况,并向各位同仁发出了邀请。我也代表论坛组委会正式向大家宣布,第八届世界大学女校长论坛定于2018年在我的家乡——中国武汉召开,届时组委会将向各位同仁发出正式邀请。

闭幕不是谢幕,告别期待再见。期待2017年,我们相聚在布加勒斯特和叶卡捷琳堡;期待2018年,我们再聚坐拥两江、怀抱百湖的秀美武汉;期待因世界大学女校长论坛而萌生的合作;期待友谊长存!

谢谢大家!

(刘继南,世界大学女校长论坛组委会主席、中国传媒大学名誉校长)

第七届世界大学女校长论坛闭幕式致辞

◇ 成嘉玲

本届论坛的主题是“推动全球经济与社会转型升级:大学的选择与责任”。自 20 世纪 70 年代以来,联合国一直高度关注妇女在健康和教育方面的问题。虽然近几十年来妇女问题在国际上获得了更高的重视,但在许多现实情况下,妇女仍然身处于不利的地位。作为女性领导者,提升和改善社会环境是我们的职责。

教育是经济增长的根本动因,而高等教育在培养高素质人才方面发挥着更为重要的作用,是推动全球经济发展的根本。大学教育为未来经济创造了富有弹性的劳动力资源,促进了社会的流动,并产生了积极的外部效应。人们对大学的定位取决于大学的社会功能。大学能给学生创造机会来参加内容翔实、思想深刻的讨论,以此培养出具有社会责任感且积极参与公共事务的公民。

本届论坛使我们有机会与来自不同国家和地区的校长进行思想和信息交流。在过去的两天里,我们举办了两个主题演讲和多次会议,其间针对多个话题展开讨论,例如数字化时代教育所面临的挑战和机遇、如何为第四次工业革命做好准备以及对未来台湾高等教育的展望,这些讨论都取得了显著成果。

在此,我祝贺本届论坛圆满结束,同时预祝下届论坛也圆满成功。

(成嘉玲,台湾世新大学董事会主席)

PART 02

教育之功利主义与理想主义如何平衡

全球经济、社会变革与大学责任

——聚焦近年来韩国大学之改革政策

◎ 金淑子

一、社会发展与变革中的大学教育

大学教育指引社会的发展,反过来,社会的进步也促使我们反思大学教育。在高校改革过程中,高校是根据政府指定的改革政策自愿、积极进行改革还是非自愿、被动进行改革,这一点很重要。后者虽然效率高、手续快、操作性强,但伤害了大学的自主性、实践性和教育改革的理念。

在当今韩国,高校大多非自愿、被动地根据政府的高校机构改革政策进行调整,而不是顺应社会发展和变化自愿、积极地做出回应。

因此,韩国高校如何协调自上而下的教育改革的实用主义需求与自身在愿景、制度、课程设置和学生指导等方面的理想与现实之间的关系,显得尤为重要。

在此,我想介绍一些韩国大学改革的具体案例,以此评估大学的存在对未来的价值,并介绍我们是如何进行变革的。

二、韩国政府的大学教育改革政策

(一)高等教育机构的认定章程

截至 2011 年,韩国工程教育认证委员会(KABVHE)一直在评估和认证高等教育机构的可信程度。认证的目的是为了保证高等教育的质量,提高教育机构的水平,树立高校的责任,为学生和家长提供高校的信息,促使更多的国际学生到韩国来留学。

具体考核标准包括全日制师资保障率、新生入学率、招生率、校舍使用率、教育资助率、奖学金率、志愿者工作、高校财务状况、就业率。韩国工程教育认证委员会通过记录和现场检查对上述类别进行评估,然后为满足其基本要求的学院提供认证。不符合这些标准的大学,将不会受到任何政府行政或财政上的资助。更糟糕的是,有些大学实际上很难招到新生。而获得认证的大学需要每两年进行一次重新评估,每五年更新一次认证。

(二)高校机构改革评估

自2015年起,韩国教育部已在各院校中对其教育条件、教育管理、课程、学生支持、教育绩效、就业率、野外实践率、专业领域等进行了评估,评定出A级到E级。在经由审批的院校中,除顶尖学院外,都需要根据其等级降低入学名额,这也就限制了等级低的院校的众多财政支持。由于高中毕业生人数与大学入学配额的不平衡日益加剧,大学学生人数将继续下降。许多院校都很难招到学生,而那些课程和条件差的大学很可能会因此关闭,这对学生、家长及社会都会造成伤害。

为了防止这种情况发生,韩国教育部领导了大学的机构改革。在163所四年制大学中,26所被评定为D级,6所被评定为E级。在两到三年学制的大学中,27所被评定为D级,7所被评定为E级。被评定为D级的大学,当地政府会限制对其新项目的财政支持,并且会部分限制对其学生的学费贷款资助。被评定为E级的学校不会得到政府财政上的支持,也不会设有奖学金和学费贷款资助。一旦学校被评定为D级,四年制的大学必须减少10%的入学名额,两到三年学制的大学必须减少7%的入学名额。一旦被评定为E级,四年制的大学必须减少15%的入学名额,而两到三年学制的大学必须减少10%的入学名额。更大的问题是,D级或E级大学可能很难招到新生,招生率将会比官方限制的更低。因此,韩国政府将根据评估结果淘汰低水平院校。

(三)韩国专科学校(SCK)项目

自2014年以来,韩国教育部一直都在为大学制定专业方案。这些方案旨在根据社会发展和变化,为社会和行业提供所需的专业型人才。韩国教育部的目标是使大学专业化,加强竞争,通过扩大就业和开设以实践为导向的课程来提高就业率。专业院校将通过评估标准,如应届生就业率、招生率、教育资助率,课程开发和基于国家技能标准的管理计划进行评选,重点放在以实践为导向的方案以及以学生和教师为主体的权力实施上,争取在3年内得到政府的大量财政支持。

表1 韩国专科学校项目类型

韩国专科学校项目类型			
类型Ⅰ (单一产业专业)	类型Ⅱ (复合产业专业)	类型Ⅲ (程序专业)	类型Ⅳ (成人和职业教育专业)
与某一特定产业相关的一组部门的专业①(70%)	与某一特定产业相关的两组部门的专业(70%)	高校自主发展优秀职业培训项目	100%集成系统:模块化、实用化的学位或非学位课程

三、综合性大学和女子大学之间的评估

(一)综合性大学和女子大学

大学领导层认同他们需要根据社会发展和变化来改革其教育体制。然而,在具体的实施方法上仍有很多争论。也就是说,由于韩国政府对大学的成立不给予任何限制,大学必须在自己的管理下自行改组教育体制。学生和家长有权决定一所大学是否合法,以及大学的去留。毕业生就业率、行业实践、被迫取消或整合某些部门以及被要求开设以国家技能标准②为导向的课程,都被认为是导致大学教育过度以就业为中心的原因。

由于韩国政府的评估是标准化的,没有考虑每个院系、学院的情况或学院的人口统计数据的不同,特别是综合性大学和女子大学之间的区别,因此这种评估是不恰当的,它忽视了学校的专业性和实际情况。根据自己的基本宗旨和发展计划,每个院校都有相应的目标和课程设置,如果政府完全不考虑这些因素,就很难正确客观地做出评估。

其中,韩国女子大学面临着很大的困难。女子大学主要侧重人文和社会科学,往往缺少自然科学或工程专业,因此毕业生在就业方面往往会受到影响,特别是在野外实习方面。鉴于人文学科的性质,贸然把女子大学与综合性大学进行比较是不公平的。在女子大学,很多学生倾向于毕业后做兼职或结婚。女性之所以更倾向于找兼职工作,是因为这样她们可以在婚后兼顾家务的同时照顾孩子。女子大学为了获得好的评估等级,会逼迫这些学生去找全职工作或进行野外实习,这可能会引起一些学生的不满。面对人口减少这一社会现实,韩国政府应该鼓励结婚和生育,而不是把重点放在女子大学毕业生的就业上。

为了在评估中得到一个好等级,女子大学试图建立或扩大工程专业,以提高就业率和资助率。

---

① 包括人文社会科学专业、工程专业、自然科学专业和艺术专业。

② 国家技能标准(NCS)是指政府将职员在该领域工作所需的知识、技能、态度等的工作规范系统化。

(二)韩国专科学校的机构改革——以培花女子大学为例

培花女子大学是118年前由一位美国卫理公会传教士创办的。培花女子大学基金会成立于38年前,其中包括培花幼儿园、白华中学、白华高中、白华女子大学。我们作为一所本科院校[①],有两年制、三年制和四年制培养计划,不设有研究生课程,学生总数约3200人。

我校是一所以人文社科专业为主的女子大学,只有一个工程专业,即智能IT专业。我们通过了韩国教育部的认证,虽然我们称不上是顶尖大学,但我们的确是一所好大学。我校位于韩国首都首尔市中心,是唯一靠近景福宫、德寿宫和昌德宫这些历史文化和传统遗址的一所大学。我校旨在培养在全球文化与旅游服务、现代餐厅和时尚产业等领域,专注于传统美食的食品类人才和专注于传统服装的时尚文化类人才。近三年来,我校已经获得资助48亿韩元(约436万美元)。

我校位于首尔市中心,靠近总统府青瓦台,所以校园很小,不能扩招。同时,因为我们专注于人文和社会科学领域,没有开设工程系,所以我们的毕业生就业率很低。我有一个梦想,那就是让我校继续发展成一所综合性大学。

人类的未来将是发达的科学文明的未来,我校致力于人类、人文和精神教育。[②] 这种教育是确保人类幸福的最后堡垒。我相信,如果人文社会科学消失,大学教育的意义将被大大削弱。

四、大学未来的形态

(一)人文和社会科学学科的危机

产业和经济的快速变化促使大学进行机构改革。

大学已成为公民就业的预备场所,成为世俗的培训学校,而不是培养终身学习的地点或培养知识分子的地方。大学为了生存而加速机构改革,自愿或非自愿地增加自然科学和工程专业,以确保学生能更容易找到工作,同时减少不利于学生找到工作的人文和社会科学专业。例如,韩国教育部实施了"以工业需求匹配教育计划",该计划旨在提高工业所需的人力,重视自然科学和工程学科,减少进入人文和社会科学学科的学生数量,并为相应学科提供政府基金。在入选该计划的21所大学中,2500名学生从人文社会科学专业离开,4429名学生进入自然科学和工程专业。

---

① 设有儿童早期教育、办公行政、国际贸易、商务管理、税务会计、英语、商务日语、中国商务、婴儿护理、智能IT、食品营养、韩国传统美食、全球旅游和信息安全专业。

② 例如,我们每周会为学生举办一次关于信仰、愿望、爱的小礼拜,鼓励学生在感谢信中写下"爱、谢谢、关心"。

如果大学教育的目的仅仅是让学生找到工作,我们就很容易陷入“科学至上主义”的误区,即科学知识是唯一可以依赖的知识的陷阱。

2016 年 3 月,韩国顶尖围棋棋手李世石与谷歌开发的人工智能 AlphaGo 进行对决,并以 1:4的总比分落败。即使我们用科学击败了人类,我们也不应该让人类的世界由科学主宰。我们用科学为自己制造机器,但以就业为目的增加自然科学与工程学科的招生名额是不可取的。主张开发人工智能的研究人员并不多,牛津大学 2013 年进行的一项研究表明,计算机和机器人将取代人类目前 35%的职业。我们不能保证目前受欢迎的工作将来是否还会存在。所以我们不得不考虑,当今的教育政策是否合理,不能因为自然科学专业毕业生就业率高,就忽视毕业生就业率较低的人文和社会科学专业。

(二)大学存在的意义和大学教育的价值

1. 大学存在的意义

近年来,由于学生人数的减少,青年失业率的提高,课程和行业需求之间的不匹配,许多国家的大学教育都陷入了危机。

据分析,由于出生率低,到 2019 年韩国大学将很难达到入学配额,到 2023 年新生人数将减少 11 万人。本科、研究生毕业生就业率由 2013 年的 67. 4%下降到 2014 年的 67%。韩国职业教育与培训研究所的研究显示,在专业和就业不匹配的毕业生总数中,主修领域为人文社会科学的毕业生就业不匹配率(约占 37. 8%),要高出主修自然科学和工程领域的毕业生(约占 22. 9%)接近 15%的比例,并且人文社会科学专业的毕业生工资要比在同等工作领域专业和就业对口的毕业生低 7. 2%。

表 2　韩国学校系统就业率(单位:%)

年份	学院	大学	师范大学	工业大学	其他学院	技术学院	研究生院大学
2012	68. 1	66. 0	64. 7	73. 0	52. 6	78. 0	19. 1
2013	67. 9	64. 8	76. 4	73. 2	53. 9	77. 4	78. 5
2014	67. 8	64. 5	79. 0	70. 2	52. 1	76. 0	77. 5

表 3　韩国高校各专业就业率(单位:%)

年份	人文	社会科学	教育	工程	自然科学	医学	艺术
2012	59. 7	65. 0	66. 3	76. 0	64. 6	82. 0	58. 6
2013	57. 9	63. 9	67. 9	74. 9	63. 8	80. 8	59. 6
2014	57. 3	63. 9	68. 6	73. 1	63. 6	80. 8	59. 6

大学应发挥职能,满足个人和社会需要,促进社会发展。为了振兴与产业需求相关的教育,高校进行机构改革是必然的。大学作为一个存活的机构,需要预测我们未来的需要,并继续改革教育制度和方式。未来的大学应该是什么类型的? 它们为什么存在?

它们追求什么样的目标？它们教学生什么？这些问题都需要我们不停地考虑。

此外，全球通过在线校园和慕课（大型开放式网络课程）将高等教育推广到在校大学生、世界公民和全球公司。2016年5月，访问韩国的未来学家托马斯·弗雷（Thomas Frey）预测，到2030年我们所知道的20亿个工作岗位将消失，也就是说，目前80%的工作岗位将在15年内消失，世界上大约一半的大学将在20年后关闭。

大学在过去提供了学习的机会，发挥着培养精英群体的功能，其结构具备排他性。如今，在这个信息和全球化的时代，学生可以有更多的机会在大学之外的地方学习。因此，大学会从世界上消失吗？我给出的回答是：大学不会消失，也不能消失。大学的职责是发展和改变人类生活。为了达到这个目的，它们必须存在。

2. 大学教育的价值

在大学里，我们可以获得现代社会广泛传播的知识。重要的是我们能获取知识、传播知识、联结知识（形成网络），并将其转化为新知识，创造出新事物。这正是大学的作用所在、大学教育的意义所在。也就是说，未来大学教育的价值和目的不是简单地提供和传递保存下来的知识，而是发挥创新教育的动态功能，即知识带来更多的知识，带来新的成果。未来学家预测，未来的一代人一生中将在3个领域找到5份以上的工作，在他们的一生中会经历19种不同的工作。如果是这样的话，大学教育的目标绝不能仅仅是让学生毕业后找一份工作。在终身工作消失的时候，我们的大学必须帮助学生独立思考，并有能力发展他们的思维。因此，大学不能只注重技术、工业和经济的发展，还应担负起责任，通过强调教育的特性和精神，培养学生在哲学和神学上的思考，为人类幸福未来奠定基础。

（金淑子，韩国培花女子大学校长、明知大学教授及荣誉教授）

学术价值:我们需要为其挺身而出吗

——如何在教育中实现功利主义与理想主义之间的平衡

◇ 克里斯塔·薇兰托拉

大学到底在促进社会福利和推动社会进步方面发挥着什么样的作用、承担着什么样的责任?我将以芬兰高等教育体系在当前欧洲社会中充当的角色为例就这一问题展开论述。

21世纪,许多欧洲国家面临的压力急剧增加,这些压力主要源于国家把大学以及大学内部的研究视为国家和超国家创新体系中不可缺少的一部分。目前这种压力还没有结束的迹象。

一般来说,大学的任务是提供高等教育和开展学科研究。除此之外,通常大学还会被赋予所谓的"第三种使命",即积极增进社会的整体福利。芬兰所有的大学都是公立大学,所以芬兰《大学法案》中的这一条例适用于芬兰境内的所有大学:

> 大学的使命在于提倡自由研究、学术教育和艺术教育,在于提供研究基础上的高等教育,在于教育学生为国家和人类服务。大学必须以弘扬终身教育为己任,与周围社会联动,加强其研究成果和艺术活动对社会的影响。
>
> ——芬兰《大学法案》558/2009

一方面,在当前的政治风气中,研究被视为经济增长的主要刺激因素,因此公共研究经费越来越受到政治控制,并用于实施具有"战略意义"的研究之中;另一方面,高等教育机构也优先重视以职业为导向、对经济有益的"相关"教育。

现在人们主张科学不再为社会服务,而是为创新服务。在我看来,这种观点的提出从出发点上就是错误的,是从期望的最终产品和结果开始,来决定生产它们所需要的研究类型。实际上,这种观点意味着在许多政治家的眼中,一些学科要比其他学科更加重要。与所谓的社会科学和人文科学领域相比,工程科学和应用自然科学经常被认为对社会福利更有益。

相较于男性学生,社会科学与人文科学领域更受女性学生的欢迎,女性在学术界和社会其他领域的地位也会受到当前基于功利主义的政治价值观的影响。文学、文化研究和外语是典型的软领域,在经济增长是唯一关注焦点的政治氛围中,其作用和影响正在减弱。这意味着在较软的学习领域找全职工作也越来越困难,年轻学生不愿意选择学习此类传统学科。

然而,有足够的证据表明,尤其是在欧洲,和谐社会并不是通过过分强调科技的作用和贬低人文社会科学来建立的。在这一政治框架下,我们传统的学术价值如何应对——我们需要为学术价值挺身而出吗？学术自主和研究自由将面临什么？

学术界仅仅捍卫学术自由已经不够了,但我们是否需要进入一个更加积极主动的阶段并为之而战呢？当然,这种观念并非独创,也非闻所未闻。纵观整个历史,学术自由一直受教会和专制统治者、极权主义政府的限制。因为他们知道什么对大家有利,什么样的研究成果是当时国际秩序认可和正需要的。

1666年法国皇家科学院在巴黎成立,借此,科学家不必再迎合国王、王后或教皇的突发奇想,可以进行独立研究(Simon Singh,Big Bang,2005,p. 89)。因此,法国皇家科学院成为当时以及日后许多知名欧洲科学家的避风港。然而直到300年后,女性才被这一享有盛名的机构作为成员正式接纳。

著名的欧洲研究理事会主席皮埃尔·布吉尼翁,近来(2016年4月)在维也纳举行的欧洲科学院联盟上就当时的状况加以评论,他指出:

> 众所周知,在许多国家,越来越多的研究人员受到基础研究资源削减的影响。我的提议是每当资源受到削减时,我们作为科学家至少要争取到能自上而下地用于基础研究的资金。有大量证据表明,没有给予研究人员足够的自由,削减了许多意想不到的新进展的可能性,而这恰恰是对未来至关重要的。实际上,我们有责任让所有的投资者了解到如何以最好的方式帮助科学家服务社会。无论是从事自然科学、生命科学、社会科学还是人文科学的研究者,都需要全方位的支持。给予他们充足的时间和自由去探索新知识是重中之重,因为这是确保科学繁荣发展的唯一途径。

我们必须承认全球重大问题解决方案的提出大多归功于各学科专家之间的合作。

现如今功利主义给大学带来的另一个可悲的后果体现在大学表现的评估方面,各种排名系统往往基于研究成果,而或多或少地忽略了学校的教学成果和教学任务。此外,研究成果的评估也主要基于伪装成定性标准的定量标准。换句话说,研究成果的数量要比研究内容更重要。

我担忧决策者受到经济价值观的影响,在学术背景下提倡管理效率的益处,甚至不顾科学界的强烈反对以数量来衡量研究成果。①

---

① 《旧金山科研评价宣言》(*San Francisco Declaration on Research Assessment*)。

我也担忧有些大话、空话暗示着只有与经济增长有关的研究和或多或少会带来即刻创收的研究才值得资助。

基于不同类型出版物索引的定量方法导致年轻的研究人员都或多或少地存在长期依赖临时合同的情况,并且需要通过其他经费提案来定期证明自身的学术价值。

然而,金钱并非万能,除非资助机构、政府以及媒体开始批判地审视这一衡量标准,不再单纯依据各种肤浅的排名结果,否则改善的可能性微乎其微。换句话说,如果一所大学从未开展网球运动员的训练,那么对于这所大学来说,把网球排名定得很高是没有意义的。

如果期望科学和学习服务于创新政策,而不是用以促进更广泛的社会利益,那么将扼杀创新思维和降低跨学科协作的效果。这也是“研究垃圾”这一概念在如今研究资助系统的批评者眼中越来越普遍的原因。“研究垃圾”可以简单地被定义为:为了获得资助而反复做已经完成的研究。

在现行的很多政策里,都明显缺乏洞察新知识如何产生的全局眼光,并且人们也往往会忽视社会科学和人文科学对增强社会力量和社会福祉的重要性。

另一个方面,到目前为止,学术不端问题很少受到人们的关注。出于对资金和出版物数量的激烈竞争,世界各地的学者们越来越试图偷工减料并采用不正当的行为,例如剽窃或贬低其他研究成员的贡献。当核心出版物的数量成为芬兰科研资助的标准后,被指控的学术不端的案子呈几何级数增长,最常见的指控为在出版著作署名中删掉研究参与者的名字。换句话说,在出版数量成为标准之前,研究人员愿意花费足够的时间去写一篇高质量论文,尊重他们的同事,甚至偶尔能潜下心来花时间写一本著作;而现在则是在既定的时间框架内尽可能多地发表出版物。此外,由于教学效果不再是衡量学术水平高低的标准,很多大学老师不再愿意在新一代学生的教学和教育问题上花时间。

自治和自我监管是世界各高校的核心理念。这些概念所涵盖的内容在世界不同地区也有所不同。芬兰的大学原则上是自治的,但受到经济限制、外部的压力以及不得不服务于经济政策和创新政策的需求的影响,大学的自主性和可操作的自由度已经明显降低了。当然,决策者有权利去支持他们的战略目标,但是他们不应该轻易定义一门学科和研究的价值。大学需要对纳税者负责,但同时它们也应该有足够的自主权去茁壮成长并追求自己的目标,即通过“倡导自由研究、学术教育和艺术教育……并教导学生服务国家,服务人类”来增进学生的求知和理解能力。

(克里斯塔·薇兰托拉,芬兰坦佩雷大学名誉校长)

全球化和社会转型中新型私立大学的角色思考

◎陈　曦

社会发展是大学发展动力的源泉,中国大学的发展,归根到底是适应了中国在经济全球化中社会转型的需要。

一、新型私立大学的职能

从世界范围来看,大学是西方社会从传统向现代转型的产物,"威斯康星思想"的产生,直接创造了大学为社会服务的职能,大学理所当然地具有为社会服务的责任。

社会服务是新型私立大学的重要职能。当今世界充满挑战,在这个快速变革的时代,从世界高等教育的发展来看,大学已经从社会边缘走向了社会中心,由象牙塔变成了大家熟悉的社会服务站,由单纯的教育机构变成了有丰富内涵的社会机构,其发展动力由单纯的学术演变为学术、政治、市场三者合力。也许,正是因为拥有这样的大背景,大学才成为现实社会政治、经济、文化生活中的显性话题,大学的责任和大学及其学术人员才会面临着难以回避的种种矛盾和冲突吧!

20 世纪中叶以来,大学参与社会活动越来越广泛、深入,社会服务也就成为大学的一项重要学术责任。大学作为一个独立的社会组织,不可能脱离社会而生存,社会的发展使大学与外部世界的联系日益紧密,大学的运转越来越依赖于政府、企业、基金会提供的经济支持与合同项目的资助。个人捐赠也在大学发展中起到重要作用,大学及其学者的服务是获得这些支持的重要前提与基础。

如今,社会服务已经成为大学的三种职能中发展变化最快的职能,其表现更加多样化、多元化。大学从社会筹集资金,得到支持,就必须承担起社会责任,而这种社会责任自然要分摊到每个学术人员身上。目前,这种服务的责任呈现出如下特征:社会服务的内容更加丰富,范围更加广阔,形式更为多样,服务方式也更为灵活。

二、经济全球化的需要

经济全球化为新型私立大学发展带来了机遇和挑战,大学参与到经济全球化社会中,并且能够在复杂的经济发展中发挥智囊作用。

新型私立大学与社会发展的联系密切,有责任回报社会,自觉承担起推动和服务经济发展的职能,以知识为生产工具,为公众提供有助于解决重大社会问题的服务,有效地服务社会。知识生产不仅仅在于追求真理,也在于追求功用。如果一所高校只发展纯学术研究,不研究社会、经济发展中的实际问题,那么其生命力是有限的。

新型私立大学必须有效进入到经济发展的背景中去,强化服务经济全球化的作用。弗莱克斯纳曾提出高校的"巴斯德式服务",当蚕病、生产葡萄酒与啤酒的困难、鸡瘟和狂犬病等威胁着法兰西时,法国著名化学家路易斯·巴斯德(Louis Pasteur)为了解决这些迫在眉睫而又至关重要的问题,将研究的重点由基础理论转向实际应用。

三、社会转型中新型私立大学的责任

新型私立大学应当以一种有利于社会的方式发展,把承担社会责任视为高于自己的组织目标的社会义务,这也是衡量现代大学是否负有社会责任的价值尺度。现代大学是具有社会责任的,要承担政治上、经济上和文化上的义务。

新型私立大学要为经济发展提供服务。社会经济的发展不仅需要先进的生产工具、工艺、方法,更需要科技创新。新型私立大学要通过不断探索,设计出最佳的人才培养模式,为社会的可持续发展提供智力支持;同时,要通过科研活动,直接为社会的可持续发展提供各种知识、技术和产品等支持,为经济可持续发展战略的实施提供服务。新型私立大学要重视科技成果的研发、转化和推广工作,把潜在的生产力转化为现实的生产力。伯顿·克拉克(Burton Clark)为此设计了大学为社会经济服务的市场模式:"大学出售教学服务,学生来购买;大学出售研究服务,政府和企业来购买。"我国从计划经济体制向市场经济体制的转型,为"克拉克模式"的生长提供了合适的土壤。

新型私立大学要为文化繁荣承担义务。文化的繁荣不仅能推动社会文化生活的进步,更能凝聚民族精神,提升民族素质,铸就时代风尚,打造国家"软实力"。大学是社会文化的诞生地,是先进文化的传承中心。新型私立大学应不断地向传统的学问常识提出新思想、新观念,并且扮演好智慧熔炉的角色,直到把世俗文化与全球化中的他国文化融合成一个完整的领域。

俄国哲学家赫尔岑(Herzen)说:"因为真理是灿烂的,只要有一个罅隙,就能照亮整个田野。”释迦牟尼也说：“以真理为灯火，以真理为支柱，不要以别的东西为支柱。”从大学的社会定位来看，新型私立大学作为具有非营利组织特征的特殊的社会机构，还必须承担起作为社会思想库的使命。

在高等教育发展中，“真理比科学更重要，真理囊括了人类存在的要义——我们称之为精神、存在、理性——所以大学的理想是崇高的；各种学术研究和教学都是真理的展现，帮助生命成长”①。大学必须将探索高深学问作为根本的价值追求，形成真理之川。大学的职能不在于把知识传授给年轻一代，而在于将年轻人和传统文化以及全球化文化富于想象地联系起来，让年轻人在共识的文化中产生积极的想象，并把由此产生的思想火花转化为知识。在这种文化中，知识不再是知识，而被赋予了无穷的潜力，这种潜力就是纽曼眼中的真理。他说：“真理是很多头脑在一起自由运作的结果。”高深学问忠实于真理，不仅要求绝对忠实于客观事实，而且要尽力做到理论简洁、解释有力、概念文雅。

在社会转型期，新型私立大学的社会定位是把大学看作以知识传授和知识创新为基础，以社会服务为责任，以志愿求公益的学者组织，这既汲取了传统大学理念的基本精神，又体现了时代特征，同时也符合新型私立大学在现代社会结构中的定位。

（陈曦，澳门科技大学副校长）

① 雅斯贝尔斯. 什么是教育[M]. 邹进，译. 北京：生活 · 读书 · 新知三联书店，1981：149.

西部贫困地区女性领导力提升的本土化策略研究

◎ 张莉莉

一、背景与缘起

(一)直面西部少数民族地区女校长奇缺的现实

西南贫困地区女性领导力提升是在中英西南项目的推动下开展的,该项目直面西南少数民族地区女校长缺失的现状,通过两年多的行动干预,使一大批女教师成长起来,并培养了其中的一些人开始承担起校长的职责。

中英西南教育项目是英国国际发展部和中国政府签订的一个5年教育援助项目,项目覆盖西南四省(广西、云南、四川和贵州)最贫困的27个项目县。项目的目标是促进教育公平,从而让处境不利的女童和男童从教育中更好地获益。围绕该目标,项目主要在贫困学生资助、教师培训、学校管理改善、监测与评估、社会发展和制度发展五个领域开展活动。项目的关注点之一是促进教师成长,所面临的现状,一方面是越来越多的女性走上教师岗位,另一方面是女校长的奇缺,女性走向领导岗位阻力重重。相关研究显示,女童入学状况的改善与教师的性别比有着显著的关联,因此促进女教师的发展成为中英项目关注的重点内容之一。

为了更好地将项目目标与项目地区的实际相结合,项目于2006年开展了定量和定性的基线调研。在调查样本中,356位小学校长中只有11位女性,87位中学校长中只有1位女性。与此同时,女性在成为校长之前要经过更长时间的等待,女校长的平均年龄为40岁,男校长的平均年龄为37岁。在四川某高寒山区项目县的基线调查显示:该县756名小学教师中,有女教师173名;122名初中教师中,女教师只有28名。女性干部和女教师匮乏,尤其是村小和教学点的女教师严重匮乏。全县没有一个女校长,有两所村小甚至根本没有女教师。表1中的调查数据显示,在所调查的三个项目县中,县级教育局女性干部很少,领导班子中完全没有女性。

表1　2007年三个项目县教育行政部门女性人数分布

单位	单位人数	女性人数(比例)	领导人数	女性人数(比例)
贵州某县教育局	24	7(29.2%)	4	0
广西某县教育局	27	9(33.3%)	5	0
四川某县教育局	27	9(33.3%)	5	0

通过访谈我们了解到,当地学校女干部、女教师缺乏的原因主要源于两方面:一方面,当地女性接受教育的机会很少,大多数农村女性只有小学文化甚至根本没念过书。自身的文化素质决定了很大一批女性不能成为女干部、女教师。另一方面,当地政府在选拔录用人才时没有性别的视角,对男性和女性采取的是同样的标准,甚至考虑到地理环境恶劣、工作条件差,担心女性不能吃苦,事实上对男性还有更多的倾斜。

定量调查和定性调研的结果相互印证了项目地区缺乏女性教师和女性领导的现实。实地访谈也进一步显示,女性在发展中面对很多不利处境,如与领导的沟通机会少、缺少角色榜样、得不到领导重视、家庭与工作存在冲突等。而且,女教师和女干部数量偏少也导致决策层在政策制定和决策过程中忽略了这一群体的存在,女性的利益及需求得不到充分体现。

西南贫困地区女校长奇缺带来的直接问题是,女性不能在学校管理中发挥自身应有的积极作用。如在寄宿制学校中,女校长的关怀对于低龄儿童和处于青春期的女生具有特殊的意义。再比如,女校长在与家长沟通方面也有很多的优势。而更严重的问题是,由于发展空间有限,女教师很可能会降低对自己的期望,不能充分发挥自身的潜能。

为了让更多女性走上学校管理岗位,为女教师提供良好的成长发展环境,中英西南项目通过"女性领导力研究",针对教育局局长、校长和骨干女教师的培训开展了综合性的干预,选择在云南省福贡县、广西壮族自治区那坡县、贵州省册亨县、四川省昭觉县开展试点工作。这一研究的核心目标是女性领导力建设,包括女性自身的能力建设和制度环境的配合。

(二)女性领导力研究

学术界对"领导力"概念有两种理解:一种是从狭义的角度,泛指领导者的领导力;另一种是从广义的角度,领导力即实现愿景和影响他人的能力。以往关于领导力的研究中,绝大部分没有将女性和男性区分开来,研究者更倾向于视性别为中性因素,将领导者看作高度抽象的人。在不区分性别的研究中,男性领导思维与经验往往被当成是普遍适用于不同性别的规范与常模,从而导致理论的建构中遗漏了女性的经验,许多女性的领导模式被忽视、被遗忘。有关女性领导力的研究主要集中于管理学和妇女研究这两个领域。在管理学方面,重点探究的是女性在领导工作中的优势、特点以及制约其发展的各种障碍。妇女学研究则比较关注男权文化对女性领导力的压抑、"玻璃天花板"、女性声音的缺失现象、女性关怀与人本管理等。

女性领导力提升问题是一个重要的实践命题,很多机构和组织开展了相关的培训和干预活动。致力于推动妇女领导能力建设的国际非政府组织 CEDPA 在《提高妇女领导力:培训指南》中对领导力进行了如下的界定:在实现某个共同目标的过程中所展现出的尊重、影响和管理能力。该指南还从内生的领导力、共享的领导力、给予的领导力三个层面划分了领导力的三个维度。其中,内生是充分发挥当事人的主体性;共享是积极推动相互间的合作;给予则从个体的社会责任感角度阐述了奉献所具有的领导力价值。该指南还指出,领导力不仅仅存在于职场中同时也是个人生活中展现出来的一种能力状态。可见,女性领导力提升的核心是认识到自身具有的领导力潜能,并通过具体实践的锤炼调动这些潜能。同时,女性领导力的提升并不意味着女性要成为和男性一样的管理者,而是要充分发挥女性自身的优势。

近年来,教师领导力提升问题也是国内外研究的热点。在学校的管理问题上,专家学者们不再单纯聚焦于对校长或学校管理者的研究,而是将目光转向了教师的领导力。李款在《论教师领导力的提升》中将教师领导力定义为"教师通过自身的专业知识、能力以及一些个性特质方面的因素共同作用,形成一种在学校群体活动中的影响力"[①]。华南师范大学吴颖民综合多国的研究,将"教师领导力"定义为:"教师领导力似乎更强调一种过程,是把教师的'领导作用'放在引导和协调组织成员完成组织目标的过程中来认识的,它是一种非强制性的影响力,教师(个人或集体)在此过程中无形中影响了周围的同事、校长和学校组织中的其他成员,其最终目的是为了提高教学水平,从而提高学生的学习成绩。"[②]

关于两性教育领导的差异,国外学者的研究成果较为丰富,他们以性别的社会建构理念为基础,对性别和领导加以解析,探讨了两性领导差异的成因和表现以及对教育领导工作的影响。多数研究者认为两性教育领导在领导风格和行为上存在着差异。[③] 罗斯林·格洛维(Roslin Growe)认为女性教育领导注重关系、分享和过程;而男性教育领导则注重任务的完成、目标的达成和彼此的输赢。约翰·克拉德(John Collard)在有关校长性别的研究中总结了两性校长的领导差异:在领导伦理方面,女性校长倾向于关怀和服务,而男性校长则更强调竞争;在领导方式上,女性校长倡导参与和团队协作,乐于在学校形成一种咨询和共同决策的风气,而男性校长则强调权威、等级化和组织控制,习惯指示性和任务导向的领导方式,等等。[④]

---

① 李款. 论教师领导力的提升[D]. 郑州:河南大学,2009.

② 吴颖民. 国外对中小学教师领导力问题的研究与启示[J]. 比较教育研究,2008(8):52-57.

③ 蒋露茜. 女性主义视野中的教育领导研究[D]. 福州:福建师范大学,2008.

④ JOHN C, CECILIA R. Leadership, gender and culture in education: male and female perspectives[M]. London: Open University Press, 2005: 18-37.

在探讨差异成因时,研究者们普遍认为女性在社会化过程中的特殊经历和女性气质是形成差异的关键因素并有着独特优势。玛瑞恩(Marian)通过田野研究证实了女性领导模式的优势和绩效。她指出,在女性领导方式占主导地位的学校中,领导和教职工目标共享、合作互助,工作效率高、人际关系和谐且强调学校与家长、社区之间的联系,所以学校文化平等和谐,效能也高。①

钟婉娟在《给我一个点,我就能投入:三位小学女校长的生活经历与职业角色》中对三位小学女校长进行了深度访谈,三位小学女校长分享了她们的生活经历和工作策略,最后作者总结出了她们的性别角色和职业角色的共同特点。首先,三位女校长都具有双向化的性别角色特质,即在她们身上既显现出传统意义上男性的性格特点:自信、坚韧、勇敢执着,同时又显露出通常认为属于女性的性格特质:温和、文雅、愿意献身。其次,在职业角色方面,三位女校长虽然在不同程度上扮演着四种角色:教育者、领导者、管理者以及个人自我角色,但她们都非常强调自己作为教育者的角色,有一些相类似的工作策略。②

因此,本研究将"女教师领导力"定义为:女性教师及女性校长将专业知识、技能与个人特质和角色特点相结合,影响周围的同事、校长以及学校组织中的其他成员,实现改进教育教学质量、促进少年儿童身心健康发展的目标。女教师领导力具体体现在以下三方面:(1)影响学校决策的能力,包括影响学校在教学、行政管理、日常制度规范、学校文化建设等方面决策的能力;(2)沟通交流的能力,包括与领导积极沟通的能力、与团队和谐相处的能力、与学生及家长平等交流并对他们产生积极影响的能力;(3)追求职业发展的能力,即根据自身现有的职位要求,调动自身潜能,积极追求自我职业发展的能力。

二、西南贫困地区女性领导力提升策略

从2009年开始,项目根据县级需要,提供了必要的干预和支持,包括支持县教育局出台选拔和任用女干部的政策方案、组织女性领导力培训、开展女校长成长个案追踪等活动。其中,女性领导力培训旨在帮助参与者正确认识领导位置和领导力的区别,打破有关领导力的各种神话,挖掘女性的内在潜力,破除制约女性走上领导岗位的不利因素。

(一)通过调研发现问题、找准原因

为了让四个项目县既能根据各自的实际情况开展工作,又能相互学习与交流,本项

---

① JOHN C, CECILIA R. Leadership, gender and culture in education: male and female perspectives[M]. London: Open University Press, 2005:1-17.

② 钟婉娟. 给我一个点,我就能投入:三位小学女校长的生活经历与职业角色[D]. 北京:北京师范大学,2004.

目组于 2009 年 1 月在云南省福贡县开展了一次跨省活动,组织各省、自治区及项目县的核心团队共同参与摸底调研及对策分析。各县调研活动的重点是:女教师和女校长的培养情况、女性在领导岗位上遇到的困难及需要的支持、女性领导力方面的培训需求、优秀女教师或女校长的案例等。汇总各个省的基线调查结果后我们发现,阻碍西南少数民族地区女教师走上领导岗位的原因不外乎以下几个方面:

一是传统的性别偏见。虽然被调研的学校中有不少优秀的女教师,但传统性别观念仍然阻碍着女性走上领导岗位。调查发现,性别偏见在一些少数民族地区尤为强烈。

二是女教师自身的参政信心不足。调查发现,女教师们习惯于将工作、生活中所遇到的困难都归结为自身能力的不足,即使这些困难大多是外在原因造成的,而不是女教师本人的问题。

三是对女教师参政能力的怀疑。调查发现,多数人在工作中接触的女性领导有限,因此他们普遍对女教师的参政能力表示不信任。这种对女教师参政能力的不信任主要体现在以下几个方面:传统社交需要喝酒应酬,女性不方便;山高路远,女教师体力上不胜任;女教师会因为照顾家庭而没有足够精力和时间承担校长的工作。而且,因为对女性参政能力的不信任,人们会质疑女教师通过正常途径获得的晋升机会,这也成为阻碍女教师走上领导岗位的一大因素。

四是对于领导力的认识误区。调查发现,人们对领导力的认识存在以下误区:领导力就是管人、制服人的能力;女人没有领导力;领导力就是社交能力;等等。正是因为这些对领导力认识上的误区,使得人们往往忽略了女教师身上所具备的和男教师一样的"宽容""责任""勇气""担当"等领导力潜质。

(二)通过培训提升女性的参政意愿及管理能力

针对调研中发现的问题,本项目注重从以下几个方面提升女性的参政意愿和管理能力:

1. 着力于破解领导力神话

领导力常常被看作一种在领导岗位上表现出来的素质与能力,所以很多人会认为只有领导才有领导力。项目组在调研中发现,与领导力相关的神话有:领导力是管人的能力;女性缺乏领导力;领导力必须是领导他人的能力;领导力是为自己谋利益。妇女学的研究成果也显示:妇女不仅惧怕失败,而且惧怕成功。实际上,对于成功的恐惧与领导力被压抑有一定的关系。

我们在调研中请参与者回忆自己在什么样的情况下会有以下心理状态:感觉备受压抑?嫉妒心被唤起?内心愤懑,认为没有得到平等的对待?觉得自己是一个失败者?竭力想用言语证明自己的观点?格外敏感而多疑?调研结果显示:这样的心理状态多是与领导力被压抑相关联的。正因为有过类似的体验,女性可能比男性更看重别人对自己的评价。为了让参与者深入认识到女性惧怕成功的原因所在,我们设计了一系列模拟情境,诸如“如果我当了领导,我最怕听见……”“如果我当了领导,我最担心牺牲了……”“如果我当了领导,我最怕耽误了……”以此呈现女性内心对当领导这件事的矛盾心理,通过戏剧表演的形式再现情境,深入探讨不同情况下的应对策略。

在此基础上,让参与者认识到提升女性领导力的关键是洞察自身所具有的领导力潜能,并积极调动这些潜能。女性领导力的提升并不意味着女性要成为和男性一样的管理者,而是充分发挥女性自身的优势。为此,我们设计了以下活动:(1)写下脑海中对领导力概念的理解;(2)说出你的“领导”经验;(3)撰写成功清单;(4)辩论与站立场:不想当校长的老师不是好老师。通过这样的活动,参与者内心的潜在力量被激发出来,在价值观上对领导力也有了比较清晰的认识。

参与调研培训后,女教师们纷纷写道:“我明白了领导力其实是一种影响力。我们应该克服来自家庭、社会和自身的阻碍,大胆地展现自我。其实,我们有很多方面优于男性,特别是在与人沟通方面:我们更懂得尊重、理解别人,更会考虑别人的感受,更富有爱心和诚心。”“我想当领导的意识被唤醒了,而且了解到女人的价值不应该只体现在家庭中,我们女人要学会张扬自己,在职场中去实现自己真正的人生价值,那样的人生才算得上精彩。”还有的女教师慷慨激昂地写出“教育兴衰,女子有责”的豪言壮语。

2. 提升应对矛盾与冲突的能力

由于女性普遍承担着更为繁重的家务劳动,相比男性而言,她们在家庭中和在工作中的角色更为矛盾分明,因此我们在调研培训中,以自主表达和有效沟通作为解决问题的突破口。另外,我们也分析了职场中的表达与沟通策略,在调研培训中设计了以下情境进行演练:犹豫的时候该如何表达?我已经被别人误解了,该如何表达?别人挑战你的时候,该如何表达?我与校长观点不一致的时候,该如何表达?

此外,我们也关注到女性领导的全面发展问题,让参与者认识到不仅要兼顾家庭和事业的平衡,还应该注重身体与健康、精神与修养、心智与教育、社交与文化等多个向度的发展。这就要求女性领导要更加合理地安排自己的时间,做事情有主次,形成自我规划的意识与习惯。

3. 重点关注同性支持网络的搭建

女性在进入领导岗位后,由于受到传统文化的影响,往往不容易得到同性的支持,同性支持系统有时候很脆弱。同性支持网络的搭建,能够促进女性间的交流,并形成彼此的角色榜样。如何激发女性的话语权?如何促进相互间的学习与支持?这些都是本次调研培训需要重点解决的问题。女性支持从本质上来说是赋权的结果,只有同性之间相互信任与支持,女性才能从中汲取更多的经验和力量。比如,在一场围绕“如何解决女性之间的恶意竞争和嫉妒”主题的讨论活动结束之后,广西的一位女校长写道:“这次讨论使困扰我多年的心结打开了。”云南一位上任仅一年的女校长写道:“这一年真是有喜有忧,我帮女老师们分忧解难,她们胆小又脆弱,有时受委屈只能默默忍受,我知道了就做做思想工作,鼓励她们树立信心,主动跟她们交流教学经验。有的女老师从来不敢在会议上发言,我就鼓励她们说,大家都是老师,不用怕,有了第一次以后就不怕了。一年下来,我发现女老师们都变得乐观开朗了,责任心也更强了。”

(三)从决策层高度创造提拔女干部的政策环境

随着人们对女性领导力问题认识的不断提升,寻求教育局高层领导的支持被摆上了议事日程。为此,我们在对教育局局长的项目培训中专门安排了女性领导力方面的内容,在对校长的项目培训中设置了女性领导力模块。另外,针对新提拔女干部的国家级培训,我们也邀请到县级领导带队参加,并顺势进行了有针对性的培训。在培训过程中,男性领导有机会用性别视角认真审视制约女性发展的因素,并见识到一些优秀女教师的素质和能力,同时也获取了一定的制度创新经验。

当女教师们陆续走上学校领导岗位后,我们又及时请她们分享了她们的典型事迹。以云南省为例,云南省教育厅项目办紧紧抓住福贡县教育局提拔任用女性领导的事例,利用各种机会,采用多种方式进行宣传倡导,传播福贡经验。由此,女性领导力建设逐步从项目试点推广到了所有项目县。项目后期,我们在全国范围内开展了经验总结会,讨论女性领导力建设的可持续发展及项目外的宣传与推广。针对各省基线调研中发现的问题,我们在项目的国家级层面上形成了女性领导力建设战略方案文本。以此为基础,各个省、自治区、直辖市分别设计了有针对性的工作方案。

此外,项目探索了选拔女性领导干部的标准与方式,制定了选拔女性领导干部的硬性指标。公开选拔是一种比较得到女性认可的方式,选拔标准包括有全局意识和服务意识、业务能力强、沟通协调能力强等。项目也探索了女教师和女干部的培养模式,如设置校长助理、教务副主任一类的岗位,给予后备女干部(包括有潜质的女教师)更多学习、培训和锻炼的机会等。

云南省福贡县教育局最先出台了文件,要求在全县二类完小以上学校领导班子中配备1~3名女性领导。贵州、广西、四川也都相继进行了一些制度性探索。比如,四川省昭觉县教育局领导针对目前女干部缺乏的局面,打破对男女干部任命的3∶1常规比例,特意面向全体女教师,单独任命提拔女干部,并制定出台了关于培养优秀女教师成为后备干部的《后备干部培养方案》以及《公开提拔中小学校女行政干部实施方案》。贵州省册亨县教育局也采取了循序渐进的方式,从培养女性管理助理着手,逐步帮助优秀女教师走上领导岗位。随着项目的推进,册亨县教育局培养中小学女性领导的思路也愈加明晰。

所采取的措施主要包括：一是在项目活动中要求学校留意有培养前途的女教师并推举到准领导岗位锻炼；二是项目办将各学校推荐的拟培养的女教师适时选送去贵阳等地参与省级培训；三是要求每个乡(镇)(14个乡镇)教辅站在项目实施期间(五年)，至少选拔两名以上女性教师进入学校管理层；四是设立“校长助理”平台，为学校创造任用条件(校长助理可由学校研究任用)；五是对考察成熟的女性教师及时任命。

三、西南贫困地区女性领导力建设的综合影响

项目成效主要体现在三个方面：一是各个县都进行了制度层面的干预，促进一批女教师走上了副校长、教务主任等领导岗位；二是县级人事股及局里的相关领导加深了对女性领导提拔问题的认识；三是影响并提升了一批女性干部和女性教师的参政意识。

(一)一批女教师走上了学校领导岗位

在项目实施过程中，各个县都陆续进行了制度层面的干预，促进一批女教师走上了副校长、教务主任等领导岗位。从项目评估报告结果来看，在各项目县的学校校长和中层管理者中，女性比例均有显著提高。

云南省福贡县：在项目县的6所学校中，女性领导由2006年的73人增加到2010年的146人，增长了一倍。

贵州省册亨县：共计提拔了8位女性校长、副校长，为项目实施前的4倍；中层干部提拔了22名，较之前也有大幅提升。此外，每个乡镇中心校和初中都配备了女性领导干部。

广西壮族自治区那坡县：截至2010年10月，那坡县新提拔了16位女性领导干部。

四川省昭觉县：截至2010年12月，教育系统的女干部比基线调研时增加了17位，另有一批优秀女教师成为学校后备干部人选。

项目成果还显示，女校长在工作中发挥了特殊的优势。云南省的调研报告指出，女性在教育教学及班级管理工作中展现出一些特殊的优势，如亲和力强、工作务实、感情细腻、坚韧踏实等。女性领导力建设的着眼点并不单纯是让女性获得更高的权力和地位，而是激励她们在关注弱势儿童、营造和谐优美的校园文化方面发挥出女性特有的优势。因此，学校中女性领导数量的增加只反映出量的改变，本质上的变化仍取决于学生、家长和同事对于女性领导的认可及其所发挥的积极作用。

(二)项目参与者的社会性别意识得到提升

在我国的传统社会文化中，官本位传统思维的影响颇为深远。对于行政权力的追

求,可能伴随着种种艰辛和无奈。而且,女性还面临着家人和社会的不理解。如果一个女性当了校长,若成功会被定义为所谓的“女强人”,若失败则代表女性群体的能力不足。面对这样的社会偏见,坚持自己的参政意愿并不是一件容易的事情。

女性领导力建设激发了女性的自信心,为她们展现自身的能力提供了一定的制度保障。而随着越来越多的女性走上学校领导岗位,新的问题也开始陆续产生,如一些女性不喜欢过多的应酬活动,害怕与男性领导接触过多而招致一些闲言碎语。某项目县分管人事的领导说:在提拔和任命某位女校长时会先征求她丈夫的意见。除此之外,最为普遍的现象是一些新提拔的女校长在工作和生活的双重挑战下心力交瘁,遇到困难时会有放弃的想法。女性走上领导岗位的过程不是一片坦途,更不是一个行政任命就可以完成的任务。

项目最宝贵的成效是让参与者看到了女性的潜力,提升了对女性领导力的认识。以下是部分女教师在培训后的心声:

> 女人做领导是可以的,不要怕,也不用怕,应将内心的压抑潜能释放,提升自己。
>
> 这是一个从“我想说”到“我敢说”再到“我愿意说”的转变。
>
> 传统的思维模式及个人性格,让我一直觉得自己知道很多却羞于表达。这次培训使我从更深的层次上理解了女性,理解作为一名女性,我应该做些什么。可以说,这是一个心灵与思想的再塑造,让我可以在陌生的环境中勇敢表达自己的思想与看法,让我愿意积极参与各项活动而不再胆怯。
>
> 作为一名学校的中层干部,对于我自己,我有了更高的要求。这几天的培训让我不断反思:怎样的我才是我所期望的,我该做什么?我想我应该更加自信、更加有勇气、更加有效地去与别人沟通,敞开自己的心扉。我也应该多用知识来武装自己,让自己多读书、读好书,成为一名真正有智慧的现代女性,成为一只真正破茧的蝶!

一些新任命的女校长撰写了自我成长故事。贵州一位仡佬族的女校长写道:

> 培训激发了我被压抑的领导能力,让我找回了女性的自信。如今的自己敢于冲破封建礼教思想对女性的束缚,敢冒天下之大不韪。培训也让教育主管部门的领导从中得到启示,观念得到转变。在前任校长调离后,学校大胆让我全面主持校园各项工作,让我这样一个少数民族的女性成为贵州务川仡佬族苗族自治县实验学校建校50年来的第一任女校长,让我有机会用女性特有的人格魅力去感染、引导、管理教职工,使学校的各项工作更加充满生气。

一位布依族女校长写道：

我担心自己在担任学校副校长后会心里没底，对自己的能力有所怀疑，对能不能当一个好领导没有信心。在培训中，我零距离地聆听了国家级专家及省级专家的讲课，既开阔了我的视野，也拓展了我的思路。专家们从不同角度为我们诠释了领导与领导力的区别与联系、与人沟通的方式和捷径等，让我对妇女的地位有了新的认识，在领导技巧、工作能力、决策能力、组织能力、交流及与人相处能力等方面都有了一定程度的认知和提高。我坚持以人为本的学校管理方针，尊重他人人格，维持人与人之间的情感，凝聚团队精神，这让我赢得了尊重和肯定。

一位壮族女校长写道：

成为女校长的条件：一是愿意做；二是有机会（即便没有机会也可以创造机会）。女校长做好工作的先决条件：一是要自信；二是要解决好家里的事情，只有安居才能乐业。女校长做好工作要注意的问题：一是要不断学习，给自己充电；二是工作要有计划、目标，要敢于决策；三是发挥女性特有的优势，要柔、要细心，不能硬来，尤其当工作同伴是男性时，更要注意；四是要有自己的为人标准，在不同的场合言行要一致，大方得体，注意维护个人的尊严，树立良好形象；五是要宽容，不能小心眼。

另外，项目对专家团队的影响也是深远的。其中的一位男性专家在项目参与过程中增强了自己的性别敏感性。他在反思日志中写道：

我希望我的女儿或我们的女儿们在长大成人之后，无论是在工作中还是在家庭生活中，首先要让她感受到，她是世界上独一无二的、有尊严的人；其次，她才是一个女人！

其中蕴含着对性别二元结构的深度知觉。此外，他还写道：

在我的工作中，在和一线教师的交流中，我会将更多的着眼点放在教师对学生的关注上，尤其是对女生的关注上。我会与他们探讨女童的不利处境对家庭以及对民族的影响，希望以此来引起更多人对女童的关注，尤其是对不利处境下女童的关注！我会和她们探讨，要承认自己与男人同等出色和优秀，尤其是在领导能力方面，（身为女性）怎样才能发挥更大的作用。

（三）社会观念的转变与女性发展环境的形成

在项目启动初期，很多人对于女性能否胜任学校领导岗位，所持态度并不乐观。但在项目后期,这种看法在悄悄发生改变。对于教育局领导而言,他们看到了一些优秀的女校长正在成长,也注意到发挥女性领导力的独特价值。与此同时,女性走上领导岗位也给其他女教师及学校中的女童树立了榜样。随着越来越多的女性走上学校领导岗位,习以为常的传统观念也在悄然发生着改变。

促进社会观念转变之核心在于女性教师自主意识的提升。比如,广西的一位骨干女教师在参与培训之后写道:

> 通过这次培训,我认识到领导力不是为了消除分歧、达成一致而刻意地去为了沟通而沟通,它应该是为了共同的目标进行自主的表达与有效的沟通,我还认识到其实女性和男性一样具有领导力。希望今后政府多出台一些有关女性领导的政策,多给女性朋友们提供施展才华的舞台。

项目充分调动了女教师在教育教学及专业发展方面的积极性,对于提高当地教师的整体素质和教育质量、鼓励女童坚持学习以及促进性别观念转变起到了十分重要的作用,也为从整体上推动女性领导力建设提供了有益经验和实践智慧。2010 年,广西壮族自治区项目办携手广西师范大学女性发展研究所一起将女性领导力的培训扩展到了中英西南项目县以外的地区。

四、女性领导力提升的本土化策略思考

(一)从试点到推广,实现自下而上与自上而下的联动

西南贫困地区女性领导力提升项目的实施是一个从点到面、由小到大、自下而上与自上而下联动、渐进推广的过程。

项目最开始在云南省福贡县做试点,试点的模式也不是单干,而是邀请其他三个项目县一起来福贡县做试点,共同讨论形成行动方案。之所以选择福贡县作为试点和突破口,是因为福贡县教育局局长非常认同项目理念并给予了大力支持,把女性领导力议题上升为当地政府的教育政策,从而突破了政策和制度的瓶颈,为项目具体落实提供了坚实的后盾。在学习福贡县经验的同时,其他三个项目县先后开展了针对本地实际情况的推广工作。在总结四个项目试点县经验的基础上,我们在更大范围内进行了交流与推介,并将项目扩展到了 27 个县。从 1 到 4 再到 27,项目的渐进推广和全面铺开依靠的不是行政命令,而是基于参与者的需求和对项目理念的认同。

中英西南项目本来就有性别平等的总目标,虽然大家认可这个总目标,但是在具体的执行过程中,性别的维度并没有得到很好的体现和实现,基层项目执行者看不到性别平等的可行性,认为这是不可能完成的任务。但当福贡县的项目试点经验出来之后,从

不可能到可能的转变，让不同的基层决策者看到了女性领导力建设对于提升当地教育教学质量和促进学校发展的意义，有了具体的可借鉴的经验和策略，他们很快就表示出了强烈的参与意愿，进而很好地完成了各自的实践。这种自下而上的由需求出发的项目参与动能，是自上而下的行政命令与任务下放所达不到的。国家级项目办也清晰地看到并利用了这股来自基层的需求和动能，及时配备了自上而下的政策支持、组织保障与宣传倡导，形成了一种自下而上与自上而下的联动合力。

从一县试点，到四县并行实验，再到更大范围推广，这样的项目推广模式也是充分领会并体现中国本土文化的一个实验结果。在中国传统文化中，既有竞争的文化，也有求同随众的文化，人们愿意学习新经验，有求新、求变的强烈动能，也有汇聚在一个宏大的议题下和一个稳定的组织中一起学习、一起前进的需求。女性领导力项目正是基于这样一种文化认同和社会需求，摸索并实现了一个由点到面、从学习借鉴到竞争互助再到协同共进的项目发展历程。这是在基层开展具有变革取向研究项目的一个重要体会与经验。

（二）基于共同利益的性别平等目标建构

性别平等是我国的基本国策，女性领导力建设议题也被提到国家发展的层面受到高度重视。《中国妇女发展纲要（2011—2020 年）》中就指出："加大培养、选拔女干部力度。贯彻落实相关法规政策中关于女干部培养选拔和配备的要求。通过培养、交流等形式，推动一定比例的女干部到重要部门、关键岗位担任主要领导职务。注重从基层、生产一线培养选拔女干部。逐步提高后备干部队伍中女干部的比例。"

但是，在当前的社会发展环境中，如果单纯从性别平等角度启动项目，则困难重重。女性领导力建设通常难以得到足够的行政支持，一是因为社会舆论中充斥着男女已经平等的假象，二是人们普遍认为还有更多比性别平等紧要和急切的工作需要优先处理。

随着国家快速发展，教育质量的提升成为社会共同的关注点，"教育发展""人力资源开发""和谐社会建设"等议题在国际及国家层面的宏大叙事中获得了较高的关注度和认同度，与之相关联的女性领导力建设自然也引起了人们的高度重视。

女性领导力提升所面临的最大瓶颈是女性的参政意愿低，尤其是当出现女性参政是"想当官""想掌权"等个体化归因的舆论时，这种影响就更为不利。而当女性一旦认识到自己当官不仅是谋求个人发展，更是为了教育质量的提升和学生的利益，就会激发出女性内在的一种责任担当，这种责任感和担当精神也会因为女性所特有的吃苦耐劳、勇敢坚毅等品质而得到强化和升华。

项目也充分证明了女性不愿意当领导在很大程度上是一个伪命题。在"我是谁"的培训活动中，老师们写下了这样的话语：

我是一个大凉山的女儿,我的一切的一切都是它赋予我的。当个小学教师是我的理想。经过努力拼搏,这个理想实现了。当上了教师之后,我为自己的事业贡献力量,用自己辛勤的汗水换来了许多荣誉。我性格好强、开朗,兴趣广泛,爱音乐。由于学生时代一直是班长,走入社会后一直没有机会出人头地,总有那种被埋没的感觉,现在(我)想当一名女校长。

我也能成为一个领导者,不仅用我的善良和宽容,更多的是用我的智慧,让我所领导的集体能拧成一股绳,让每一个成员都乐意为集体做贡献。我不一定是做得最好的,但我会努力做得更好。

所以,女性领导力建设的本土化,一定不是挥舞着女性主义的大棒,不是从平等和人权这样宏大的话语开始,而是从实用的角度,从教育发展入手,唤起女性内在的动能,让全社会认识到女性潜力释放所带来的共同利益和美好前景。具体到培训过程中,也不是单纯讲性别平等的重要性,而是从个体入手,着眼于女校长当政能为学校发展建设带来的益处,以能力建设为入口,渗透性别平等意识。然而,性别议题的项目一旦启动,自然就会形成一种讨论,激发更大层面的思考,帮助人们看清女性领导力建设的意义和发展走向,从而让女性领导力建设走得更深更远。

(三)建立多层级、多元化的工作团队

西南贫困地区女性领导力建设项目的开展得益于一个紧密而高效的工作团队,来自国家级、省级、县级团队的专家、教育管理者、校长和女教师,既相互制约又彼此促进,共同形成了一股朝向变革的合力。

女性领导力建设研究产生了社会文化方面的影响,是在原有社会文化基础上的干预,不是普通的效率取向。这在理论上具有一定的先进性,但在现实中又与千百年来轻视女性的传统文化相对立。作为项目中的女性主义研究者,要了解基层的想法和困难,要联合不同层级的合作伙伴,要看见行动的阻碍,同时也要传递思想,在此过程中达成共识。这种多层级、多元化的互动,既有思想方面的碰撞交流,也有精神上的互相认可与支持。“想推动者”与“能推动者”“被推动者”之间其实是一种平等合作关系,是一种互相支持的网络化连接。变革的发生,需要局内人与局外人的共同作用。外来专家和局外人,以独立的视角和抽离的身份,带来外部资源。基层的实践者和局内人了解实际情况,具有较强的行动力。在项目执行过程中,参与者以开放的态度面对差异,共同讨论可行的方案。关系取向的人际互动提供了工作以外的连接,层级权力结构又给项目的开展提供了制度保障。如何在体制架构内搭建不同利益群体的合作伙伴关系,对于突破社会性别障碍具有重要的现实意义,这也是本项目带来的一个启示。

（四）从女性所面临的现实困境和内在需求出发提升领导力

西南贫困地区女性领导力建设研究项目的目标对象是偏远山区、少数民族（布依族、仡佬族、傈僳族、苗族等）地区的女性，她们是大山的女儿，有着顽强的生命力，吃苦耐劳、坚忍不拔，对家庭、家乡和民族有强烈的担当和责任。由于历史和文化的因素，多少年多少代以来她们一直处于社会的底层，几乎没有向上发展的机会。随着社会发展和受教育水平的提高，这些偏远地区的女性有机会接触到外面的世界，并凭借自身所掌握的文化资本实现了社会位阶的向上流动。当她们面对女性领导力这个议题的时候，身上原有的求变向上的能量再次被激发。

对于这些少数民族地区的女校长来说，令她们感到困惑的并不是"想不想当校长""能不能当校长""怎么当好校长"，而是其他方面的问题。比如，贵州的一位侗族女校长写道：

> 我是一个在偏远落后的少数民族聚居区农村长大的侗族女孩，父母都是日出而作、日落而息的农民，我是村子里第一个读书到高中、上到大学的女孩子。在学生时代，我胆怯、内向、自卑，从来不敢在众人面前表达自己的见解。能当上老师有自己的工作，不再像父母一样面朝黄土背朝天，我感到自己很幸运。2007年，我被任命为副校长，新职位给我带来兴奋，带来欣慰感和成就感，但是这是短暂的，之后伴随而来的是巨大的压力、焦虑、紧张，甚至还有点恐慌。来自工作中的任务，来自同事诧异和嫉妒的目光，来自社会人际关系，来自家庭生活……天啊，所有的心理压力都超出我的想象。怎么办？那段时间我在困惑、彷徨、紧张、焦虑中度过，自己也苍老了许多。

贵州的一位仡佬族女校长写道：

> 在收获成功的同时，我也尝到了作为一个女人的辛酸。自己的出色表现，招来同为女人的同学、同事的嫉妒，她们搬弄是非，引起我的家人误会。一段时间，我的情绪极端低落。

广西的一位壮族女校长写道：

> 当了校长后，我的一个感受是"苦"。一是接待喝酒，对身体不好，老公有意见。有领导来了，为了表示尊重和热情，我经常违心地喝酒，我很讨厌，但是没有办法，每次喝完还得老公来接。开始的时候，他很关心，但后来他甚至下了最后通牒，再喝就休了我。怎么办？

广西的一位女校长写道：

> 平时我看别人做校长,好像也没有什么难的嘛。做了校长我才知道,做校长太难了,对上要维护,对下要呵护,对内要公正,对外要协调,对老师要尊重,对学生要关爱,对家长要主动,除了把工作做好外,还要把钱张罗到。原来我是替校长分摊一份工作,现在我是当全校师生都指望的当家人,这份责任就足够把人压倒了。做校长的这几年是我身心最为疲惫的几年,但也是我人生价值得以体现的几年。

由于强大的传统观念和社会偏见,她们内心的渴望被压抑、被束缚,一旦有机会开启,这些能量就会强烈地迸发出来,而她们极大的动能和热情,在现实面前又特别容易受到挫折,非常需要及时的支撑与支持。因此,围绕这些具体的目标对象安排设计培训活动就成为项目的主要工作内容。

培训中的很多活动设计不仅贴合了女校长们的实际需求,也帮助她们在更高层面上加强了对女性参政的认识。项目专门设计了女校长工作坊,邀请台湾行动研究专家与女校长们对话交流。此外,项目还组建了 QQ 交流群,邀请当地妇联干部、名校长与女教师对话,组织新提拔的女校长们到北京参加项目会议,与专家建立非正式交往等。

贵州的一位女校长写道:

> 在这次培训中,我感触最深的是,在上第五单元"构建我的支持网"时,培训老师问我:"当你走上校长岗位时,你的家人和朋友对你有什么看法?是支持你,为你自豪,还是反对你、嫉妒你?你最在乎的支持力量是什么?"其实,这些问题就是一直困扰我的问题。我最在乎的支持力量是我的家人,特别是我的丈夫。自从我当上校长之后,他的心态就一直不平衡。因为他下岗了,觉得我比他高了一等,总是给我下蹩脚棋,有时他还到学校来闹,对我的影响很大,导致我曾经有过打退堂鼓的想法。作为一名女性领导,各方面的压力都比男性大得多,如何处理好同事之间的关系,如何处理好家庭之间的矛盾,都是我每天所要面对的问题。

贵州一位参加公开竞聘的女校长写道:

> 竞聘那天,参赛的 10 名老师都按时到达了现场。领导一看竞聘人选,开玩笑地说:"哟,居然有一枝花啊!"我很明白他所谓的"一枝花"就是只有我一个女性,我也识趣地跟着笑了笑。看着一个个虎虎生威的竞聘对手,我心里不由得打了个寒战,甚至后悔报了名。是的,只有我一个女性,在别人的眼里,我成了敢于和男性共舞的"异类""豪杰"。但转念间,我又想起了培训时专家们的谆谆教导,所谓的"领导形象"……我又振作起来,心想不怕,如果这个时候打退

堂鼓就枉费我培训那么多次了。既然来了，就应该好好展现！

一位云南的女校长写道：

2009 年 5 月，我被提拔任命为副校长。刚接到通知时，连我自己也不相信这是真的。从小到大，在我所见过的学校中，校领导都是年长一些的男同志，而我只是一个 28 岁、来自农村的女教师。眼前发生的一切看起来很不可思议。刚受提拔的时候，我感到很不习惯，不习惯别人看自己的眼神，害怕别人说自己是某学校的副校长，甚至希望大家遗忘我。因为在传统观念中，一个 28 岁的女教师当了副校长，这太不正常了。这曾经使我困惑过、退却过。后来，我真正体会到了"女子做大事，九苦一分甜"的含义。我坚定地认识到"家庭主妇不是出路"，我用自己的实际行动和工作业绩证明了男人能做的事情，女人也能做，甚至可以做得更好！

从这些女校长的自述中不难看出，她们经由了一个从不敢想到敢想敢做，从感到困难、困惑到不断寻求支持解决问题，进而在一个更大的支持平台助推下获得成长的过程。当她们在实践中摸索一段时间之后，作为女领导的底气也就足了。当她们进一步看清女性的社会价值不只体现在家庭中的时候，尤其是能给学校带来改变和利益的时候，她们就能从工作中找到乐趣，明确自己的责任和担当，获得成就感，最终形成一种正反馈，使女性的校长之路不再摇摆。在以后的工作中她们当然还会遭遇挑战，但是她们曾经遇到的困难、挫折和经验可以帮助她们战胜这些挑战。

总之，西南贫困地区女性领导力建设行动研究为我们带来了很多深刻的启示，而如果从国家政策层面将性别平等的大目标具体化，还需要更多有影响力的项目予以扶持。性别平等，任重而道远！

（张莉莉，北京师范大学教育学部教授）

培育青年女性领导力是教育工作者的共同使命

◇ 张李玺

随着社会的发展和女性地位的提升,世界各国越来越多的女性参与到社会管理中,并且很多女性担任着国家行政单位及商业组织的领导人,成为社会发展不可或缺的力量。女性领导力不仅对女性个体发展具有重要意义,更是现代社会管理不可或缺的一个方面。

一、女性领导力的概念

从文献回顾的角度来看,目前,关于女性领导力的概念,虽然讨论众多,但严格来说,至今学术界并未形成有关女性领导力的确切定义。有人认为"女性领导力"这个概念的提出是从性别上对领导者加以区分的结果,在这个层面上可以认为女性领导力有与性别有关的特征。也有人认为从广义上来讲,女性领导力即具有女性化性格和特质的领导者的领导力。

我们这里定义的女性领导力区别于具体的管理能力或技能,是指注重远见、创新、战略,把握方向、变化和做正确事情的能力,包括形成组织远景的能力、定义宗旨的能力、制定战略目标的能力、建立组织文化的能力、建立制度和系统的能力,①也就是说,女性领导力不仅仅是如何去管理,而是如何布局,如何在一个大格局中平衡和发展的综合能力。

① 陈方.也谈女性领导力建设[N].中国妇女报,2005-04-06.

二、女性领导力在现代社会发展中的重要作用

(一)女性领导力在现代管理中具有独特优势

有人预言21世纪是女性领导者的时代,因为女性领导者的行为方式更适应全球化经济对领导行为的要求。管理大师亨利·明茨伯格(Henry Mintsberg)在《关于管理的十个冥想》中提出:“组织需要培育,需要照顾关爱,需要持续稳定的关怀。关爱是一种更女性化的管理方式,虽然我看到很多优秀的男性领导正在逐步采用这种方式,但是,女性还是有优势。”而管理学大师及未来学家约翰·奈斯比特(John Naisbitt)更是在其《女性大趋势》(*Megatrends of Women*)一书中指出:“女性管理者是未来组织发展最需要的力量。”

以上说法并不是空谈或故弄玄虚,有着非常现实的社会发展基础。就经济角度而言,现代信息化社会的快速发展使得全球经济增长方式发生了翻天覆地的变化。劳动形态不再是“手和头”(hand&head),而是“接触与头脑”(touch&brain),企业、个人之间的竞争不再是力量而是智慧。知识和信息的创造、传播成为竞争的主要领域。从这个角度来说,女性有着与男性平等的智慧,甚至在沟通、交流方面比男性更具优势,这就为女性参与社会劳动、社会管理创造了有利条件。

(二)女性领导力对于女性全面发展是不可或缺的

人的全面发展是指每一个人的能力、社会本质、个性等方面都得到充分、和谐发展。领导力提升,是领导干部发展的重要方面,也是人的发展的重要方面。女性领导力提升是女性个性发展、社会性发展的基础。广大女性只有实现了自身能力的全面、充分发展,提升自己的领导力,才能更广泛地参与社会管理,为推动社会发展做出女性独特的贡献。

不可否认的是,目前社会上仍存在着某些偏见,有人认为女性天生不适合参与政治;有人认为女性天生不具备领导特质;有人认为女性管理者做决策优柔寡断、管理上不够理性等。但是女性也天生具备了男性所没有的领导特质,如女性更有亲和力,在管理中更倾向于非权力性影响;女性独有的母性特征使其更富有责任心和进取心;女性独特的女性魅力使其管理更倾向于柔性管理;等等。因此,女性要正视自身的优势,不断完善自我,提升自身的领导力。

三、中国女性领导力建设现状

(一)中国女性领导力建设取得突破性成绩

据统计,2010 年中国女性就业人员约为 3.5 亿,女性占全社会就业人员的比重达到 45.4%,[①]真正撑起了"半边天"。在第三产业中,尤其是新兴行业和技术、知识密度高的行业中,女性的比重明显增加。

党的二十大报告明确提出要"重视女干部培养选拔工作,发挥女干部重要作用",为广大女干部成长成才、建功立业指明了方向,也为各级党组织做好新时代女干部工作提供了重要遵循。就此,中国妇女的参政议政水平不断提高,越来越多的女性有机会参与经济社会发展,并发挥越来越重要的作用。

(二)中国女性领导力建设取得突破性成绩的原因

中国女性领导力建设取得突破性成绩,得益于中国把坚持男女平等作为基本国策,在女性人才和女性领导者的培养选拔任用上采取了一系列有效措施;此外,在意识形态领域的长期宣传和对女性自尊、自信、自立和自强的教育,推动了女性自我意识的提升。

除此之外,最重要的原因是中国女性的受教育程度不断提高。2010 年,中国 18~64 岁女性的平均受教育年限为 8.8 年,比 2000 年增长了 2.7 年;相比男性,女性平均受教育年限增长的幅度更大,性别差距已由 2000 年的 1.5 年缩短为 0.3 年。中国女性接受高等教育的比重逐年上升。2010 年高校在校生中,有女研究生(含博士生、硕士生)64.43 万人,占全部研究生的 50.36%,比 2000 年提高了 14.2%;本科和专科女生共有 1135.1 万人,占 50.86%,比 2000 年提高了 9.5%。[②] 大学中女生的比例已经超过男生。此外,中国女性接受继续教育的状况得到持续改善。据《第三期中国妇女社会地位调查主要数据报告》中的统计数据,2014 年至 2016 年间,有 16.6%的女性参加过各类培训和进修,其中,从业女性参加过培训和进修的比例为 20.3%。[③] 所有这些都为发展和提升女性领导力提供了基本保障。

这些变化的发生主要基于以下几方面原因:

1. 高等教育政策性倾斜,帮助女性获得更多的发展机会

有调查显示,女大学生平均投出 44 份简历才有可能得到一个意向协议(offer),

---

① 全国妇联,国家统计局. 中国妇女发展纲要(2001—2010 年)终期统计监测报告[R/OL]. (2001-05-22)[2017-04-05]. https://www.nwccw.gov.cn/2017-04/05/content_146283.htm.

② 全国妇联,国家统计局. 中国妇女发展纲要(2001—2010 年)终期统计监测报告[R/OL]. (2001-05-22)[2017-04-05]. https://www.nwccw.gov.cn/2017-04/05/content_146283.htm.

③ 全国妇联,国家统计局. 第三期中国妇女社会地位调查主要数据报告[J]. 妇女研究论丛, 2011(6):5-16.

56.3%的受访女大学生认为就业形势不乐观。[①] 针对女大学生就业难情况，中国政府近年来连续出台了一系列措施。2009年，全国妇联与教育部、人力资源和社会保障部、中国女企业家协会共同发起全国女大学生创业导师行动，拟在3年内建立5000个女大学生创业实践基地，帮助10万名女大学生创业就业。截至2011年年底，该行动已在各地建立女大学生创业实践基地6700个，拥有1.2万多名创业导师，提供见习岗位16万个，已帮助13万名女大学生实现创业[②]；此外，各地还陆续开展了"女大学生创业扶持行动"，通过小额贷款支持、创业培训、安排就业见习、召开专场招聘会等形式促进女大学生创业就业，帮助女性实现自身与社会的同步发展。

2. 女子高校的蓬勃发展在促进女性领导力建设方面发挥了主力军作用

中国目前共有专门女子高等教育机构近20所，在校生超过4万人。包括女子普通本科高校和高职高专学校。这些学校提供硕士研究生教育、本科教育和专科教育，以及短期培训。[③] 女性高等教育已成为中国高等教育体系中的重要组成部分。

女子高校一直致力于将具有社会性别意识的女性教育推广到主流教育中。首先，女子高校为女性提供了更多接受高等教育的机会，并为女性带来了更多的谋求社会职业发展的课程、学业的选择方式和符合女性的教育形式，以及没有性别歧视的有效的学习环境。其次，女子高校能培养更多的具有社会性别意识的优秀女性人才。女子高校中的女生比普通高校中的女生更具有社会性别意识，相信命运掌握在自己的手中。她们更具备解构权威、关注差异、民主多样、参与赋权、群体互动的理念，也更有竞争的信心和勇气。

3. 妇女/性别研究相关学科建设取得重大进展也对女性教育发展起到积极促进作用

经过改革开放40余年的发展，中国妇女性别学科(women/gender studies)的内容与领域不断拓宽，使传统的大学学科无论在思维方式上还是在知识结构上都发生了重大变化。2006年，女性学专业被正式列入教育部本科专业目录。截至2008年，中国大陆已在30所大学和研究所的40多个硕士学位点和14个博士学位点上，招收女性和性别研究方向的硕士研究生和博士研究生[④]，这些学位点下设于哲学、经济学、文学、史学、法学、管理学、教育学等学科门类。

同时，妇女性别学科的师资队伍不断壮大，仅中国妇女研究会就有115个团体会员单位，还有50多所高校设置了妇女研究中心，开展相关研究和教学活动。这些都深化了对中国妇女性别学科的积极影响。

---

① 广州妇联：女大学生平均投44份简历获1个意向协议[N].羊城晚报，2016-09-30.

② 转引自：女大学生创业导师带动就业[EB/OL](2020-09-07)[2022-03-26]. https://www.yjbys.com/chuangye/zhidao/ruhechuangye/492056.html.

③ 张李玺.中国妇女教育发展报告No.2：女子院校发展研究[M].北京：社会科学文献出版社，2012.

④ 陈方.中国女性学领域与学位教育[J].中华女子学院院报，2018，20(6)：40-45.

4. 高校的日常教学活动中重视女性领导力的培养

高校除了在学科建设、学术研究、课堂教学中注重培养女性全面发展外,还积极支持学生社团在各项活动中培养女大学生的领导力。例如,几乎每一所高校都设有女生部,组织各种推进性别平等和反对不平等的活动,包括"女生节"、保护环境、反对暴力,等等。这些活动不仅促进了女大学生性别平等意识和主体意识的进一步觉醒,扩大了高等教育特别是校园文化中女性平等参与的机会,女大学生的组织、演讲、谈判、推广、协调、沟通等领导力也在活动中得到了锻炼和培养。

5. 开展多方合作,拓宽女性领导力培育模式

以中华女子学院为例,从 2013 年开始,中华女子学院与美国威尔逊国际学者交流中心合作,在中国开办了为期三年的"女性参与公共服务——女大学生领导力培训"研讨班。整个研讨班计划培训来自北京和全国各地高校的 120 名女大学生,在社会性别意识、国际妇女运动发展、自信心、执行力、决策力等方面,为她们提供系统的讲授、分享和反思,并组织女大学生赴美国等地参加"与高层女性对话"活动。目前,两期培训已经完成。培训结果显示,培训在提升女性的社会性别意识,提高领导力特别是参与意识、平等意识等方面,产生了积极的影响,收到了明显的效果。

另外,中华女子学院还先后与幼儿园、小学和中学合作,联合开展以行动为导向的科学研究,在幼儿园和小学开展社会性别意识教育,提高教师和学生的性别平等意识,营造一个大家都来关注女性成长、提升女性参与意识和自信心的环境,为女性日后步入社会、积极参与经济社会发展奠定基础。

(三)女性领导力建设面临的挑战

成绩是显著的,但无论放眼全球还是仅就中国的现状来说,进一步提高女性领导力并充分发挥其重要作用仍然面临着巨大挑战。目前在中国,女性参政议政的比例仍偏低,距离 1995 年联合国第四次世界妇女大会通过的《北京宣言》要求妇女在决策层中应占 30%的比例还有一定的差距。女性的领导能力并未得到充分发挥,"玻璃天花板"的现象仍然是一个世界性的难题。

四、如何帮助青年女性提升领导力

(一)将性别平等教育和女性领导力培育纳入各级教育体系中

作为教育工作者,我们应在工作中帮助女性建立性别平等、男女共同参与决策的意识,让更多的女性能够摆脱传统性别意识的约束,提高自信心,积极主动参与公共管理和

决策。当然,这是一项系统工程,不仅需要基础教育和高等教育机构的协作,还需要社会各界的关注和支持。首先是政府层面的政策支持,教育部门要开展专题论证,将女性领导力培育纳入教育体系中,使其成为女性成长过程中的必修课程。其次,要深入研究女性领导力的内涵和外延,总结发展规律,并设计与之相关的课程,从义务教育抓起,一直延伸到高等教育。在这个系统工程中,小学、中学和大学教育者要达成共识,各自明确职责和任务,分工合作,有机衔接。

(二)积极推进女性领导力建设研究

2010年,全国人大常委会副委员长、全国妇联主席陈至立亲自倡导、主持开展了“女性高层次人才成长状况研究与政策推动项目”课题研究,并依据研究结果向科技部、国家自然科学基金委员会等部门提出“放宽女性申请青年科学基金的年龄到40岁、进一步明确女性可以因生育而延长在研项目结题时间、逐步增加专家评审中的女性成员人数”等政策建议。这些建议均得到了认可和采纳。2011年,科技部和全国妇联联合发布了《关于加强女性科技人才队伍建设的意见》,从增加女性科技人才储备、扩大科技领域女性就业机会、促进女性高层次科技人才发展等方面提出了一系列政策措施。这些政策的出台使青年女性科学家直接受益,科学基金项目女性获资助者由2009年的1991人增加到2010年的2723人,增长率达36.77%。在国家杰出青年科学基金项目中,女性科研人员获资助者人数在2010年达到32人,此前女性的年获资助者人数从未超过20人。女性资助率达到13.62%,比男性高出3个百分点,改变了长期低于男性0.5%~3.9%的局面。①

(三)做有社会性别意识的教育者,为女性领导力培育营造良好的社会环境

我们的各级教育机构要为女性领导力培育营造良好的社会环境,帮助女性树立自尊、自信、自立、自强的意识。学校要在女性领导力建设方面加大投入力度,在学科建设、科学研究、经费资助等方面给予女教师和女学生更多施展才华的机会。

我们相信,21世纪将是一个大批女性进入公共管理领域、充分挖掘自身潜能、在经济社会发展中发挥重要作用的世纪,关注青年女性领导力建设,不仅会为女性发展创造机遇,更会为社会和谐发展带来生机和活力。

参考文献

[1]伊格利,卡丽.穿越迷宫:指引女性领导者登上事业之巅[M].王丽,译.北京:商务印书馆,2011.
[2]凯勒曼,罗德.女性领导力:现实与挑战[M].张素玲,译.上海:中国出版集团东方出版中心,2012.

---

① 陈宜瑜.科学基金助推女性科研人员事业发展[EB/OL].(2011-03-08)[2013-08-30]. https://www.nsfc.gov.cn/publish/portal0/tab440/info57148.htm.

[3]鲍静. 女性参政:社会性别的追问[M]. 北京:中国人民大学出版社,2013.
[4]陈至立. 女性高层次人才成长状况与政策推动[M]. 北京:中国妇女出版社,2013.
[5]佟新. 社会性别研究导论:两性不平等的社会机制分析(第二版)[M]. 北京:北京大学出版社,2007.
[6]宋秀岩. 新时期中国妇女社会地位调查研究:全2卷[M]. 北京:中国妇女出版社,2013.
[7]张李玺. 中国妇女教育发展报告 No.2 女子院校发展研究[M]. 北京:社会科学文献出版社,2012.
[8]李秀娟. 中国 ShEO:"她时代"下的商界女性素描[M]. 上海:复旦大学出版社,2012.

(张李玺,中华女子学院教授、博士生导师)

世界大学女校长论坛：新时代引领女性领导力提升的重要实践

◎ 马延军

一、引言

在社会发展的新时期，女性领导力在推动社会发展的过程中发挥着越来越重要的作用，也越来越被社会所关注、体悟、研究、探索。在高等教育领域，大学女校长作为精英群体，其身上所体现的女性领导力更是令人推崇和敬畏。那么，什么是女性领导力？女性领导力有怎样独特的内涵和性质？如何发挥、引领和提升女性领导力呢？理论的研究和探索一直都在进行中。在这里，笔者仅从实践的角度，以"世界大学女校长论坛"为实例，围绕这个汇聚了世界大学女校长的力量，旨在聚焦高等教育发展、提升女性领导力的国际论坛，认识它所承担的重要使命和具有的战略性意义，彰显新时代女性领导力建设的重要实践和卓越成果。

二、"世界大学女校长论坛"所承担的重要使命和具有的战略性意义

高等教育是传承人类文明的主力军。在经济全球化的背景下，高等教育已融入世界经济和社会的大循环当中，"深化交流促合作、携手共进谋发展"是当今时代的潮流，是世界各国人民的共同目标，也是高等教育发展的奋斗方向。妇女是推动人类社会发展进步的一支伟大力量，是人才资源的重要源泉。大力提高妇女接受教育的水平，促进妇女平等参与教育发展，对于推动经济社会的全面协调可持续发展具有重要而深远的意义。

1995 年，联合国第四次世界妇女大会在北京召开，会议通过的《北京行动纲领》把妇女的教育与培训列为重要的战略目标，并提出采取积极措施增加妇女参政与受教育的比例。1998 年，联合国教科文组织召开世界高等教育大会，对 21 世纪世界高等教育进行了展望，并提出行动框架，提出应加强妇女在高等教育中的参与作用，加强妇女积极参与高

等教育和社会的决策,把妇女问题研究作为对高等教育改革和社会变革具有重要意义的措施。因此,将妇女发展、妇女教育与社会可持续发展相联系,注重建立男女两性平衡的教育,是21世纪世界高等教育发展的方向,并已成为世界各国的共同课题。21世纪以来,高等教育在世界各国得到普遍重视,女性接受高等教育的数量和质量都有了显著提高。大学女校长作为社会发展中一支独特而重要的力量,在推动高等教育全面平等与可持续发展方面做出了重要贡献。未来更符合人性需求与社会需求的高等教育,离不开大学女校长卓越而独到的智慧与才华。时代呼唤着以大学女校长为主体的女性领导者、教育者为人类进步事业做出更大的贡献。世界大学女校长们为担当起推动世界高等教育发展、性别平等和社会进步的重任和使命,努力凝聚智慧,探索前行。在新的时代背景下,作为加强女校长的交流与合作、凝聚女校长的智慧、传播女校长的声音、扩大女校长的影响力、提高女性领导力、推动高等教育思想交流的重要国际平台——“世界大学女校长论坛”应运而生。

(一)“世界大学女校长论坛”适时诞生、健康发展、不断深化

20世纪90年代末,联合国在中国召开的第四次世界妇女大会,伴随着中国的改革开放和社会发展,为中国的性别平等和妇女发展创造了更加有利的环境,也为中国高等教育事业的发展以及中国与国际教育的沟通、交流、合作提供了良好的条件。进入21世纪以来,知识经济迅速兴起,信息技术突飞猛进,对教育提出了更高的要求。面对当今世界各国综合国力、人才和全民素质的竞争,中国要实现社会主义现代化和中华民族的伟大复兴,教育更肩负着重要的历史使命。在世界经济全球化和中国社会转型的背景下,同时也为了适应中国教育发展和社会进步的要求,2001年,中国高等教育领域优秀女性领导者、时任中国传媒大学校长的刘继南教授发起举办了以中外高等教育高层次女性领导者为主体的首届“世界大学女校长论坛”,即“新世纪高等教育战略女校长国际论坛”。

“世界大学女校长论坛”历时15年成功举办了六届,经历了从无到有、从小到大的发展历程,先后汇聚了90多个国家和地区的1000余人次女校长参会,邀请了中外著名社会组织的负责人出席论坛。同时论坛还分别在五大洲设立了分论坛。这意味着“世界大学女校长论坛”的足迹已经遍及世界五大洲,真正具有世界性意义。来自众多国家和高等教育机构的女性领导者齐聚一堂,共同就女性高等教育、女性领导力及社会发展议题进行研讨和交流。大家携手共进,矢志不渝。论坛始终得到中国政府、中国国家领导人和联合国妇女署、联合国教科文组织的高度重视和关怀,纷纷派出代表出席论坛并致辞。数十家海内外主流媒体都对论坛进行了电视直播、网络直播或新闻报道;论坛还在十几个国家共拍摄了15集展现各国大学女校长风采的纪录片;先后出版了《新世纪高等教育发展战略》《沟通·合作·发展》《和谐世界 文化多样——大学与媒介的责任》等多部

论文集,以及“世界大学女校长·女子大学”丛书,成立了现代女性领导力研究院,社会反响强烈,显现了大学女校长作为一个女性精英群体,对世界范围内女性领导力提升的引领示范作用和产生的巨大影响力。

今天,回眸“世界大学女校长论坛”,论坛规模之大、国度之多、层次之高、历时之长、影响之广,可谓国际论坛之最,成为国际公认的品牌国际活动。

“世界大学女校长论坛”的宗旨是推动世界高等教育发展,推动性别平等和社会进步。提升女性领导力,汇聚世界大学女校长力量,合理搭建交流合作、分享智慧的国际平台。论坛的主题鲜明,紧跟时代的发展步伐,结合国内外发展的实际,不断地延展和深化。论坛聚焦主题,设置重点议题专题研讨。女校长们以女性独特的视角观察教育现象,探索教育规律,规划教育改革创新,总结女性领导力的经验。为了进一步发挥教育对促进性别平等、经济社会发展的作用,重新审视女性领导力和创造力的价值这一具有战略性意义的话题,2014 年,“第六届世界大学女校长论坛”的主题被确定为“女性·教育·领导力”。女校长们就“大学女校长与女性领导力的提升”“青年女性领导力的培养与创新”“社会组织在女性领导力培养中的互鉴与合作”等议题展开了深入探讨,以更好地开发女性人力资源,推动女性平等参与国家和社会事务管理,实现性别平等与社会公正。此届论坛形成了第六届世界大学女校长论坛《北京共识》。《北京共识》再一次向世界昭示:“当今时代,认同女性能力与贡献,培养女性的教育与领导力,具有重要的战略性意义。为了实现全人类的性别平等与社会公正的愿景,大学女校长们愿意携手并进。”

纵观“世界大学女校长论坛”,审视和深探论坛主题的发展和深化,其主题之鲜明、内涵之丰富、研讨之深刻、性别意识之强烈、战略性意义之深远、国际友谊之深厚,都在世界国际舞台产生了重大影响,有力地推动了世界高等教育发展、性别平等和女性领导力的提升。

(二)“世界大学女校长论坛”具有战略性意义

“世界大学女校长论坛”始终秉持关注教育、关注女性的理念,就高等教育、女性发展、人文交流、可持续发展等相关论题展开深入研讨,产生了一批积极成果,是国际论坛中一个别开生面的、独特的、具有重要战略意义的论坛。它,展现了高层次知识女性的民间外交;它,贯穿着全方位治学理校的经验交流;它,蕴含着深层次教育理论与实践的探讨;它,体现了 21 世纪鲜明公正的性别意识;它,传承着优秀女性领导力的成长根基;它,涌现出丰富的、可持续发展的研究成果。这些积极成果将进一步推动世界高等教育发展创新,推动性别平等、女性领导力提升和人类社会进步。

1. 高层次知识女性的民间外交

“世界大学女校长论坛”是连接世界的交流合作之桥,是大学女校长们分享智慧的共同家园。参加论坛的女校长们来自世界不同国家和地区,拥有不同文化、不同语言,为了一个共同的目标在中国相聚一堂,共同跨越文化屏障,促进文化沟通,进行国际交流。世界大学女校长之间的交流既有性别上的独特优势和价值,也有文化上的普遍意义,大家当之无愧地担负着“超越文化之井,建设文化之桥,加强国际合作”的历史使命;交流着对高等教育、性别平等现状及发展战略的独特见解;分享着各国办学治校的经验和收获;展望着高等教育、女性领导力提升的时代新起点;珍惜着“世界大学女校长论坛”的“大家庭精神”和共同结下的深厚友谊。

“世界大学女校长论坛”是真正的国际范围的交流聚会,无论来自哪个国家,源于何种文化,处于何种发展阶段,大家在女性和教育方面都是相通的。中国热情欢迎各国女校长来到中国。在论坛会上,中国国家领导人和中国女校长们向各国女校长介绍了新中国成立以后特别是改革开放以来中国致力于推行男女平等的基本国策,分享了女性教育发展、女性地位不断提高的历程,对进一步推动发展的举措和前景作出了展望,得到了各国女校长的赞许和祝愿;各国女校长的丰富经验和真知灼见,也使中国的女校长们受到鼓舞和启迪,大家的经验和见解成为论坛的共同财富。从教育到文化,从大学到社会,从性别平等到社会和谐发展,从成长到成才,大家相互交流切磋,彼此借鉴,探讨合作,建立了深厚的友谊,推动了地区之间、国家之间的交流与合作。论坛也为各国开展友好合作营造了氛围,创造了条件,打下了坚实的基础。所以,“世界大学女校长论坛”提供了让世界了解中国、让中国融入世界、向世界宣传中国的机会;它是分享世界各国高等教育经验、促进女性发展进程的广阔平台,也是面向世界展示中国、实现中华民族伟大复兴中国梦的重要窗口。该论坛别开生面地展现了高层次知识女性的友好民间外交。

2. 全方位治学之道的经验交流

在现代社会发展中,女性在高等教育领域作为决策者和领军者可谓凤毛麟角,尽管如此,置身于男性居主导地位的现代社会体系中,打破了“玻璃天花板”的女校长们在高等教育发展改革中自力、自强、努力提升,做出了不凡的成绩和贡献,积累了丰富的治学理校经验。所以,“世界大学女校长论坛”作为各国女校长交流的平台,也是高等教育领域的“群英会”。在论坛上,女校长们结合各自在本国、本校的工作实际,围绕大学现代管理、大学校长的责任、自身的办学理念、治学的成熟做法和经验以及建设高水平大学的基本要求等,从广阔的国际视野,对现代大学的管理体制、运行机制和组织架构,对现代大学的发展战略规划、人才培养模式、学科专业调整、师资队伍建设、教学质量保证、资源的开发配置以及校园文化建设等办学中的实质性问题,进行了全方位的广泛交流和研讨,彰显了女校长们在战略上,高瞻远瞩、运筹帷幄、引领未来;在具体工作中,体贴入微、心系师生,用愿景激励师生,用行动示范师生,用厚德包容之心协理校务;在领导风格上,追求完美和精致,重视以人为本,在管理中实现个人发展与事业发展相契合的共同经验。

在论坛中,女校长们立足发展,优为我用,扩大了视野,增长了知识,引发了思考,揭示了规律。论坛的交流和对话留下的许多启发和借鉴,作为论坛的共同思想财富,将进一步促进高等教育领域女性领导力提升,推动高等教育的改革和发展,也将为妇女进一步分享教育资源创造良好条件,激励广大妇女继续以昂扬的姿态,积极参与高等教育,为推动教育的发展做出新的更大的贡献。

3. 深层次教育理论与实践的探讨

(1)倡导文化和教育包容性发展,承担大学责任

"世界大学女校长论坛"将联合国千年计划发展目标中提出的包容性发展的观念引入文化和教育领域,倡导文化与教育的包容性,旨在寻求文化与教育的协调、可持续发展,指引了未来文化教育的正确发展方向。因此,文化与教育的包容性既是一个重要理念,又是一项实践性课题。对于这个重要的理论问题,女校长们一致认为,文化与教育的包容性发展意味着文化与教育的过程和结果要惠及广大女性,促进女性的成长。而文化与教育的包容性发展,需要承载人类教育使命的大学身体力行,大学应当成为文化与教育包容性发展的典范。这些对高等教育领域理论研究前沿问题的深入探讨和共识,对高等教育包容性发展起到重要的推动作用。

(2)明确高等教育国际化发展的内涵与趋势

高等教育国际化发展是现代大学的重要发展趋势。女校长们经过深入研讨,一致认为,强调高等教育的国际化合作与交流是促进大学发展的重要途径。国际化发展需要加强跨国界、跨民族、跨文化的高等教育的交流与合作,这也促使大学要致力于成为世界的学术交流平台,吸纳世界科学文化之精华,提高自身的教学与科研水平。大家认为,国际化并不是一味追求与国外大学同质化,而是"同"和"异"的辩证统一。在办学理念上,倡导全球视野、开放精神与弘扬传统、打造特色的融合并存;在人才培养、学术评价中,坚持国际化和本土化导向的平衡兼容,这才是国际化的本质目标和正确道路。女校长们还强调:全球化时代的教育应该将国际化与大学的目标和战略方向相结合。大家一致认为:在国际化发展的大背景下,改革的重心应放在对学生的支持上。同时我们也呼吁各国女校长在时代变化中积极用作为实现自己的使命。

(3)坚持高等院校的科学定位和人才培养模式

关于世界各国高等院校的人才培养模式和学校的发展定位,女校长们认为,大学只有形成鲜明的特色,在充分张扬个性、发挥优势的过程中提升办学水平与综合实力,才能在发展中赢得主动。而对于人才培养是高等教育发展的核心内容,女校长们提出,大学人才培养模式包括人才培养目标、人才培养体系、人才培养过程和人才培养机制四大因素,强调大学在培养学生的领导力方面应当有更多作为。女校长们还针对目前高等教育存在的不能有效促进大学生把学业优势转化为就业优势的问题,提出大学要切实地帮助

大学生建立实际的学业优势，积极促进大学生建立符合未来经济社会发展需要的就业优势。其中，推进社会性别平等是大学生把学业优势转化为就业优势的重要内容。女校长们在分析大学教育改革的路径时认为，涉及地方院校改革的切入点应该以区域教育生态为基础，着力于提高师资培养质量。关于创建大学文化方面，女校长们认为，大学健康发展需要积极创建高品位的大学文化。大学在创建文化的同时，也以文化塑造着大学中的人。总之，女校长们作为高等教育领域具有重要影响力的精英群体，其实践体悟和独到的见解都将积极推动大学的科学定位和人才培养模式的发展。

4. 鲜明、平等的性别意识

联合国第四次世界妇女大会召开以来，世界妇女运动高度关注女性的生存权和发展权，特别强调女性领导力的培养和引导。妇女发展问题正是“世界大学女校长论坛”所关注的重要问题，也是论坛的主旨所在。“世界大学女校长论坛”以鲜明的性别意识，沿着历史发展的进程，回顾着世界各国妇女解放运动所取得的成就，也正视着当前仍然困扰、制约女性发展的新旧问题。论坛认为，女性教育和女性领导力提升不仅是女性自身的问题，更是全世界范围内涉及社会进步与可持续发展的共同命运问题。面对困扰女性成长和影响女性发展的现实问题，实现事实上的男女平等任重道远。在论坛中大家提出了要进一步强化的观念和措施。

女校长们认为，女性领导力的提升是女性在更高层次、更广泛领域（包括大学）的决策和管理的前提和保证。因此，促进女性自身的发展，应该从女性领导力的培养、开展女性领导力的研究和培养适于女性领导力生长的社会文化三方面努力。同时，正规教育体系和非政府组织都要特别关注和重视女性领导力的培养。此外，还需要给成功女性尤其是教育领域的精英提供更多后续技能提高的机会和沟通交流的平台，使她们能够不断获得提升，发挥更大的作用。而大学教育的普及与国际化，为妇女赋权与发展提供了新的机遇和平台，高等院校应通过国际合作促进女性的培养。女校长们一致认为：在世界经济一体化的时代，需要构建大学共同体和大学女校长共同体，以超越局部利益、超越性别界限的视角和胸襟来合力推动女子高等教育和女性领导力的提升，促进人类社会的和谐发展。高等教育国际化是世界教育的发展大势，也是所有高等院校的发展共识。女校长们对“世界大学女校长论坛”给予了充分肯定，认为该论坛不仅沟通了不同大洲的大学女校长，分享共同的智慧，其本身更是一种推动高等院校国际化发展的重要实践，促进了世界女子高等教育和女性领导力的提升。

女校长们一致认为，妇女是伟大的人力资源，人才是第一生产力。大学集中了高知识层女性，她们不仅是高等教育发展的重要力量，在推动教育事业的发展中发展着不可替代的重要作用，她们更是妇女事业发展的中坚和骨干。在高等教育的各项决策中必须充分吸纳妇女的观点，把女性的参与列入高等教育战略规划，并在教学、科研、管理等各个环节切实予以保证。只有这样才能进一步激发和调动广大妇女参与高等教育发展的积极性和创造性，实现高等教育全面协调可持续发展。女校长们强调，推动各国完善女性成长机制，打破“玻璃天花板”，为青年女性的培养和成长积极努力，是“世界大学女校长论坛”的责任和使命，也是各国女校长的责任和使命。就此，女校长们达成共识：要为实现教育性别公平、女性领导力提升、男女发展机会均等的目标而努力奋斗，坚持强化国际合作、交流互鉴，加强自我发展、自强不息，搭建平台、形成合力，积极研究、探求规律，为实现“发展、平等、开放”与“和平、平等、繁荣”的和谐世界，同步前行。

（三）“世界大学女校长论坛”取得可持续发展的丰硕成果

“世界大学女校长论坛”在不断的发展与深化过程中，产生了扎实、务实、可持续发展的积极成果。以大学女校长和女子大学为主题的丛书正式出版，现代女性领导力研究院正式成立，这些都是“世界大学女校长论坛”的自然结晶，也是该论坛可持续发展的重要依托。

1.“世界大学女校长・女子大学”丛书业已面世

“世界大学女校长・女子大学”是“世界大学女校长论坛”历时十几年深入研究高等教育及女性培养结出的丰硕成果，也是深化论坛主旨、促进女性事业和教育事业发展的学术行动。这套丛书的写作依托“世界大学女校长论坛”这一平台，深度访谈和研究大学女校长及其治校理念、管理智慧和人格魅力，以及鲜为人知的心路历程、卓尔不凡的领导能力和业绩，系统地整理了多年积累的学术成果。因此，“世界大学女校长论坛”既是女校长们交流合作的舞台，也是本套丛书得以问世的重要基础。该套丛书的出版在女性研究领域以及高等教育研究领域具有开创性的意义。

2.“现代女性领导力研究院”正式成立

为了巩固和深化“世界大学女校长论坛”这一具有国际影响力的品牌，进一步提高女性领导力尤其是高等教育领域女性领导力，经中国民政部门注册，现代女性领导力研究院正式成立，并在“第六届世界大学女校长论坛”上揭牌。这是对论坛长效运行机制的有力探索，也是世界大学女校长论坛十五年发展历程中的一座里程碑。

现代女性领导力研究院是致力于女性领导力研究与提升的非营利性公益组织。作为新型民间智库，它将深入挖掘社会各界女性精英的成才过程，总结提炼不同领域女性领导力的内涵和特质。研究院的性质和使命决定了其要努力坚持的方向：持续举办“世界大学女校长论坛”；开展女性领导力研究与咨询；组织女性领导力高端培训。该研究院将努力为全社会女性领导力提升做出应有的贡献。

三、结语

“世界大学女校长论坛”从21世纪初起步,踏着时代发展的步伐,肩负着推动教育发展、性别平等与社会和谐发展的使命,朝着社会进步的目标走过了不平凡的十四个年头。十五年来,论坛荟萃了来自五大洲的杰出女校长,开拓了女校长国际合作的广阔空间,搭建了卓有成效的交流平台,营造了激发女性活力、促进女性发展的良好氛围。“世界大学女校长论坛”的诞生使世界大学女校长们能够有机会分享自身对高等教育国际化发展和女性领导力提升的深入思考和教育实践,展示了女校长们的个人风采和魅力。实践证明,“世界大学女校长论坛”是成功的论坛、可持续发展的论坛、富有生命力的论坛。世界大学女校长们需要“世界大学女校长论坛”,“世界大学女校长论坛”也充满活力地凝聚着世界大学女校长们。创建“世界大学女校长论坛”,不仅是中国高等教育走向世界的重要步伐,而且是构建世界大学女校长共同体,以超越局部利益、超越性别界限的视角和胸襟来合力推动大学高等教育和女性领导力的提升、促进人类社会和谐发展的重要举措。大学女校长身上所肩负的大学教育的使命和价值观引领重任,将使“世界大学女校长论坛”走在高等教育思想交流的前沿,将在推动高等教育发展及培养正确的社会性别观和女性人生观方面发挥重要的引领作用。

我们相信,“世界大学女校长论坛”在已取得丰硕成果的基础上能够建立起更加稳定持久的发展机制,提升论坛品牌,建立多样化、持续性、纪实性的论坛传播方式,从而必将对世界高等教育以及国际妇女运动产生更深广的影响。

〔马延军,全国妇联常委、全国妇联组织(联络)部部长〕

PART 03

大学在发展创新、社会转型中之作用

中华传统文化在现代大学教育中的价值实现

◈ 吴建华

“传统文化所蕴含的、世代相传的思维方式、价值观念、行为准则,一方面具有浓厚的历史性、遗传性,另一方面又具有强烈的现实性、变异性,它无时无刻不在影响、制约着今天的中国人,为我们开创新文化提供历史的根据和现实的基础。”①中华传统文化是中华民族在历史河流流淌过程中沉淀的文化体系,它世代传承,渗透了整个民族的意识与行为,影响着整个人类文明的发展与进程。而现代大学的发展,从根本上取决于其所蕴含的文化精神和文化精髓,中华传统文化是其中非常重要的一部分。同时,现代大学作为高等教育的社会机构,既有承担传承文化的责任与义务,也有丰富和完善我国社会文化的使命。在现代大学教育中,必须批判地继承和发展中华传统文化,在实践的基础上,继续积累和传递中华传统文化的精华,实现大学人的文化自觉,真正体现传统文化的价值。

一、中华传统文化在现代大学教育中的发展与价值实现的困境

从工业革命之后,人类社会发生了巨大变革,各个民族、各个国家进入全面互相影响、互相渗透、互相制约的历史阶段,全球化趋势势不可当。在全球化的影响下,世界范围内的文化交流与传播更加广泛。文化全球化在“融合”和“相斥”的双向作用下,呈现文化流动的多重路径。现代大学作为传播先进文化、创造先进文化的重要阵地,在文化的交融中,特别容易陷入中西方文化、传统文化与现代文化融合的迷雾。在当前的大学教育中,出于理念、环境、资源等多方面的原因,中华传统文化的批判继承出现了一些断层与缺失,传统文化的发展与价值实现陷入了困境。

(一)中华传统文化的价值认同危机

中华传统文化博大精深,是民族历史上道德传承、文化思想、精神观念的集合。它以

① 张岱年,方克立. 中国文化概论[M]. 北京:北京师范大学出版社,1994:9-10.

儒家文化为主体，同时辅以道家文化、佛家文化、法家文化、墨家文化等多种文化思想形态，加之各种语言、书法、音乐、武术、曲艺、棋类、节日、民俗等而形成了一套文化体系，其内容丰富，意蕴绵长。在上下五千年的历史探索中，中华传统文化既蕴含着"人生自古谁无死，留取丹心照汗青"的民族精神，也显现出"天行健，君子以自强不息"的进取品质，更表现为"地势坤，君子以厚德载物"的宽厚德行。丰富的文化底蕴、优秀的文化精神、高尚的文化品质对于现代大学教育仍然具有极高的现实价值。而传统文化的价值认同危机很大程度上来源于现实社会的巨大变化及其所引起的人们价值信念的变化。在现在的大学教育中，受到社会经济急速发展的影响，加之西方文化的强力渗透，大学教育的实用主义盛行，很多大学生趋于追求物质利益，过于重视对专业知识、实用技术的掌握，崇尚西方所谓自由社会的生活，拜金主义、功利主义盛行，道德意识淡薄，却对民族的传统文化知之甚少，抱着妄自菲薄甚至否定和污蔑的态度，传统文化的价值认同陷入危机。

（二）中华传统文化的基础地位弱化

文化传承是文化积累的主要途径，只有文化代代传承、长远延续才能实现文化的发展。文化的发展不能脱离历史，更不能割断与优秀历史文化的联系。在中华传统文化的历史长河中，孔子创立儒家学派，开创"有教无类"的教育理念，坚持"诲人不倦""三人行，必有我师焉"，这对于今天的教育理念、教育发展仍有极大的现实意义。其他很多文化大家，如孟子提倡"自强不息"，荀子主张"人定胜天"，岳飞坚定"精忠报国"，孙中山致力"振兴中华"，这些传统文化的精髓是连续的、持续的、发展的统一体，都是现代大学教育的重要文化素养基础。而在现实中，一方面，中华传统文化的声音在当代中国乃至世界的发展过程中显得微弱，少数激进的大学生甚至认为中华传统文化对于呼唤民主与科学的中国发展并无大的益处。特别是在中国经历了创伤无数的近现代历史后，很多人已经对传统文化失去了自信，人们开始崇尚科技的进步与物质的丰富，精神世界日渐贫乏。另一方面，西方发达国家在教育制度、教育资源、科技创新等领域的优势，也使得中华传统文化在与西方文化的冲突和矛盾中逐渐弱化，当代大学生对中华传统文化的了解和认知比较有限，传统文化在大学教育中的基础地位明显减弱。

（三）中华传统文化的影响日渐式微

文化的全球化使得"文化的认同性日益取代了意识形态的差异性"①，不同国家、不同民族间的文化习俗、生活方式、道德观念日益趋同。中华传统文化的影响力逐渐被以西方文化为主要价值取向的多元文化所取代。而作为学术交流、文化传播最为频繁的阵

---

① 舒扬. 当代文化的生成机制[M]. 北京：中央编译出版社，2007.

地,大学则更容易受到多元文化的影响,大学生较为认同个人主义、享乐主义,而在思想中忽视了优秀的中华传统文化。网络技术的发展突破了人们旧有的时空观念,网络成为大学生了解世界、掌握信息的主要渠道。社交平台、时事新闻、网络游戏、影视综艺节目等成为大学生网络浏览的主要内容,不同的思想观念、价值取向、风俗习惯、信仰理想以及生活方式等产生了激烈的冲撞与融合。网络构成的虚拟社会使人们的思想和行为方式更加自由,大学生在网络世界中遨游,网络文化对其的影响远超于传统的文化思维。而在大学生的精神世界中,传统的"先人后己""先天下之忧而忧,后天下之乐而乐"也被"个人利益至上""追求自由"这样的思想观念所取代。对历史传统的模糊认识,造成了道德真空,加深了个人对社会认识的迷茫,加剧了大学生的信仰危机。

二、中华传统文化价值实现的方法

中华传统文化在现代大学教育中的状况令人深思,我们在反省之余,更要清醒地找出实现其价值的方法,倡导自强不息、厚德载物的传统文化,实现大学文化传承的历史使命,更好地开展科学研究,这样才更有利于人类社会的进步。

(一)以发展的眼光,全方位审视中华传统文化的价值

文化传承的基本特征表现为彼此依存、辩证统一的矛盾,这些矛盾具有稳定性、创造性,同时也充满危机。正是这些矛盾,带来了文化的发展与创新。以发展的眼光看待文化传承的矛盾,是实现传统文化在现代大学教育中价值的重要方法。大学精神是现代大学教育的核心,"大学精神应当体现大学实现其区别于其他机构的独特使命、任务、职责和功能等所必需的核心价值观、指导思想、观念、气质和灵魂"①,中华传统文化对于形成大学精神有着至关重要的作用与意义。大学精神中的科学精神、人文精神、自由精神、独立精神,无一不与优秀的传统文化息息相关,大力弘扬优秀传统文化也是对大学精神的极大帮助。当然,不可否认的是,传统文化在传承的过程中,有精华也有糟粕,要用发展的眼光全面审视中华传统文化的价值,辩证地看待传统文化中存在的一些问题,掌握其中的精髓,去除隐含的糟粕。中华传统文化在大学教育中要特别注重与讲求实证的西方科学精神结合起来,以科学态度重塑传统文化,重构大学精神的文化内涵,实现大学最终的培养目标。同时也要结合当今国内外形势,结合全球化、信息化的趋势,适时进行文化转型,调整传统文化的文化模式,更好地结合现代文化,实现文化的整合与融合,使得大学生既有民族情怀也有时代气息,最终实现人的自我意识的确立。

---

① 王义遒.论大学精神形成演变的逻辑之道:大学精神之我见[J].中国高教研究,2012(9):9-16.

(二)以实践的方式,多层次丰富中华传统文化的价值

文化作为精神生产的重要成果,是人类社会实践活动的历史产物。中华传统文化在现代大学教育中的价值实现,当然离不开人类全部社会生活的本质——实践。实践出真知,只有经过实践,才能让大学生对中华传统文化的认识实现质的飞跃。组织各类社会实践活动,是培养和提升大学生人文素质和民族精神的重要渠道,有利于凸显中华传统文化的价值。大学将传统文化教学与实践教学相结合,除了基础授课以外,还可以定期邀请传统文学、诗词、书法、礼仪、绘画、民乐等相关领域的专家或民间大师走进大学课堂,为学生提供更直观了解传统文化的机会,帮助大学生了解传统文化蕴含的深刻韵味,这样比传统的说教模式要有效。大学还可以依托各类校园文化社团,组织开展各项将传统文化艺术蕴含其中的活动,以新颖活泼、喜闻乐见的活动形式吸引大学生广泛参与,如汉语书写大赛、汉语成语比赛、传统才艺展示等,促进大学生把对传统文化的学习与自己的日常生活和行为规范联系起来,以丰富多彩的文化实践活动进一步增强大学生对中华传统文化的感性认识和认同感。与此同时,我们还可以组织大学生参与到本地文化传统的学习和传播中,如组织参观名胜古迹,培训学生担当博物馆、古遗址等地的志愿者、讲解员,在学习实践的过程中,使大学生潜移默化达到自我教育的目的,发挥传统文化的最大价值。

(三)以批判的精神,科学评价中华传统文化的价值

当前大学教育中有一些对于中华传统文化价值的教条式理解,以及对于部分传统文化价值论断的怀疑乃至否定,如果我们只是简单忽视或一味否定,必定会阻塞传统文化发展的路径,更会打压其原本应有的蓬勃的生命力。批判精神是大学精神的核心,也是大学最可贵的先进品质。中华传统文化作为大学精神的重要内核,同样离不开批判精神以及在此基础上形成的积极地排除谬误、追求真理、继往开来的行为规范和精神气质。批判和反批判的交锋,促使传统文化在大学教育中以理性、智慧为工具剖析传统,批判文化,追求科学真知,建构大学精神,塑造新的大学文明。著名的北京大学正是在蔡元培先生主政期间,坚守“兼容并包,思想自由”的原则,以思想启蒙为航标,以文化批判为基础,积淀形成博大恢宏、兼容并蓄的学术品质和大学理念,树立了中国大学史上的一座丰碑。批判精神是对传统文化的历史和现实进行理性反思和价值重构的科学态度,通过批判提炼出具有时代特征的大学文化,提炼出具有发展意义的创新文化,实现大学文化精神的创生,推进大学文化理想价值系统的现实化,丰富人的人文素养和精神世界,促进人的全面自由和解放,才能真正实现大学教育的意义。

三、中华传统文化在现代大学教育中价值实现的途径

(一)坚持文化自觉,培养独立人格

文化自觉是“生活在一定文化中的人对其文化有自知之明,明白它的来历、形成过程、所具有的特色和它发展的趋向,不带任何文化回归的意思,不是要复旧,同时也不主张全盘西化或全盘他化。自知之明是为了加强对文化转型的自主能力,取得决定适应新环境、新时代文化选择的自主地位”①。文化自觉是一个理性的过程。大学生要做到坚持中华传统文化的文化自觉,必须超越感情因素,达到文化上的认知与认同。充分认识中华优秀传统文化,是创造、构建大学精神的前提与基础。中华传统文化源远流长、博大精深、百家争鸣、百花齐放,文化自觉既包括对传统文化在现实中的意义的深刻理解,也包括对大学文化多元化的极大包容。在现代大学教育中,通过加强传统文化课程内涵建设、重视传统文化与现实问题融合实践、健全传统文化教育体系、拓展传统文化建设依托平台、优化传统文化氛围环境,可以使大学生认识到大学文化中各种思想与价值观碰撞的合理性,在继承传统的基础上进行文化的反思,形成自我反省意识,具备鉴别能力和扬弃能力,实现对传统文化由感性到理性的认识飞跃,认知自我价值观念、情感方式、思维表现、德行品性等文化内层,真正认识自我,形成大学精神中的重要落脚点——独立的人格。

(二)促进文化融合,追求科学精神与人文精神的统一

在现代大学的发展过程中,多元文化对于大学精神的影响越来越深厚。在多元文化背景中,各种文化相互碰撞和融合,寻找适应彼此的出路,形成新的价值体系,并在大学追求科学精神和人文精神的实践中被普遍认同,是实现教育价值的有效途径之一。中华传统文化重视以人为本,强调“天人合一”,倡导和追求“和衷共济”的和谐关系,文化融合完全尊重了中华传统文化的精髓,并在此基础上推进了大学精神最基本的内涵——科学精神与人文精神的统一。中华传统文化重视人性为本,在哲学、史学、文学、艺术等人文科学领域的研究成就非常巨大,但受到社会历史、政治环境等因素的影响,近代自然科学技术的发展比较缓慢。而西方社会的文化则更多体现在技术革命所带来的高速发展的科技文化,科学精神在西方的大学中享有崇高的地位,也在现实中大力推动了西方社会的进步。大学文化的建立,必须将优秀的中华传统文化与西方先进的科学技术文化相结合,实现科学精神与人文精神的融合。现代大学制度本身就来源于西方社会,对于科

---

① 费孝通. 反思·对话·文化自觉[J]. 北京大学学报(哲学社会科学版),1997(3):15-22.

学、真知的追求自然孕育其中，因此，要在国家顶层设计层面确立大学中传统文化发展与改革的目标，大力弘扬中华传统文化中的人文精神，规范先进文化的发展方向，将科学精神和人文精神共同内化为大学生的自觉追求和理想信念。同时在大学教育实践中，应高度重视人文素质课程建设，广泛开展人文素质实践活动，培养大学生坚定的爱国主义信念、真善美的道德情怀、诚实守信的思想品质、爱岗敬业的职业操守。

（三）推动文化创新，实现人的全面发展

中华传统文化是中华民族传承下来的丰厚遗产，其中所蕴含的价值理念、思维方式、行为准则，一方面具有历史和传承的价值，另一方面又具有深刻的现实意义，为文化创新提供了历史的依据和现实的基础。文化的创新首先根源于对传统文化的继承，但继承并非良莠不分地全盘接受，而是去其糟粕、取其精华，让优秀的传统文化在继承中发扬光大。在文化创新上，还要进一步明确传统文化与现代大学的关系，弘扬和创新优秀传统文化对于现代大学的学术理念形成和大学精神的实现具有一定的辅助作用。现代大学培养的人才不是学术的机器、科研的工具，而应是在文化创新引领之下全面发展的人，具有开拓创新精神和独立批判意识的人，因此，要将传统文化放进现代大学发展乃至时代发展的大背景中进行重新整合与优化，注重培养大学生的文化创新和创造能力，提高大学生的人文素质，培养科学精神，最终实现人的全面发展。

参考文献

[1]张岱年，方克立. 中国文化概论[M]. 北京：北京师范大学出版社，1994：9-10.
[2]舒扬. 当代文化的生成机制[M]. 北京：中央编译出版社，2007.
[3]王义遒. 论大学精神形成演变的逻辑之道：大学精神之我见[J]. 中国高教研究，2012(9)：9-16.
[4]费孝通. 反思・对话・文化自觉[J]. 北京大学学报(哲学社会科学版)，1997(3)：15-22.

（吴建华，南京工程学院原党委书记、教授、博士生导师）

大学与传媒的角色互动:面对创新发展和社会转型

◇刘 昶

一、传媒改变社会

传媒是社会变迁和转型的推动力。传媒不但形塑人们的生活方式和消费行为,更对人们的价值判断产生重要的影响,并持续地刺激、监督和制约社会各个领域的合作与创新。

早在一个半世纪之前,拿破仑就曾断言:“大炮摧毁了封建制度,而油墨将摧毁当代的社会结构”;当时,欧洲的另一位名叫马克思的德国政治家也曾指出:“电报已经把整个欧洲变成了一个证券交易所”,他以“用时间消灭空间”的表述来形容工业社会“交往”时间的压缩打破了资本流通的地理限制,令世界市场得以高速运转。这两位伟人都见证了传播改变世界。

如今,信息与传播新技术(New Information and Communication Technology,简称 NICT)的勃兴再次引发了全球交往的革命,并在现有逻辑的基础上,颠覆了人们对现实认知的时空想象。传播再次改变了世界:时下,单就个体而言,无论是通过互联网形成的国际性社会动员,还是知识扩散的技术机制对个体发展的推动,无论是私人时间对信息交往不断增长的渴望,还是大数据(Big data)到深数据(Deep data)对个体行为日趋精密的“诊断”……在传播全球化的视域下,个体与世界的联系已经需要被重新定义。

信息与传播技术的发展,使得人类社会的生产力已经从以物质能量为主转换到以信息知识和技术为主,我们的阅读习惯也从读写为主转换为视听为主。传媒技术演进带来的技术赋权和社会赋权使人人都有了发声的可能,而且演变成某种话语权利,成为某种舆论议程,从而影响公共政策议程,甚至决定公共事件的发展,社会关系、社会运动、社会秩序也因之发生改变。

近年来,一直广受关注的“媒介化”概念,关乎社会各个场域。“媒介化”表明社会生态的各个方面日益受到媒介技术的深刻影响,社会系统的各个子系统之间的互动都离不开媒介技术的问题,教育系统也不例外,也被媒介化。信息与传播技术的发展也对教育方式的创新产生了重大影响,传统的教育理念和教学模式(如课堂空间设计和授课方式)、教育资源及其分配、教学内容的接收方式等都将被改写。一个比较有说服力的例子是旨在建立、模拟人脑进行分析学习的神经网络的深度学习(Deep learning),它通过模仿人脑的机制来解释图像、声音和文本等形式的数据,让机器学习人类的思考方式,积累人类经验,最后取代大量的人力劳动。假如有朝一日被应用到教育领域,届时将由机器完成教师的部分工作,从现在的研究进展来看,这一幕完全是可以实现的。

二、教育引领传媒

然而,传媒在改变社会的同时,也在裹挟着社会。

一方面,海量的碎片化信息侵占了人们的思考空间,使人对"瞬间记忆"趋之若鹜;媒体的新闻内容生产不断地屈从于成本、利润和竞争等市场经济考量;新闻作品的质量日益让位于"呈现"(Presentation)、"形式"(Form)和"速度"(Velocity);一些媒体无视对信息消费者的尊重,随意插播广告,市场化媒体、社会化媒体滥用私人数据等现象屡见不鲜。

另一方面,传媒对技术的和对市场的迁就以及绩效考核管理体制的盛行,逐渐削弱了新闻从业者的自我审查意识,并侵蚀着新闻从业者的历史使命感和社会责任感。更为严重的是传媒的寻租行为,即媒体往往挟持国家话语权力给予的政治红利,在市场上兑现成商业利益后,又转而服务于话语权力的政治文化和意识形态。

信息与传播新技术的发展,虽然用时间消灭了空间,但是地理距离的拉近,非但没有消除文化隔阂,反而加大了距离——这是大多数人所没有想到的。例如,当人类社会步入麦克卢汉预言的"地球村"后,"鸡犬之声相闻,老死不相往来"仍将是全球的普遍现象,人际传播日益被媒介化或许令我们在座的每一个人都不一定能够意识到,在今天的会场上,我们所使用的各种和信息与传播新技术有关的设备,虽然提升了传通的效率,使知识的分享更加迅捷而广泛,但当我们在交流的时候,也越来越需要迎合这些信息与传播新技术的理性,甚至到了被自己发明的技术所左右的地步。这是因为,传媒与社会之间,既是彼此促进发展同时也是相互制约的关系,在社会的转型时期尤其如此。社会各个系统之间日益密切的交互作用,影响着社会转型的过程。人们面临传媒对社会的改变及其交互碰撞而产生的创新时,既有迷恋与希望,又有忧虑和恐惧。

因此,在社会转型期,大学完全有责任警醒公众认清媒介化社会的利弊。从引领传媒的维度而言,大学应该提醒每一位新闻从业者牢记自身的社会责任和使命,告诫传媒不应忽略媒介技术的创造主体和使用主体,避免带有乌托邦色彩的技术意识形态,防止资本力量对传媒的操控。

三、社会转型期教育与传媒的角色互动

教育是促进人类智慧增长、奠定社会可持续与包容性发展的基石。

对于身处社会转型期价值观体系发生裂变的社会而言,其教育本身也面临着不少问题。无论东方还是西方,无论世界级著名高校还是普通高校,都遭遇了以技术理性和市场化为特征的管理企业化和学生培养产品化,这与教育的初衷渐行渐远。

从一个更加宏观的视角来观照,教育陷入了一个怪圈:学生的家庭社会经济背景正强烈地影响着其教育成败,而教育作为促进社会流动的利器,不仅没有缓解学生家庭社会经济背景对其教育成败的影响,反而还强化了这一影响,换言之,当今世界教育日益普及,非但没有缩小人们之间的差距,反而加剧了社会的不平等,从而对国家长期经济发展带来阻碍。

例如,法国国家教育系统评估委员会(CNESCO)于2016年9月27日公布了由法国和其他国家的社会学家、经济学家、教育学家、心理学家历时两年研究完成的一系列报告(共20份)。报告显示,法国教育系统并没有为广大学子创造平等的机会,社会不平等的现象在学校中蔓延和加剧,即法国教育体制和学校的结构加剧了社会不平等。

由经合组织(OECD)发起的学生能力国际评估项目(Program for International Student Assessment,PISA)于2016年12月发布了对世界70多个国家和地区的现行教育体制的对比报告,这份报告表明:法国的教育不平等造成的社会差距还在扩大,而在全球层面,包括美国、瑞士和德国在内的教育不平等现象都非常明显,对知识鸿沟的缩减似乎并没有起到显著的作用。这种鲜为人知的惊人现象,需要传媒来揭露、剖析,呼吁公众抵制教育的蜕化现象,同时,还需要传媒再次提醒全世界的高等教育机构都应承担弥合发展差距的社会责任。

事实上,传媒和大学之间本就有着千丝万缕的联系,二者所承担的功能也有一定的重叠。例如,传媒的教化功能便与大学的教育有所重合;又如,根据最新的教育理念,人的社会化是一个终身学习的过程,在这个过程中,大学与传媒都发挥着各自的作用。

无论是在传媒场域还是在教育场域,社会转型期的现实与理想之间的差距,恰好提供了改革的空间。而传媒与教育的角色互动不仅有助于协同创新,从而实现“全民学习,超越学校教育”(Learning for All,Beyond Schooling)的目标,亦也有利于转型期社会的和谐发展。

四、大学有责任提升全球公民的媒介素养

在经济和传播全球化的时代，媒介素养不仅成为全球公民不可或缺的素养，也成为联合国发展目标的要求之一，因此，大学有责任将提升全球公民的媒介素养纳入教育创新的范畴。

随着世界各国对教育的不断重视，国民整体的学历水平的确有了较大幅度的提升，但代表一个人的学习能力，除了学历"素养"外，还包括个人获取、应用知识和技能的能力，以及兴趣、动机、学习策略等。提升全球公民素养的理念延展了教育的时间观，也将教育拓展到新的空间维度。

网络数字技术的发展引发了信息流通方式和人类接触信息方式的变革，几乎重塑了人们与世界的联系。无论是新兴媒体还是传统媒体，都正在以更为多元、更为引人注目的方式建构着世界以及人们对世界的认知。人们加深了对外部世界的了解的同时，也更容易受传媒对一些特定话题呈现的影响而形成刻板印象、偏见乃至仇恨。信息生产背后一整套更为复杂的操作逻辑很有可能导致人们认知上的偏差。因此，世界各国的大学教育都有义务向全球公民解释媒介真实与现实真实之间的差距，教育大家更好地理解媒介框架——信息生产者、传播者与话语权力的关系。这对于全球公民社会建设是极具现实意义的：借力媒介素养，引导人们有效地、建设性地使用媒介，不仅关乎传播活动的对话、沟通、交流、协商、调停等价值内涵，而且直接关乎21世纪人类社会和平与战争的博弈，亦即直接关乎人类社会的和平共处与发展。

遗憾的是，从整体观之，媒介素养教育其实仍未受到当今大学的必要重视，有鉴于当今社会仍在经历媒介化的过程，这其实理应纳入通识教育当中，让我们为实现全球公民媒介素养提升的发展目标而共同努力。

（刘昶，中国传媒大学教授、博士生导师）

女性学者推动女性创新、创业精神

——大学在创新推动发展和促进社会变革中的作用

◎ 玛丽亚·莉萨·坦夫尼纽

一、引言

女性创业对经济有着重要影响,它能够推动就业,促进销售增长。女性企业家在经济的发展和增长中扮演着十分重要的角色。但我们应当注意,这些现象对经济的真正影响很难评估。在经合组织(OECD)的多数成员国中,人们对女性创业之于经济增长的实际影响仍缺乏了解。在女性的求学路上,没有任何一项要素鼓励她们去成为企业家。女性创业取决于一些个人和外部因素。家庭支持、社会观念、教育、大学的帮助以及对女性创业的态度都是影响女性创业抉择的因素。

在大学里,女性并非孤军奋战。许多国家的学校都在争先培育企业家——建立孵化基地、实验室、(创业)加速器并开设一些相关课程。在那里,有商业创意的学生可以与其他同好一起交流,并接受高级商务人士和校友的指导和建议。但是一些观察者对此保持谨慎态度,他们对这些遍地开花的项目表示质疑,认为大学可能在创业教学方面还不能做到游刃有余,而且创业教学的可行性仍有待商榷。

毫无疑问,许多国家都需要更多的企业家,以拉动生产力并缩小创新差距。在欧盟一些国家的年度发展计划中,理事会将国家能力同创建具有创新潜力的公司挂钩,潜力包括可以对研发大力投资、获得风投以及推动业务的全球化。

在网络上,从大学辍学创业的企业家不在少数。这助长了一种观念,认为我们当中富于冒险性格的人的冒险精神都被学校扼杀了。“为什么不在学校攻读学位,利用大学的环境帮助你的公司呢?”最近一位女学生在社交媒体上这样说道。同时她也说道,“大学现在进步很多,为学生创业提供了许多资源”。有多少大学能够培育出那些在未来富有远见卓识的人,甚至是将创业和高等教育联系起来的人,对此我们是存有疑虑的。创新教学和学习是大学战略的重中之重吗？

就像那些企业家，这些项目是为那些能够跳出固有思维模式的、有主见的人服务的。许多大学提供了更为广泛的创业项目。有些学校开设了介绍性的课程，任何想要开店的同学都可以选修。在过去，这种课程只有商学院开设，而现在开设此类课程的学校越来越多。举个例子，在某些大学，自然科学专业、人文和社会科学专业的学生都可以选修“创新发展”这门课程。创业精神的扩散以及相关经验的增多可能会激励一些学生在这条道路上坚持不懈地走下去。

二、研究问题和方法

当前研究的目标是为高等院校在女性创业领域提出并推动教学上的创新。女性创业和男性创业有一些不同。大学女教授和女学生的关系可能更亲近一些。如果能够让那些有创业经验的女性教授在教学中采用现代教学方法，那么她们可以在鼓励女学生创业方面大有作为。本文的研究问题是：女性院校要采用何种方法推动女学生创新创业？

本文的写作基于女性创业、创新和现代教学方法领域内最新、最著名的文献和研究，实例来自上海大学 MBA 中心和全球管理教育学院。笔者的事业和在上海大学的经历对本研究的解决方案产生了重大影响。

三、女性创业理论

促使女性成为企业家的因素内含于一套由环境和动机构成的复杂体系之中。单单一项环境因素或动机促使女性创业的情况是不存在的。

激励女性创业的因素可以归为两类：第一类，动因；第二类，经济、工作、家庭和个人境况。这些因素也可以按照理论归为两类：推动因素和拉动因素。换句话说，特定背景下发生的事件或出现的情况促使女性成为企业家。动机来源于女性内在本质，而境况则是影响女性的外在因素，它可能是正面的，也可能是负面的。这些境况可以是客观事件（比如说家族企业衰亡或者是扩张、失去养家糊口的工作），也可能是女性的一些认知影响了创业（例如对家庭收入不满，或者是看不到工作的发展前景）。

经济境况对创业抉择的影响主要来自经济需求或者是对家庭收入的不满。而工作境况因素可能是缺乏技能、教育水平不高、在劳工市场难以获得工作机会。年龄大、不看好工作前景、薪酬堪忧或者认为职业发展到后面理应创业，这些也都是相关因素。家庭境况因素是指，创业是家庭中的要求，或者是女性自愿继承，这些可能是机会，也可能是不得已的挑战。个人境况因素驱使的女性创业模式，主要包括亲人的支持、女性个人对环境的不满或者是遇到了特定的创业机会。

有两个影响女性创业抉择的重要因素在前述文献中没有被提及:第一,培养并支持推动女性创业的亲朋好友,或促进公司创立的男性角色和合伙人;第二,女性创业过程中效仿的榜样。

第一种情况,女性生活中会有一些很亲密的人鼓励她们创业,助力她们的职业和个人发展,也会给她们提供机会,为她们树立工作上的榜样。这种支持多有情感上的投入,可能来自亲人、朋友或者培养和激励其创建公司的人。这些人会为女性创业提供创业的经济来源或帮助,也成为她们效仿的榜样。他们为女性注入了勇气,鼓励她们去学习必要的知识并开展创业活动。

尽管在拉丁美洲的一些国家中男性往往占主导地位,在男性主导的工作环境中,女性照顾家庭需要更灵活的时间安排,但是她们似乎并没有注意到这种困扰对创业精神的影响。这些性别相关的因素似乎并未对女性企业家产生较大的影响,但在文献中多有提及。

女性表示成就感和自主权对她们创业有着更大的激励作用,而且有小部分女性提到了权利和从属关系。女性企业家透露,她们有着强烈的内在动力,换句话说,她们觉得必须要开发自己的企业,因为她们在企业中能够获得强烈的成就感,或者说是内在精神上的回报。她们在企业中寻求的不仅仅是经济利益。因此,在面临放弃工作靠创业生活时,她们更乐于在寻求成就感和自主权中工作。

影响女性创业的因素因年龄、教育和家庭背景而异。年纪偏大的女性在创业抉择上受经济境况的影响比受工作和个人因素的影响要大。而在较为年轻的女性当中,工作境况(如遇到的困难和报酬问题)因素的影响则更为常见。

受教育程度较低的女性在选择创业时,各种经济境况,如基本经济需求、家庭收入不足或者是当前工作薪资水平不符合期望等对其影响较大。

受教育程度较高的女性在选择创业时,各种工作境况,如职业前景不够乐观,或是认为职业发展到最后理应开始创业等,对其影响较大。

我们不能视女性企业家为一个同质化的群体,她们有着鲜明的特征。只有根据她们不同的经历进行分类,才能凸显出她们各自的形象。从单一维度阐释女性企业家的概况是不充分的、过于简化的。本文提出了一个认知框架,介绍了女企业家的概况,期望能够帮助她们在工作和生活中做出正确的创业抉择(女性创办公司时的年龄不尽相同,这也影响了她们创办企业的类别和掌管公司的方法,同时催生了不同的影响因素激励她们成为企业家。研究结果指出了女企业家的六种概况,展示了女性创业的不同路线,有就业选择的年轻女性、面临外部约束的成熟女性、事业遭遇压制的坚毅女性、普通年轻女性、普通成熟女性以及坚毅的职业女性等)。

四、欧盟国家女性创业的基本情况

在欧洲总人口中，女性占比52%，但在个体经营者中，女性占比仅有34.4%，处于创业初期的企业家中，女性占比仅有30%。女性在经济增长和就业中的创造力和创业潜力有待发掘。

女企业家在创办和经营企业时所面临的主要挑战来自如何获得资金、信息和培训，进入商业网络的方式以及协调企业和家庭的关系。

欧盟委员会出台了《小企业法》和《创业2020行动计划》，以鼓励支持女性创业。委员会的主要举措之一是支持女企业家、潜在女企业家和资助组织之间的网络构建，让创业女性有机会在职业生涯的某些阶段获得欧盟研究和创新资金支持，并基于她们的创新想法成立或共同创立一家公司，突出代表会被授予欧洲女性创新奖。

委员会为了帮助女性成为企业家，帮助她们成功经营企业，对其资助了网络和电子平台等辅助工具，包括促进女性创业欧洲网络（WES）、欧洲女企业家大使网络、欧洲女企业家导师网络和电子平台等。"欧洲女企业家统计数据"的女性创业一站式研究表明，欧洲企业家（1160万）中，女性占比29%。自2008年以来，欧盟女企业家增加了3%。在欧盟个体企业中，女性创办的占大多数（78%），她们喜欢经营卫生、社工活动、服务或教育等方面的业务。该项调查是在欧盟以及阿尔巴尼亚、前南斯拉夫的马其顿共和国、冰岛、以色列、列支敦士登、黑山、挪威、塞尔维亚和土耳其等国家或地区进行的。

欧洲议会希望更多的女性能够自主创业。一项最新的调查显示，当前欧盟的新企业中，三分之一是由女性创办的。欧洲议会会员芭芭拉·马特拉女士在她主笔的文章中写道，这一数据"低得令人无法接受"。兼职企业家的数据真实地暴露了这一差距。她说："30%的女企业家从事的是兼职工作，而男性企业家中，这一比例仅有12%。"

目前较为严重的问题是，女企业家并没有像男同行们一样获得相同的资金支持。各种研究表明，女企业家在创业时，资本相对较少，她们都倾向于选择小额贷款或使用家庭资金，而不是银行借贷、天使投资或是私募股权和风投。创业基因（Startup DNA）平台的一项研究表明，男企业家获得风险投资的可能性比女性高出86%，获得天使投资的可能性则高出59%。最新的研究报告没有发现投资者歧视女性的确凿证据，但是马特拉女士说，"对女性和男性创业能力的刻板印象可能仍会影响利益相关者对新创企业的判断"。

此外还有其他因素不可忽视。马特拉女士表示，"他们发现女性更倾向于规避风险"。还有一些证据表明，女性很少向潜在投资者介绍项目。好公司咨询公司（A Very Good Company）的联合创始人娜塔莉·坎贝尔表示，她听到了一些有关投资者对女性怀有偏见的轶事传闻。但同时她也指出，她所认识的女企业家在发展和融资时一直很谨慎。她说,“女性领导的企业往往会有组织地发展”,“对于女性来说,她们并不急于退出,她们觉得自己的公司也不必一夜之间从 0 涨到 100”。

马特拉女士提到,女性投资者越多,女性创业就会越容易。如今在欧洲,风险投资公司的掌权者中女性很少。据欧洲商业天使网络统计,欧洲天使投资人中,女性占比仅有 4%。伦敦女子科技协会联合常务董事洛拉 · 谢伦伯格表示,她所在的协会一直致力于不断提高人们对科技公司中女性职工的关注度。“这种情况是有的,但我认为仍有一些女性投资者在为他人铺平道路,积极分享着自己的经验,”她引用佩信资本(Passion Capital)投资公司创始人兼任英国财政部金融科技特使艾琳 · 博比奇的话如此说道。坎贝尔认为女性投资活动相关的报道也非常少。她认识很多像她这样的投资公司的女性,但她们并不认为自己是商业天使。“最大的障碍在于平衡工作和生活,”洛拉 · 谢伦伯格指出,“总体而言,女性仍需照料家庭,但是在公司工作和在家里照看孩子这两者之间很难做到平衡”。马特拉女士也持有相似的观点。她说道,“我认为我们可以做出巨大的改变,增加托儿和老年人护理服务,这样女性就可以从家庭中解放出来,有更多的时间去工作、创造和投资”。

将创新与创业相结合,彼得 · 德鲁克(Peter Druck)可能是这方面最为著名也是最为成功的研究人员和科学专家。他将创新定义为“赋予资源创造财富的新能力的行为”,而且认为“创新的确创造了一种资源。当人们在自然界中发现了某种东西的用法并因此赋予其经济价值时,才有了资源这一概念。在那之前,每种植物都是杂草,所有矿物都只不过是石头”。

彼得 · 德鲁克提出了七种主要的创新来源,并举出众多例子。尽管在特定情况下,这些来源会有重合,但这一划分方式仍提供了有用的指导:

1. 意外的成功、意外的失败或意外的外部事件。
2. 你所设想的现实或是认为现实应有的样子同实际情况不一致。
3. 基于流程需求的创新。
4. 产业结构或市场结构的变化(通常会为外行提供很好的机会)。
5. 人口统计学(可以精准预测,但无论在私营部门还是公共部门,都经常被决策者所忽视)。
6. 认知、情绪或意义的变化(需要分辨是一时的风尚还是真正的改变)。
7. 新知识(包括科学的和非科学的)。

促进创新成功的因素如下:

1. 分析机会,这是思考创新活动的来源。
2. 出去看、问、听。
3. 简单、专注:特定需求,特定结果。

4. 从小事做起，做一件具体的事情，然后适应。

5. 聚焦领导能力，无论职位轻重，否则易引起竞争。

同时，

1. 不要投机取巧，瞄准普通人。

2. 不要多样化，不要分心，不要一次做太多的事情。

3. 不要为未来创新而要为现在创新。

五、高等教育中的创新和创业

问题学习法(PBL)是学生通过解决简单的问题进行学习的一种方法。在问题学习法中，学生学习的中心是现实世界中的问题，这些问题没有正确的解决方案，但通常都是复杂、开放式而且结构不合理的问题。为了有效掌握情况，学生要选择自己需要学习的东西以及必须掌握的技能。他们采用了自我导向学习法(SDL)和自我调节学习法(SRL)。这些学习法会回顾他们所学到的知识并检查他们所采用的学习策略的有效性。问题学习法(PBL)是19世纪晚期彼得·克罗波特金探究式学习和当代体验学习理论的起源。彼得希望用独立的询问式问题解决法取代死记硬背的学习方法。询问式的学习法首先会提出一个问题，然后提出调查解决方案，并在收集和理解信息时创造新知识，讨论所得的新发现和经验，并对新发现的知识进行思考。

就(问题导向的)项目学习法(PL)与问题学习法(PBL)而论，英国伍斯特大学教授马吉·萨文-巴登指出了它们之间一个明显的区别。前者主要代表了一种技术理性主义观点，而后者采用了苏格拉底式对话的方法。但是，项目作业在教育系统内的各个地方都有悠久的使用历史：早期，它被用于技术教育和设计导向教育，目的是促使学生将知识转移到他们的专业实践上来；在20世纪初的教育学改革和项目学习法的推广中，其概念发生了改变；到了20世纪70年代，各大学引入批判教育学，其概念又得到了发展。今天，这三种项目工作仍在使用，且对教育系统内的各个领域都产生了大大小小的影响。

很明显，问题学习法和问题导向的项目学习法这两个概念在基本教学理念上是相通的。鲍德对问题学习法的核心特征的阐述同时适用于这两个概念：(1)承认学习者的经验基础；(2)强调学生对自己的学习负责；(3)跨越学科之间的界限；(4)理论与实践相交融；(5)关注知识的获取过程而不是这些过程的产物；(5)教师角色发生转变，从指导者转变为推动者；(6)在学习成果的评估方面，重心从教师评价转移到学生自我评估和同辈评估上来，以及关注沟通和人际交往能力。

然而，这两个概念是在不同的社会和政治背景中演变出来的，并且有着截然不同的历史。它们之间的主要差别在于：谁为参与者设计问题，以及学习工作如何进行。在问题学习法中,教师设计问题或问题情节,并列出文献。在项目学习法中,最为重要的一点是学生需要针对项目作业提出问题,或者是问题情节,并且要列出与研究相关的文献。研究项目中的学术要求和质量标准在项目学习法的项目工作中被置于首位,也是问题学习法的传统。然而,在医学、经济学和工程学等科目中,问题学习法的重点在于激励学生,并促进学生适应从学习环境到职业工作环境的转变。总之,问题学习法是一种非常适合创业的教学方法。

六、国际高等教育提高竞争力

国外的教育和研究证明,全球化、国际化和创新型创业之间蕴含着无限机会。国外学生和研究人员的流动是每个国家推动工业、服务业、高端技术产业乃至整个经济发展的重要组成部分。

近年来,研究和创新政策的范围不断扩大。一方面,教育和知识起到更加重要的作用;另一方面,工业和商业政策同创新政策之间的联系更加紧密。同时,针对其他政策部门的研究和创新活动也会产生广泛的影响。国际研究和创新政策必须在一些领域相互推动,包括经济、劳工、运输、环境和区域政策,以及社会福利和医疗保健等方面。创新的推动需要每一个国家的努力。

私营部门和公共部门生产力的提高是国民经济具有竞争力和新的就业机会出现的基础。每个国家的公共部门所扮演的角色存在差异。对无形资本的投资和无形要素的开发已成为生产力增长和经济发展的主要动力。竞争中的成败取决于能否找到为客户创造价值的最佳方式。无形要素在价值创造中的重要性不断彰显,而传统实物产品的重要性正在逐渐减弱。产品固然很重要,但它们的存在主要是为更广泛的价值创造提供平台。

多数无形要素涉及无形投资,其中,研发投资占最大份额。无形投资的其他要素包括人力资本、组织特定结构、计算机软件、数字化数据、品牌、商业模式、知识产权和设计等。企业多采用以客户为导向的商业模式,并投资于创造无形价值所需的技能,这是工作和商业生活变革的挑战。全球市场的成功越来越多地基于无形要素。创造价值需要新的思维方式和新的技能。在这些领域,国际高等教育都能够通过创业来提高竞争力。

七、女性创业的支持体系

其一,建议建立国家创业活动数据统计局,特别是要收集性别相关信息。当前这类数据还寥寥无几,且往往自相矛盾,这也制约了人们对创业活动的认识,特别是对女性创业活动的认识。

其二,建议明确创业活动的概念,将其同个体经营区别开来。个体经营是一种虑及经济需求的生活方式,但创业意味着寻找机会和资源来开发项目。许多研究和政策都没有将个体经营和创业活动区分开来,导致分析的混乱。

尽管女性在创业活动中的比重较大且仍在不断增长,但目前所开展的资助项目缺乏对女企业家实际情况的了解。女企业家不是一个同质的群体,不能被归为单一类别。很明显,女企业家是一个复杂的群体,她们具有不同的背景、技能、环境和动机,面临着不同的阻碍。资助项目和政策应该对女性有深入的了解,并且为每一类女企业家量体裁衣。

创业模型以及关系密切的人的支持,似乎已经成为创业发展的一个重要模式。因此,没有现成的创业模式的女性应该借助"辅导企业家"计划,正在开展创业活动的女性可以从中获得女性企业家的指导。这类计划的目的是让刚刚开始创业的女性找准创业方向,了解企业的管理,在不足的方面获得知识和指导,以及让她们对自己的创业能力更有信心。具有工作经验的女性在创业时比那些没有经验的女性准备工作做得更加充分。因此,建议女性在创业之前积累工作经验。这能增强她们做决策时的信心,并使她们了解企业的运作方式。

旨在促进女性创业的项目应涵盖以下方面:顾问和咨询服务、企业管理培训、融资、信息获取和联系网络。其中,顾问和咨询服务的目的是研究女性的技能,为她们创办企业提供支持,帮助她们规划和发展企业。这些服务会处理女企业家面临的具体问题,并使她们清楚地了解发展企业所需要的投入,提高她们平衡家庭和企业责任的能力。

培训会围绕具体话题展开,旨在提升女企业家的能力,增加女性在企业管理方面的个人资本。通过培训,女性可以认识到自身的不足,并学会在自己不擅长的领域选募人才。国家应当贯通融资渠道、精简担保制度,最重要的是,应减少女性(和男性)企业家的信贷成本。

有关市场、新产品、业务发展和管理的信息获取也应进一步贯通,这样一来,女性扩展业务的机会就会增多。通过联系网络,女性可以与企业家和专业组织交流经验,增加创业的机会,激发创业的灵感。联系网络和信息获取能将女性置于更广阔的商业环境,让她们有机会施展自己的创业才华。

八、推动女学生创新创业的方法和工具——以上海大学MBA中心为例

以下内容将着重介绍女性学者促进女学生创新创业的六种方法。每个方法相互贯通,共同构成一个整体。

(一)导师制

导师制建立了这样一种关系:拥有更多经验或知识的人可以去帮助和指导那些知识或经验不足的人。导师可能比学员年长,也可能比学员年轻,但他一定具备某个特定领域的专业才能。导师制是一种学习方式,也是一种发展伙伴关系:一方具有丰富经验,另一方想要获得知识。在学员和导师共同参与的指导关系中,心理社会支持、职业指导、角色建构和沟通交流都会出现,而指导经验和关系结构会影响这些方面。这种指导以关系为基础,而且常常涉及沟通交流问题。但是其概念仍未有准确的界定。

指导是一种知识、社会资本的传递,也是工作、职业或职业发展相关的心理社会支持的感知的传递;指导需要非正式的沟通,通常是面对面的,并且会持续一段时间,它是在有更多相关知识、智慧或经验的人(导师)和经验较少的人之间(学员)进行的。

欧洲的导师制可以追溯至古希腊时代。20世纪70年代以来,导师制在美国的培训界得以推广,它与促进女性和少数群体工作场所公平的运动有着重要的历史联系,也被称作"美国的一项管理创新"。

如果学员在职业选择和找寻自己的优势方面渴望得到帮助,他可以同资历较深的导师沟通,从他那里获得支持、启发新视角。这是一个应对未来事业发展的机会,有助于实现梦想和寻求自我发展。

导师可以在以下方面提供帮助:

- 职业选择、路径以及求职能力;
- 职业能力发展和自我反思;
- 互动和沟通能力;
- 建立职业网络并提供职业联系。

学员应当:

- 每月至少与导师一对一交流一次;
- 积极表现,与导师相处要主动;
- 与导师讨论自己的期望,设定目标并就实际问题与导师达成一致;
- 明确指导关系不是为了获得工作或实习机会,也不单单意味着指导学位论文写作。

在指导计划中,帮助和指导学员的导师是在公司或大学以外的组织中工作的有经验的人。导师是学员在就业和生活管理方面可以与之交流和讨论的对象。

上海大学MBA中心和全球管理教育学院拥有十年以上的导师制经验。在过去三年中,有超过225家企业和社区利益相关者在MBA中心提供指导。

企业和社区精英(外部利益相关者)对MBA中心的支持由上海大学MBA中心的全

球通信和公共关系办公室特别管理,该办公室由行政总裁直接领导。由于MBA中心的沟通融入了行业和社区关系管理,因而它能够将这些外部利益相关者凝聚起来。自2004年成立以来,这些企业和社区精英已经连续为MBA中心提供了十多年的帮助。例如,“导师—学员”项目已经实施了10余年,培养了近300名精英成员(参见www.shumba.shu.edu.cn)。

上海大学MBA中心的导师制在“导师学员计划”手册中有所阐述。这是一个联系学员和导师的有效平台。学员主要是上海大学的MBA学生,导师是企业和行业专家,他们为学员职业和个人发展提供建议。

(二)校友会

“Alumni”(校友)是拉丁语“alumnus”的复数形式,意为“养子、学生”,源于动词“alere”,有“教养”的意思,后引申为“寄养的孩子”。校友是教育机构(学校、学院、大学)曾经的学生,通常是该机构的毕业生。

校友聚会是一项热门活动,许多高校都会举办。它们通常由校友会组织,且经常作为筹款的社交场合。在北欧,校友会组织才刚刚起步。因为那里的高等教育免学费,而且和美国的校友组织不一样,其重点不在融资。如今在北欧,这一重点也在发生变化。

上海大学MBA中心拥有强大的校友会,而且同导师制相结合。我们相信学生的学习生涯并不只是在MBA中心进修的这段时间,学习应该是一辈子的事情。在其职业生涯中,MBA毕业生可以一直从广泛的服务和活动中受益,扩展他们的管理知识,分享经验和见解,创造商业机会,保持友谊,并追求事业发展。一些校友毕业后会继续参加上海大学MBA中心的海外学习,参与国际商务考察、交换生项目或进修学位课程。此外,他们还不时地与在校学生一起参与上海大学MBA中心的研讨会、论坛以及联络网相关的活动。

上海大学MBA中心乐于看到毕业生的个人和职业进步,特别倡导全面发展,注重全球本地化和知智(知识、智力)方面,同时也对他们的社会责任感和回馈行为表示赞赏,更感到自豪。于此,MBA中心针对校友发起了一项名为“三重回馈”(Triple-GiveBack)的项目,鼓励上海大学MBA中心的校友回馈社会,他们可以在“上海大学MBA校友职业智能研讨会”上发言做分享,也可以在“上海大学社区(SHU)和企业社会责任计划(CCSR)”中担任导师。其次,学校也鼓励校友们和上海大学的本科生或研究生分享就业机会,以帮助后者的职业发展。最后,学校鼓励校友们向社会或上海大学提供资助。这个“三重回馈”计划得到了上海大学MBA校友的鼓励与支持。据2013年的统计数据,88%的校友支持或参与了上海大学的“知识、机会和金钱”捐赠计划。自2011年MBA校友会成立以来,共有153名校友参加了研讨会或“上海大学社区(SHU)和企业社会责任计划(CCSR)”,与上海大学及上海大学 MBA 中心的学生分享了知识和经验(参见 www.shumba.shu.edu.cn)。

(三)大学与商业组织的合作

创业教学教育需要高等院校与商业组织的强力合作。为了促成这种合作,笔者基于自身的经验提出以下步骤:(1)促进合作与创新;(2)融合商业知识、创造力和技术;(3)创造新产品和新服务。

欧洲资助计划“地平线 2020”为我们提供了重要的机遇和资金,这只是合作的一小部分。当合作双方的观点和战略方向一致时,从以下方面可获得最大收益:创造新知识,建立网络,发展同合作者还有潜在客户的关系,并为市场增长创造机会。

我们通过研究、创新员工交换这些举措,不仅加强了学术机构和非学术机构之间的互动,同时也加强了各国之间的交流,从而为实现知识的跨国和跨部门流通、分享研究和创新的想法提供了重要的保障。同时,文化目标也很重要。

(四)商业案例

商业案例能充分展现项目或者是工作的发起过程。它通常以严密清晰的书面文件形式呈现,但有时也可能以简短的口头辩论或陈述形式出现。商业案例的内在逻辑是,金钱或人力等资源的消耗应当满足特定的商业需求。例如,软件升级可能会提高系统性能。而更好的性能可以提高客户满意度、减少任务处理时间或降低系统维护成本,这就是一个商业案例。一个令人信服的商业案例充分体现了拟议项目特征,包括可量化的和不可量化的。商业案例的价值取决于商业态度和业务量。

根据正式项目管理方法的要求,商业案例可以是严密和清晰的,也可以是非正式和简要的。正式的商业案例中的信息可能涵盖了项目的背景、预期的商业利益、斟酌的选项(拒绝或施行每个选项的理由)、项目的预期成本、差距分析和预期风险。当选择以逸待劳时,也要考虑到不作为的成本和风险。根据以上这些信息,可以判定项目的可行性。需要注意的是,建构商业案例不是项目经理的职责。该任务通常由利益相关方和赞助商负责。

撰写商业案例的好处有很多。它可以帮助决策者认定所提议的计划是有价值的。决策者也可以同其他计划做对比,根据商业案例中列出的目标和预期收益分出优先级。商业案例中构建的绩效指标可以评估商业方案的成果,以应对变化。

商业案例流程设计应满足以下几点要求:

- 可调整——根据提案的规模和风险量身定制;
- 一致性——每个项目都能处理相同的基本商业问题;

- 以业务为导向——关注业务能力和影响,而不是关注技术;
- 全面性——包括与整体评估相关的所有因素;
- 易懂——内容联系紧密,符合逻辑,虽然要求很高,但易实现和评估;
- 可量化——所有关键方面都可以量化,成果可以监控、衡量;
- 透明度——关键部分的合理性容易论证;
- 问责制——有关于福利分配和成本管理的问责制。

优秀的商业案例报告是一种学习材料,它可以为投资决策者带来信心和责任,是企业分析报告和商业案例流程中所有信息的汇编。其主要目的是为投资主张提供证据和理由。报告包括前言、目录、执行简报(推荐、结果摘要、决策)、简介(业务驱动因素、范围、财务指标)、分析(假设、现金流报告、成本、收益、风险、战略选项和机会成本)、结论、建议以及后续步骤。

商业案例展现了大学和商业组织之间的高层次合作。从事这些案例教学的导师必须具有良好的商业实操经验。

(五)咨询委员会

咨询委员会负责提供指导、建议和支持,帮助大学实现其战略目标,包括创业目标以及新型的教学法目标。委员会成员来自各种公司,大型的、小型的,本地的、国际的,还有其他大学,特别是国外大学。大学内的咨询委员会任期为2至3年。咨询委员会的任务是增进大学与主要利益方之间的互动与合作。一方面是利用来自不同领域的外部专业知识,另一方面是让重要的合作伙伴了解大学及其活动。咨询委员会中也可以有大学学生会的代表。

上海大学MBA中心的"社区委员会"又被称为外部咨询委员会,由来自不同行业和社区部门的11~13名高级管理人员和上海大学的MBA校友组成,他们为上海大学MBA中心的人才培养、战略和可持续发展建言献策,并以老板的视角,针对学生的职业发展规划和课程安排提出相应的建议。

(六)继续教育

继续教育是专业技能提升的一个重要组成部分,其目的和目标是提高教育领导力,推动教育组织发展。一些组织向教师提供继续教育项目,并为研究机构和工作组织提供咨询业务,他们与客户和合作伙伴一起设计和执行项目。学习和教育部门包括继续教育学院、成人和社区学习组织以及公共和私营部门培训组织。在这些地方,有大量的受教育机会。

大多数高等教育机构都会寻求拥有研究领域内最高学位的教授(最高学位通常是博

士学位)。如今高等教育机构也迫切需要额外的教学资质。除了要求拥有高级学位之外,大学通常还规定了其他的标准,如在国际权威刊物上发表学术文章,为自己所在的研究领域做贡献。一些大学可能会要求教师每年发表一定数量的文章,之后才能获得职称。但仅有高学历是不够的,创业教育还要求教师有自己的商业实践经验。

九、结论

尽管欧洲女性比男性多,但在欧盟个体经营的人群中,女性企业家仅占三分之一。还有一些其他因素导致创业对女性的吸引力不如男性,比如平衡事业和家庭。欧盟委员会正在与欧盟国家合作,携手克服这些困难,并鼓励支持女性创办属于自己的公司。

受过高等教育的女学生成为企业家的可能性更大。有创业经验的女教授便是最好的例子。现代教学方法十分重要。这些方法包括导师制、校友会、大学与商业机构的合作、商业案例、咨询委员会以及继续教育。而这些都需要全球性的合作。

参考文献

[1]ALECCHI B E,RADOVIC M. Women and entrepreneurship[M]//Female durability,persistence and intuition at work. London:Gower Publishing Limited,2013.

[2]BOUD D,GRAHAME F. The challenge of problem-based learning[M]. London:Psychology Press,1997. CARTER S,CANNON T. Women as entrepreneurs[M]. London:Academic Press,1992.

[3]DRUCKER P. Concept of the corporation[M]. London :Transaction Publishers Rutgers,2008.

[4]HISRICH R,BRUSH C. The women entrepreneurs:management and business problems[J]. Journal of small business management,1984,22(1):30-37.

[5]HISRICH R,BRUSH C. The women entrepreneurs[M]//Starting,financing and managing a successful new business. Toronto:Lexington Books,1986.

[6]SAVIN-BADEN M. A practical guide to problem-based learning online[M]. London:Routledge,2007.

[7]STENGEL G. Why The force will be with women entrepreneurs? [EB/OL].(2016-08-20)[2018-08-30]. https://ec. europa. eu/growth/smes/promoting-entrepreneurship/we-work-for/women_fi.

(玛丽亚·莉萨·坦夫尼纽,上海大学教授)

女性领导与传媒高等教育的变革创新

◎赵　晖

一、变革与创新:传媒高等教育的新发展

随着信息传播技术的不断创新,传媒业的发展日新月异,增长势头强劲。在全媒体时代,传统媒体与新兴媒体不断融合,引发传媒结构的变化和舆论生态的调整。“媒介环境学派认为,新传播技术的出现将渐次地引起符号表达、人机交互、环境交流结构的变化,进而系统地改变一个社会的传播生态环境和社会制度环境。”①在被传播技术改变的社会中,传媒对大众的影响日益深刻。从一定意义而言,媒体已经从一种信息工具转变为一种社会文化和生活方式。

在传媒快速发展的大环境下,大众创业、万众创新,网络强国、“互联网+”行动计划、大数据等发展战略在全社会广泛推广,成为“国家创新驱动发展战略”的重要内容。传媒的发展、社会的进步都需要创新的驱动,构建产学研结合的创新体系也成为实现这一发展战略的重要路径。

传媒高等教育的发展要立足传媒变革、社会创新的大背景,准确把握媒体融合大势,积极应对,赢得主动权,才能获得新的发展机遇。在今天的媒介大发展时代,推进传媒高等教育的变革与创新,既是大学传媒教育迫在眉睫的责任,又是其需要勇于担当的使命。

面对传媒行业的飞速发展,传媒高等教育如何应时而动、因势而变地培养人才,是当前大学教育的重要任务。中国传媒大学一直秉持的发展目标是:创建世界知名的高水平传媒大学。推进传媒高等教育,就要应对传媒变革,培养具有强烈社会责任感和国际视野,基础扎实、实践能力和创新能力强的传媒领域精英人才。

新时期的传媒高等教育如何推进变革与创新,从中国传媒大学的实践和经验来看,主要可以从以下几个方面着力:

---

① 郭文革.教育的“技术”发展史[J].北京大学教育评论,2011,9(3):137-157.

（一）保持优势，发挥特色

传媒高等教育有自身的优势和特色，在媒介高速发展的时代，社会对传媒教育的要求也有了更多的提升。传媒高等教育既要注重保持优势，也要注重强化特色，探索建立适合自身的特色发展模式，开拓更广阔的发展空间。

传媒高等教育一直重视学科教育与传媒专业实践的密切联系。传媒学科的建设、人才的培养，都需要密切结合传媒产业的发展趋势，以解决新闻传播实践中的问题，在坚持传媒领域学科特色和综合优势的基础上凸显传媒特色。中国传媒大学坚持把特色办学融入教学活动和人才培养的全过程，培养特色人才，塑造特色品牌。

（二）完善机制，创新发展

创新是引领和促进发展的重要动力。传媒高等教育的人才培养需要创新发展，一方面要放眼世界，把握世界范围内新闻传播的最新动态，建立高层次的国际教育合作网络，搭建高端教学研究平台；另一方面要立足本土，了解中国传媒发展的实际需求，不断创新。为了应对信息传播技术的新发展，研发传播科技领域的前沿技术，培养掌握传播新技术和新方式的人才，中国传媒大学一直实施各类拔尖创新人才培养计划，大力推进传媒类复合型创新人才培养模式改革。

创新发展需要制度建设的支持和配合。传媒高等教育的创新发展需要进一步完善高校的体制机制，加快现代大学体制的建设，从制度层面着力，营造高效率、开放性的办学环境和办学条件，形成开放的人才引入机制和培养机制，推进促进创新的体制架构，激发传媒高等教育的更多创新潜能。

（三）需求导向，加强合作

传媒高等教育要实现长期可持续发展，就应以需求为导向，加强学校的社会合作和社会服务工作，不断满足全社会对文化传媒业高素质人才日益增长的需求，学校的角色定位也要从支持服务转变为服务和引领相结合。

大学的社会服务首先要服务于国家战略，同时也要服务于区域经济社会的发展。学校要通过产学研合作，加强社会联系，了解社会需求，建立社会服务与合作的长效机制。学校对国家和社会的发展既要有所作为，也要有所贡献，主动服务国家和地方经济发展，争取国家和社会更多的支持。

整体来看，传媒高等教育的变革与创新，对大学管理提出了更高的要求。在全媒体时代，高等教育的国际化、高校规模的扩大化、高校模式的多元化，都是对现代大学发展的挑战。大学管理已经逐渐演变为一门精深的学问，知识经济和信息化社会要求大学领导不断完善和创新大学的管理方式,传媒高等教育的发展也需要大学领导积极应对时代挑战,适应时代需求。

二、女性力量:传媒高等教育的新动力

从性别视角看,传媒高等教育的变革与创新中还伴随着两方面的发展现实:

(一)传媒领域女性力量的崛起

传媒高等教育为媒体行业培养了大量的人才。过去二十年,中国媒体的显著变化之一就是媒介女性工作者的数量有了明显增加,这一现象也得到了传媒业界和高等教育学界的重视。女性作为传播者,在媒介领域日益具有优势地位,有利于促进女性社会地位的提升。根据中华全国新闻工作者协会于 2014 年 12 月发布的《中国新闻事业发展报告》,在中国新闻记者中,有男性 144,087 人,占比 55.87%;女性 113,791 人,占比 44.13%。[①] 相较于 1995 年"中国女新闻工作者在我国新闻队伍中约占三分之一"[②]的情况而言,女性新闻工作者的比例已经上升了约 10 个百分点,达到 44.13%。可以说在传媒行业,女性新闻工作者已经占据了半壁江山。

与之相对应的是,在传媒高等院校中,女学生的数量也占有较大的优势。以中国传媒大学为例,根据学校 2015 年的统计报告,学校在校研究生总数 4,507 名,其中女生为 3,095 名,占比 68%。在校的本专科生总数 9,183 名,其中女生 6,121 名,占 66%。[③] 可以预见,未来将会有越来越多的女大学生作为生力军加入传媒行业。传媒高等教育正在见证女性力量的崛起。

(二)高等教育领域女性领导的缺失

在中国的高校中,女性领导已经成为大学管理者中的重要力量。但整体来看,女性与男性管理者的比例仍然失衡。女性领导人数少、比例低;担任副职的多,担任正职的少。女性进入高校管理层仍然面临重重困难。

有研究者对中国 1,166 所普通本科高校[④]中的女性领导人数进行了调查,数据显示,女领导仅占校领导总数的 11.7%。其中,985 高校有 46 位女性领导,占校领导总数的

---

① 中华全国新闻工作者协会. 中国新闻事业发展报告[R/OL]. (2014-12-29)[2016-08-30]. http://www.xinhuanet.com/zgjx/cmyj.htm.

② 中华全国新闻工作者协会. 中国女新闻工作者现状与发展调查报告[J]. 新闻与传播研究,1995(2):1-6.

③ 数据来源于《中国传媒大学统计公告(2015 年)》,内部资料。

④ 根据教育部《2013 年具有普通高等学历教育招生资格的高等学校名单》,我国共有 879 所普通本科院校(含民办)和 287 所经国家批准设立的独立学院,总计 1,166 所高校。

10.87%;211 院校有 63 位女领导,占校领导总数的 9.49%;在全部本科高校女领导中,正职 134 位,副职 636 位,分别占女性领导总数的 17.40%和 82.60%。①

同时,女性进入高校领导层之后也面临着更多的压力和挑战,尤其是传统性别观念的影响以及社会对女校长管理风格的不认同。芭芭拉·凯勒曼认为,女性的职业发展受到刻板印象、评价和指导中的性别偏见、承担家庭责任中的性别差异、工作模式的缺乏弹性和公共政策的不完善等因素的掣肘。② 这些特点在高校女领导的职业发展中也有所体现。

与其他普通高校的情况相似,传媒高校女性领导的数量也很少,比例很低。但是,传媒高等教育的发展离不开女性的参与,也更需要女性发挥自身的力量,作出自身的贡献。从性别视角看,面对传媒教育和传媒行业中女性力量的崛起,社会对传媒高等教育领域女性领导的需求和要求也在不断增加。

三、女性领导:推进传媒高等教育的性别平等

女性领导已经越来越多地成为全球社会令人瞩目的力量。2016 年,特蕾莎·梅成为新任英国首相,她是继撒切尔夫人之后的第二位英国女首相。希拉里·克林顿成为美国首位女总统候选人,且被认为极具竞争力。联合国首次以公开竞争方式遴选秘书长,8 位候选人中有 4 位是女性。这些来自不同国家的杰出女性的突出表现,让全世界越来越多地关注女性领导力的发展。

高等教育领域的女性领导承担着更重要的责任和使命。女性的性别特质有助于女校长们实践以人为本的管理观念,也为她们体察和协调大学当中各种复杂的人际关系创造了更有利的条件。有研究者认为,女性领导者的独特优势在于具有包括沟通能力、语言表达能力、协调能力、亲和力等方面的全面能力。另外,还包括注重细节、擅长团队组建、有韧性、有高信用度、善解人意和富有人情味的工作方式等。③ 对女性领导力的研究已经成为管理研究和性别研究的重要领域。女性领导力一般被定义为女性领导者在特定的情境下,充分运用其自身的权力和领导特质、领导魅力等,影响他人自愿地在组织中发挥潜能、做出卓越成就的能力。④

女性领导力的养成,首先需要女性自身的努力。这不但包括一种向内的修为,女性自我学习和完善的过程,也需要一种向外的争取,向周围社会环境争取支持的过程。其次,女性领导力的培养也有赖于各方面社会力量的支持,还需要女性群体间交流合作、加强联系,共同创造一个女性领导力培养的平台与机制。

---

① 喻恺,王饮寒.我国高等学校女性领导群体特征分析[J].山东高等教育,2015,3(10):5-13.

② 凯勒曼,罗德.女性领导力:现实与挑战[M].张素玲,译.上海:中国出版集团东方出版中心,2012:5.

③ 王伟华.女性领导力研究评述[J].领导科学,2010(26):30-32.

④ 蒋莱.女性领导力研究[M].上海:复旦大学出版社,2011.

高校女领导在担任校长、书记等校级领导职务时，首先需要面对的是职位本身的工作和责任要求。其岗位职责并不会因为性别的差异而有所区别。职位一样，责任也一样。因此，对于每一位高校女领导而言，首先按职位要求做好一位高校领导，然后才是从自身的性别特质和魅力发出，做好一位高校"女领导"。一般认为，基于社会文化对男女两性的不同定位和要求，女领导在自身的管理实践中，确实会形成女领导群体的一些独特风格。比如，女领导更具亲和力、更细致，能更好地实现柔性管理，也能更好地发挥协调力与平衡力。更重要的是，女性领导会更多地具有性别意识和性别视角，从性别平等发展的角度推进工作。

面对传媒高等教育的变革创新，女性领导可以积极发挥自身的优势和影响力，关注传媒高等教育的女性发展，促进传媒领域和高等教育领域的性别平等。

（一）推进传媒高等教育领域的女性人才培养

目前，在传媒院校中，女学生的数量已经占据较大的比例，但是，女学生在就业时依然没有获得平等的对待。普遍存在的女生就业难问题也已经波及传媒领域的女毕业生。诸多案例显示，女学生在就业时容易遭受用人单位的性别歧视。此外，近年来一些发生在高校的针对女大学生的性别暴力事件，也使得女大学生的发展受到更多的关注。在这样的背景下，推进传媒高等教育领域的女性人才培养任重而道远。中国传媒大学在对女大学生进行系统的专业知识教育之外，还针对女大学生的需求，积极开展对女大学生的性别意识、心理健康、自我保护、维权意识的培训和讲座，全方面促进女性人才的成长。

（二）提升传媒高等教育领域的性别关注

中国传媒大学是较早关注传媒领域性别研究的高校，这得益于学校历任女性领导的大力支持。2001年，学校主办了首届"世界大学女校长论坛"，旨在汇聚世界各国大学女校长的力量，搭建交流合作、分享智慧的国际平台。迄今论坛已经成功举办了六届，是目前世界范围内以大学女校长为主体的、具有广泛影响力的品牌论坛。2005年，联合国教科文组织在我校设立了"媒介与女性"教席，这是中国在信息传播和性别研究领域的第一个也是目前唯一的教席。学校于2006年在传播学硕士专业招生中设置了"媒介与女性"的研究方向，培养了大批"媒介与女性"专业方向的硕士研究生。经过多年努力，中国传媒大学在媒介与女性研究领域取得了丰硕成果。

女性领导在传媒高等教育领域一直发挥着积极的作用，在传媒高等教育不断变革与创新的浪潮中，女性力量不容忽视。

（赵晖，中国传媒大学原党委副书记兼纪委书记）

推动全球经济与社会转型升级:大学的选择与责任

◇ 丽丝·都马思

教学创新是最近几年法国高等教育和研究部乃至整个学术界都要做的一项头等大事。国家和地方政府部门之前呼吁的许多项目已然发起,固定资金也得以分配用来促进倡议的落实。这件事要做成,就得改变师生之间的教育关系,要提供新的教学方式来适应社会的变化以及满足学生对职业世界的期望。同时,要对培养更多大学人才的必要性作出回应,这也不失为一个好的方式。我们这个时代的职业需求已经发生了巨大的变化,它们对知识技能和教育水平的要求越来越高。对于发达国家来说,公民都能受到教育自然是更好的选择。因此,即使我们没有更多的地方,也没有更多的教师,仍须努力想办法给这些要进入我国高校学习的大批学生提供好的教育。

格勒诺布尔大学是一所综合性大学,也是一所研究型大学,同时,它多年来一直致力于寻求对全校学生普遍适用的优质教育方式,并且十分热衷于开展教学创新。

那么,为什么要进行教学创新呢?

一、学生的期望值和技能点都在发生变化

世界瞬息万变。如今,数字工具唾手可得,尤其是那些年轻人,他们就像含着数字工具出生似的,这些工具使学习的内容和吸引人们注意力的方式不断改变。因此,年轻人在听课的时候,如果课堂上只有教授自己在讲,那么他们的注意力就更难集中了,学习效率也更低。互联网和不同社交网络可以被自由使用所带来的另一个后果就是,教师不是唯一能给答案的人;相反,许多问题的答案都可以在网上找到。教师不能再把自己的权威建立在师生之间原有的巨大知识差距上了。当然,这种差异仍然存在,但是网络潜水会让人产生新的认知感受,尤其是对于初学者来说。另一方面,学生可以无限地获取知识,甚至远远超出他们所能掌握和记忆的范围,但他们必须学会如何区分这些知识,因此,教师的角色在某种程度上发生了变化:教师必须是教学生如何学习、培养学生学习能

力的人,而不仅仅是直接教书的人。当然,在某种程度上,教师一直都是这样做的,而现在更是这样。而且最重要的是,教师需要时刻关注并掌握数字工具的快速变化,要了解它们的用途、效果,尽可能在教学中运用这些数字工具,以吸引学生们对课程的关注和兴趣。并非所有的教学创新都是数字化的,但我们所有人都得在某种程度上意识到数字媒体给我们的思维、学习和交流方式所带来的变化。

其中有一个关键词是"互动性"。学生们对这个词再熟悉不过了,因为他们经常在社交网络上互动交流。因此,这种在任何交流中都应该被鼓励的互动性,这种自古希腊以来所有教师都建议拥有的互动性,这种在不同文明中作为优秀教育典范的互动性,如今已经成为课堂上的必需品了。因此,不管是否使用数字工具,我们都要找到方法来培养这种互动性。

另一个关键词是"集体训练"。我们的学生未来所从事的大部分职业都需要有集体工作能力、集体项目建设能力、集体思维能力以及集体行为能力。因此,我们需要对他们进行这些能力的训练。

二、大学现今接收的学生很多都有其特定需求

无论是在法国还是在欧洲其他国家,越来越多的大学所接收的学生都具有非常多样化的、特定的需求。我说的不是学生水平的异质性,那是另一个问题了。这里指有不同具体需求的学生:高水平的运动员,他们需要有时间进行训练和比赛,不能和其他人在同一时间一起学习;高水平的艺术家,例如舞者或音乐家,他们也有同样的需求;还有要勤工俭学的学生,以及残疾学生……他们可能都是非常好的学生,但如果我们不想办法调整教学来适应他们的需要,那么他们可能就成功不了。对于所有这些与众不同的学生,我们需要开发一些在线课程,辅导老师要做好笔记,帮助学生学习、应对考试等等。

三、格勒诺布尔大学经验总结

(一)格勒诺布尔大学简介

格勒诺布尔大学是一所综合性研究型大学,在法国排名第 5 位,有 4.5 万名学生,5,500 名学者、研究人员和管理人员,24 个系,80 个实验室……它在国际排名中名次很好(全球 QS 排名 206,但其实排名可以更好,因为在 2016 年 1 月三所大学合并后发布的排名并没有仔细考量新大学的数据资料),特别是在研究和创新方面名列前茅(位列欧洲最具创新力大学排名第 35 位)。除此之外,在"三个最想去学习的法国城镇"排名中,格勒诺布尔连续几年都榜上有名。这个排名完全是基于学生本人的评价,今年(2017 年)我

们位列榜首。虽然,这与此处迷人的乡村环境(多山、冬季运动丰富)和城市充满活力有关,但这个名次也表明我们注重学生的生活质量,注重他们的成功。我们有专门从事教学研究的实验室,也开展了一项名为"智者"的服务,以发展教学创新,培训和帮助我们的教师,在大学以推广创新为使命。我们给有优质项目的教师留出时间,以便让他们完成项目,并在每年与各部门就资金分配问题所进行的讨论中,对他们的教学项目给予特别关注。我们的校园建设全部为教学创新服务,不管是学习中心还是教学单位,都可以随时根据需求进行调整。

(二)格勒诺布尔大学的创新教学法

下面我将列举一些为解决上述问题而开发的不同类型的教学创新项目实例。我会举出五个不同的例子。前三个是在地方和全国都有影响力的项目,目前这几个项目由我校与国内外合作伙伴共同推广展开。后两个例子是本地项目,但在法国的其他大学中,它们现在也越来越多地被推广使用。

1. 创新语言(InnovaLangues)

该项目是为了给越来越多的学生进行语言教学而发展出来的一种更有效的新型语言学习模式。该项目的具体目标是:

——保证大学里的所有人对一门外语的掌握程度达到 B2 认证水平(欧洲认证)。

——建立一个数字生态系统,消除在技术教学的程序、内容和工具方面明显的不足之处。

——提供多样化的、灵活的教学模式。

——在区域、国家甚至国际层面上广泛传播我们的教学解决方案。

针对目标,我们的团队已经开发出了很多不同的工具,例如:

——自我(SELF),一种数位工具,它可以帮助学生们对自己的口头和书面表达能力进行清楚定位,以便获取他们所需要的能力补救措施或培训类型。

——个性化数码环境(Enpa—environnement numérique personnalisé),这是一个与"课廊"(Claroline)平台公司联合开发的个性化数字学习环境工具,用以帮助人们理解和创作口头表演,改善语音或韵律意识,促进词汇的习得。

——奇妙世界(Magic word),这是受博格拼字游戏(Boggle)及其他软件所启发,我们开发出的第一款网络语言类游戏。

2. 有为项目(Promising)

该项目致力于在格勒诺布尔大学创建一个人才库,囊括国内乃至国际公认的、具有教育学革新与创造能力的人文社科领域专家。该项目还与"革新与创造之家"的建设相联系,能够在合适的地方接待教学和研究团队以实现这些目标。

该项目的目标是：

——审慎考量任何创新项目的人力和社会风险。

——通过学科混合，开发创新教学项目。

——为本科毕业生和硕士生提供创业教育。

该项目取得的成就包括：

——可能性实验室(Labo des possibles)：一个集聚社会科学研究人员和设计师的多学科研讨会，致力于为社会问题寻求创造性的解决方案。

——创意学院(School of creativity)：一种集约化的线上学院，在 4 天内便汇集了诸多学者、企业、集团等。它是蒙特利尔高等商学院运营的创意学院国际网络的成员之一。

——创新与社会慕课(Mooc innovation et societe)：这是与蒙特利尔大学(UEC Montreal)和社会企业家网络(Flamengo)合作建立的慕课平台，旨在从人文和社会维度了解创新。

3. 映射项目(Reflex pro)

该项目旨在利用数位工具的能力，帮助我们在教学过程中改变与时间和地点的关系。它在课程中注入更多的灵活性，同时，让学生更深入地参与到学习过程中。为了实现这一目标，我们采取了三种不同的方法来帮助教学团队转变教学方式。三个不同的小组将负责组织生产这些必要资源，就像三个分管不同任务的工作包：

——**工作包 1**：利用数位世界的可能性改变学生面前的学习：触觉表、促进集体训练、逆转课程等。

——**工作包 2**：作为对学习节奏灵活性需求的回应，在线课程通常需要教师辅导，并在常规课程中对学生进行重组，以此来促进交流和控制学习进度。

——**工作包 3**：应生产不同的数位工具以支持这种数字转换：严肃游戏、视频简历、电子档案系统等。

4. 医学和健康研究专业改革

在法国，包括格勒诺布尔在内，医学和药学的第一年课程都是相同的，我们必须面对大量想要选择这一方向的学生(学生数量仍然逐年上升)。所以每一年课程结束时都会有一个大的抉择。过去，教师上课都是在那种很大的教室(每个教室大约可容纳 500 名学生)，并且在一周内重复上三到四次课，而不与学生交流。显然，这不是一个好的教学方法。想要获得成功的学生通常会花高价在私立学校补课，不平等也由此产生——有钱的学生比其他学生取得成功的机会要大得多。从 2006 年开始，我们决定改变他们的教学习惯，采用由数位工具支持的混合学习。为此，我们为他们建立了一个为期 4 周的连续学习体系。

——**第一周**：学生可以通过 DVD 或其他平台在线学习课程。

——**第二周**:通过互联网平台进行在线提问和回答,检测学生的掌握情况。

——**第三周**:为了便于互动,一名教师负责给学生面授课程。

——**第四周**:教师亲自辅导学生,学生参与自助测评。

在格勒诺布尔大学,现有的350门课程已经全部实现了数字化教学。该组织的人力资源团队包括:60名教师,160名学生辅导员,通过不同方式参与组织的80名学生,13人的驾驶团队、学者和工作人员,以及5名专门从事信息和通信技术的工程师。我们第一年的健康研究专业大约招收了1600名学生。我们已经看到,这种新的教学模式减少了在外面上私教课的学生人数,因为上私教课不一定百分百能保证他们比其他学生更成功。

5. 体育运动科学与技术学运用数字化处理

这也是学生们集体要求开设的一门课程。第一年(2015年)就有很多学生上课(上课人数达到了2365人,并且数量会越来越多)。由于教室一次不能容纳超过150名学生,而且教师数量也不够,许多学生在年底之前都选课失败甚至直接放弃了这门课程。我们的同事针对这一现状做出了分析。

既定事实:

——学生课堂上的注意力分散情况重要比率(我们使用电子投票箱来衡量在课程的不同时刻学生的注意力出现的变化):学生的注意力在课程开始后的第9分钟达到最高,在20分钟后注意力只有50%,而后越来越低。

——课后自主学习的比例非常低:68%的学生每周每门课的学习时间不到1小时。

——面授课程的效果不佳:注册学生的成功率为39%,有27%的学生在年底前或学期结束前就已经放弃上课了。

目标:

——增加学生对学习的参与感。

——让学生在教师面前上课的时间更有意义,同时于学生自身也更有益。

新方案:

我们的教师为学生提供了可自由使用的多样化数字资源——一个配备了播客、屏幕录像、3D视频、整合视频和绘图板的电子学习平台。

此外还组织了新的反向课程:

在电子学习平台上,学生不仅可以在线学习课程,还可以在论坛上进行提问(须通过由一名教师和学生组成的小组的监管);如果想要在论坛上提出更多不同的问题,则须通过一个由更多的学生与教师组成的大组的监管,他们负责管控学生提出的问题并及时进行修正解除。每一个教学环节都要经历这样一个过程。第一次考试结束后,教师可以针对学生在每门学科中遇到的困难,提供一些补课建议(每门学科每周2小时左右)。

我们对这种方案的效果进行了追踪：

——电子投票箱已为许多学生所青睐，并用于测试。

——83%的学生更喜欢新的教学体系（这个问题是面向正在第二次上第一年课程的学生提出的）。

——81%的学生认为教师更好的指导让他们取得了进步。

——同样，与过去所拥有的传统资源相比，学生们对数字资源更为满意。

——60%的学生称他们每周的课后学习时间超过2小时（之前的比例为30%）。

——成功率增加了2.9%，弃课率下降了13.5%。

——学生们对大教室的需求有所减少，并且我们可以投资建设更多适应数字化环境的教室，投入互动性更强的具有协作空间的教学，所有教室都配备了电子投票箱。

最后，再次强调：我们要调整我们的教学方法、教学场所、教学资源和教学工具，从而使它们不仅能够适应学生的多样性，还能够适应当今世界不断变革的技术及其对学习习惯的影响，同时也要能够适应贸易和商务的转型。如果我们希望我们的学生（包括未来越来越多的学生）取得成功，成为优秀的专业人士和文明的公民，那么这种调整是非常有必要的。

（丽丝·都马思，法国格勒诺布尔大学校长）

全球变革中的大学国际化人才培养

◇ 陈乃芳

自 15 世纪的大航海时代发现美洲大陆以来，全球化的大幕顺势揭开。伴随着人类科学技术的不断变革，全球化进程不断加剧。全球范围内正在形成联系愈加紧密的市场。一般认为，在当前全球化的市场竞争中存在三个层面的流动：首先是货物流动，其次是资本流动，最后是全球劳动力流动。特别是在全球化 3.0 时代，网络信息技术高度发达，新技术变革层出不穷，全球社会经济正处于一个巨大的转型期。劳动力的全球化流动也成为全球社会流动的常态。全球经济社会良性运转、顺利转型急需一大批高素质、国际化人才。全球范围内的人才竞争也成为不争的事实。大学是人才培养、科学研究、社会服务与文化传承创新的重地。全球化时代的大学，肩负着为全球社会发展培养国际化人才的重要使命。

大学的改革发展始终与国家社会经济发展转型紧密相连。全球发达国家和地区必须拥有高水平的一流大学。人才是社会创新、经济发展的关键要素。没有一流大学源源不断地培养出一批又一批的高质量创新人才，国家经济社会发展不可能长期维持健康快速的运行。由美国康奈尔大学、世界知识产权组织（WIPO）和欧洲工商管理学院（INSEAD）联合发布的《2016 全球创新指数排名》显示，中国的创新能力在 128 个受调查的国家和地区当中排名第 25 位，是首次跻身该排名前列的中等收入国家。创新指数前 25 位的国家除中国外，其他均为高收入国家和地区（以世界银行的定义为准）。美国耶鲁大学高级研究员、摩根士丹利前亚洲区主席斯蒂芬·罗奇也在其《全球增长仍为“中国制造”》一文中指出，尽管中国经济增长放缓，中国仍然是全球经济增长最大贡献者。如果 2016 年中国经济增长 6.7%，符合政府年初制定的经济增长目标，略高于国际货币基金组织预测的 6.6%，那么 2016 年中国经济将为全球经济增长贡献 1.2 个百分点。可见，中国已经成为全球经济社会转型升级的中坚力量。然而，在“人力资本和研究”的单项指标衡量方面，中国的高等教育指标却远远落后于大部分国家和地区，如高等教育入学率虽然有 30.2%，但排在全球第 78 位。高等教育入境留学生占比也很小，仅有 0.3%，排在第

93 位。在世界各类大学综合排行中,能够进入前 100 名的中国高校更只有寥寥几所。这与中国作为世界第二大经济体和第一大贸易国、拥有 2,852 所高校和 3,647 万名在校生的大国地位极不相称。这迫切需要中国大学为中国乃至全球经济社会转型提供充足的国际化人才保障。

当前中国高校正面临着新一轮洗牌竞争。自 1995 年国务院正式批准启动国家“211 工程”以及 1999 年正式批准启动“985 工程”以来,中国高等教育经过 20 年左右的整合、改革与发展,取得了显著成就,呈现出以“985 高校”和“211 高校”为名牌大学身份符号的高等教育基本格局。同时也出现了一些制约发展的症结:在高等教育规模迅速扩张的过程中,高校关注规模效益和产业效益的注意力远高于对学生培养质量的提升;管理体制和评价体系的僵化,严重束缚着高校创新成果产出;专业设置与社会经济发展需求脱节,致使部分专业大学生就业难、结构性失业问题十分严峻;国际语言能力的欠缺,使得中国学者在国际学术话语中长期失声;国际化人才培养和储备能力不足,导致中国在主要国际组织中任职人员规模很小,等等。中共十八以后,中央提出了全面深化综合改革的决定。在教育领域,十八大报告首次提出“把立德树人作为教育的根本任务”。随后,中央提出要“统筹推进世界一流大学和一流学科建设”的新思路。全面提高高等教育质量,特别是培养大批具有国际视野、通晓国际规则、能够参与国际事务与国际竞争的国际化人才,成为中国大学深化综合改革的关键目标。

一、深刻反思中国大学的价值目标问题

精英教育与平民教育、专业教育与通识教育,始终是中国大学改革发展过程中存在的二元对立问题。肇始于 1999 年的中国大学扩招政策启动后,经过长达 13 年的时间,中国高等教育迈入了平民教育时代。大学生就业难问题深刻地折射出当前中国高等教育质量下降、普通人才过剩的问题。在学生综合素质培养方面,部分专业特别是哲学社会科学人才培养受专业分类限制,呈现出隔行如隔山的知识壁垒现象。学生知识结构不完整,学术创新能力不强。人才培养“一刀切”现象严重,教育成才没有建立在尊重学生个性化发展需要的基础之上,潜移默化地扼杀了学生成才的天性。大学既需要为社会培养具有“工匠精神”的专业化人才,也需要培养能够触类旁通、学贯中西的通识人才。问题的关键在于,人才培养必须遵循人才成长的基本规律,不能苛求标准化教学模式下的人才涌现。“大而全”也并非全球变革时代大学追求的终极目标。伦敦政治经济学院、加州理工学院、麻省理工学院和普林斯顿大学等都是以“小而精”为办学特征却闻名世界。这些典型案例值得中国大学在改革发展中反思。

二、在全球变革中主动适应、积极作为

大学是推动社会变革、科技和知识创新的重要力量。但我们也应该意识到，社会变革运行的推动力量并非大学一家之力。政府、企业、社会组织等也发挥着不可替代的作用。中国社会发展正处于深刻历史转型期，这是多方创新力量集体推动的结果。反观中国大学自身改革，有的裹足不前、等待观望，有的将改革责任过多地推至政府，忽视自身可为之力，导致改革成效尚不显著，同时存在许多与国家社会发展需求不相适应的地方。特别是人才培养质量不能满足国家社会发展的需要，甚至大学毕业生自身都能够深切地感受到就业后在其所在行业领域中的“回炉深造”比大学期间学到的知识更加受用。大学专业设置也存在“因师设岗”现象，没有根据人才培养需要建立起与国家社会发展需求相适应的专业课程体系。大学的责任和使命担当并没有在这个充满创新活力的时代得以充分体现出来。可以说，当前国家社会、经济领域的迅速变革正在“倒逼”大学深化综合改革，建立现代大学治理体系。中国大学应该牢固树立深化综合改革的信念，在中国乃至全球变革中主动适应、积极作为，通过改革释放自身的创新活力和竞争力，真正与世界一流大学比肩。

三、国际化人才培养必须具备国际语言素养

中国的外语教育一直在艰难中推进。特别是作为中国母语教育的语文没有成为大学必修课，而“舶来品”外语却成为大学必修课，始终饱受社会各界争议。不可否认，中国大学应该培养具有中国文化底色的人才，但外语同样是国家重要的战略资源。中国的全球化发展离不开语言支撑。所谓国际化人才，掌握国际语言是必备的要求。美国高度重视语言资源开发与利用，早在 20 世纪 50 年代末，就开始重视关键语言教育。进入 21 世纪后，“关键语言”范围不断扩大，美国开始重点培养和储备那些掌握对国家安全、经济发展、科学研究和国家竞争力至关重要的语言甚至是方言的人才。而中国的外语非通用语种人才的培养和储备严重不足。1962 年，周恩来总理针对北京外国语学院语种发展问题做了非常详细的修改和重要批示，希望北京外国语学院努力利用十到二十年时间，把语种发展到 74 种，覆盖世界主要的语言国家和地区。时至今日，北外语种建设才刚刚达到 74 种的要求，2020 年有望实现 100 种。中国的全球竞争、参与全球治理和发展早已超越传统的英语国家范围，特别是随着“一带一路”倡议的实施，语言问题越来越成为中国全球化发展的瓶颈。这个问题刻不容缓，亟须大学破解。

中国与全球社会经济的迅速转型正在呼唤中国大学更多的责任担当，呼唤更多国际

化创新人才的涌现！在全球竞争日趋激烈的当下，中国大学既要扎根本土，又要参与激烈的教育国际化竞争。要牢牢把握住国际化创新人才培养这个关键目标，为中国乃至全球发展提供源源不断的“中国人才”。

参考文献

[1]罗奇. G20 前夕专家谈中国经济：全球增长仍靠“中国制造”[EB/OL].(2016-09-14)[2017-08-30]. http://be.mofcom.gov.cn/article/jmxw/201609/20160901394140.shtml.

[2]陈宝生. 国务院关于高等教育改革与发展工作情况的报告[EB/OL].(2016-08-31)[2017-08-30]. http://www.npc.gov.cn/zgrdw/npc/zxbg/node_30915.htm.

[3]丁超. 小语种大世界：非通用语教育的前世今生[J]. 神州学人，2016(1)：4-5.

[4]刘美兰. 美国“关键语言”战略研究[M]. 上海：复旦大学出版社，2016.

（陈乃芳，北京外国语大学原党委书记、校长）

艺术高校在社会转型发展中应肩负起培养拔尖创新型人才的重要责任

◎ 郭淑兰

当今世界,新一轮科技革命和产业变革正在孕育兴起。世界各国的竞争,实际上是创新实力的竞争。创新是推动国家发展和社会进步的不竭动力,是引领发展的第一动力,创新居于五大发展理念之首。在中国经济发展进入新常态,面临从制造大国向制造强国迈进、从教育大国向教育强国迈进的历史征程中,国家向高等教育提出了要着力围绕服务国家创新发展,促进大众创业、万众创新,培育更多创新型人才的历史使命。作为艺术高校的管理者,笔者越来越深切地感受和认识到:创新是文艺的生命。培养拔尖创新艺术人才是实现文艺作品由“高原”攀登至“高峰”,增强国家在全球经济、文化竞争中的综合实力和核心竞争力的关键,是推动民族进步、国家文化大繁荣大发展的不竭动力。怎样培养出更多更好的拔尖创新艺术人才并服务于国家文化发展战略需要,为提升国家文化艺术创新力作出新贡献,是艺术高校要担当的使命和重任。

一、艺术高校是培养拔尖创新艺术人才的摇篮,也是国家文化艺术繁荣发展的源头和基础

大学在中国经济社会的快速转型发展中,具有基础性地位,承担着重要的使命。纵观新中国成立以来特别是改革开放三十多年文化艺术发展的历史,活跃在国家艺术舞台上的著名艺术家和各艺术学科的领军人才,大多数都是艺术高校培养的,我国当代艺术史上一些有重要影响的艺术作品也多出自艺术高校教授、专家之手。

以中央音乐学院为例,建院七十多年以来,学校为国家输送了数以万计的各类优秀音乐人才,其中大多数已成为我国著名的作曲家、音乐理论家、音乐表演艺术家、音乐教育家,吴祖强、于润洋、郭淑珍、汪毓和、林耀基、谭盾、郭文景、叶小钢、陈佐煌、邵恩、吕嘉、俞峰、李心草、殷秀梅、迪里拜尔、关牧村、袁晨野、张立萍、薛伟、刘德海、李祥霆、姜建

华、于红梅、章红艳、戴亚等就是他们当中的代表。还有像郎朗、陈怡、张弦、胡坤、王建等一批著名校友活跃在国际艺术舞台和讲台上。

中央音乐学院自建院以来,创作了一大批优秀作品,其中,吴祖强、杜鸣心教授等创作的舞剧《红色娘子军》和《渔美人》已成为20世纪华人经典音乐作品,久演不衰,享誉海内外。周广仁、郭淑珍、林耀基、杨峻等著名教授多次被聘为国际重要音乐赛事的评委。国际上著名的音乐家,如祖宾·梅塔、小泽征尔等曾多次到我校举办大师班并成为学校的客座教授。此外,我校还通过定期举办国际性音乐学术活动,与美国耶鲁大学、茱莉亚音乐学院、英国皇家音乐学院等世界著名音乐学院进行交流与合作,探讨国际学术前沿问题,参与世界音乐对话。在参与和举办国际文化交流活动的过程中,我们不仅为国家争得了各项荣誉,更重要的是提升了国家对外文化交流的国际竞争力,使中国音乐和音乐教育在国际上产生了重要而广泛的影响。

通过上述实践不难发现,推动我国文化大繁荣大发展,增强国家文化的创新力和国际竞争力,关键在人才,而人才的培养靠教育。今天的艺术教育状况,决定着明天文化艺术事业的实力和面貌。就这个意义来说,艺术高校作为优秀艺术人才培养和艺术创作的基地,必须一如既往、源源不断地为国家文化艺术事业的繁荣发展提供人才和智力支持,这是专业艺术高校的根本任务和历史使命。

二、艺术高校要培养适应社会发展的拔尖创新型人才

创新是社会进步的根本动力,而大学是创新的不竭源泉。社会转型发展对拔尖创新人才提出了迫切需求。作为艺术高校,应主动适应社会发展需要,积极进行教育教学改革,探索并建立创新型艺术人才培养体系。

(一)进一步明确人才培养目标定位

现在的大学一般分为三个层次:世界一流大学和世界知名大学、高水平大学、其他大学。不同层次的大学有不同的人才培养目标定位。世界一流大学和世界知名大学以培养高素质、拔尖创新人才为首任;高水平大学以培养高素质专业人才为己任;其他大学以培养实用性人才为主要任务。作为国家首批"双一流"建设高校,中央音乐学院的人才培养目标定位为培养德艺双馨的高精尖专业音乐人才。学校的人才培养方案、课程设置结构均随之进行了调整和完善。近些年,我校在继承弘扬优良音乐教育传统的同时,加强了对学生艺术实践能力、综合素质和创新思维的培养。

(二)创新艺术人才培养模式

根据时代的发展和社会需求的变化,我校对艺术人才培养模式进行了改革创新——

由过去较为单一的艺术专业人才培养模式拓展为学术型、演艺型和复合型等多样化的人才培养模式。为深入贯彻《国家中长期教育改革和发展规划纲要》,积极探索拔尖创新艺术人才培养模式,促进国家文化教育事业发展,满足人文北京、首都文化艺术创新发展需要,中央音乐学院与北京舞蹈学院经过友好协商,在市教工委、市教委的支持下,从2011年开始启动协同创新舞蹈音乐编创高端人才培养项目。项目每年从两校分别选出12名艺术硕士(舞蹈编导)和博士(作曲)列入专项培养计划,单独编班。这一项目打破了过去音乐、舞蹈各自单打独斗的培养模式,在培养过程中突出专业特点,以舞蹈音乐编创实践为主,兼顾理论及内在素质的培养;实行音乐与舞蹈专业教学交叉融合,课堂讲授、技能技巧的个别课与集体训练及编创艺术实践相结合,国内与国外优质教学资源相结合的培养方式。同时聘请高水平的音乐、舞蹈艺术家为双导师。2013—2016年间,该项目推出了四季《音·舞集》汇报演出和一场在国家大剧院举行的精品展演作为创作与演出的成果展示;编创了60多部高端舞蹈音乐综合艺术作品、4部大型舞剧、2部中型舞剧,培养了60多名音乐与舞蹈学专业研究生及博士生、40多名舞蹈编导专业研究生,获得了社会及学术各界的一致好评。

我国文化艺术的发展呼唤拔尖创新人才,也需要无愧于时代和人民的精品力作。中央音乐学院和北京舞蹈学院协同创新培养高端舞蹈创编人才计划正是响应国家号召的积极有益的探索。音乐、舞蹈的交流融合是培养创新人才和产生原创作品的重要渠道。《音·舞集》在这方面开创了新的局面,也为未来的艺术人才培养和原创作品产生机制提供了较好的示范。

(三)进一步优化课程结构,完善全面立体化的课程体系

课程是实现人才培养目标的支撑。各艺术院校的人才培养方案不能千人一面,而应根据各自不同类型的人才培养目标,建立相应的课程体系,体现各自的特色。在这方面,中央音乐学院制定了高精尖多样化的人才培养目标,按照“音乐、艺术和文化”“创作、表演和接受评价”“知识、能力和素质”三结合的原则,用科学发展观的理念,全面统筹优化专业课与文化课、课堂教学与艺术实践、必修课与选修课的合理结构关系,进一步完善全面立体化的课程体系。

(四)建设教学创新团队和实践基地,提升教师的创新精神和实践能力

教师是教学的主导。要培养拔尖创新的艺术人才,必须提升教师的创新精神和实践能力。为此我们采取了以下切实有效的措施:

1. 营造宽松、和谐的学术环境

大学是学术的殿堂,艺术高校是大师荟萃之地,是高级知识分子思想碰撞的地方。

自由、多元、开放、包容的生态环境是人们的创作灵感和思想火花迸发的源泉。因此作为艺术高校,要充分发挥政策导向的作用,鼓励师生大胆创新,为师生营造宽松、和谐的学术环境。

2. 培养创新思维能力

教师的创新能力是教学中最重要、最宝贵、层次最高的一种能力。这种能力的核心是创新思维能力。"人头脑中的创新思考是人的一切创新活动的'骨髓''基石'。人们早已从实践经验中总结出了这样的认识:只有想得到,才能做得到;只有想得好,才能做得好。没有思维中的创新,就没有实践中的创新。"①学校要建立教师创新思维能力培训制度,对教师进行系统的创新思维方法和创造技法的训练,并作为教师职业教育的必修课长期坚持下去,进而激发教师的创新热情和敏感,提高创新思维能力。

3. 建立教学创新团队和创新人才培养实践基地

创新人才的培养必须有创新实践的平台。学校要选拔具有创新激情和能力的教师组成教学创新团队,选择具有示范性的专业教学内容和方法进行突破、创新。比如,教学理念的突破。长期以来,教师的主要职责就是传授知识,这已成为教师的思维定式。而随着现代科学技术的不断发展以及人才需求的变化,教师不仅要传授知识,教授学生获取知识的方法就更为重要。

在教学创新团队的基础上,学校应建立创新人才培养实践基地,选拔人才进入基地培养。学校要为实践基地营造宽松、和谐的教学环境,在创新实践活动中培育人才,在创新事业中凝聚人才。

三、艺术高校要成为国家文化传承创新发展的重要引擎

创新是引领发展的第一动力。大学是社会创新发展的源头和基础,是创新人才的储备库。大学是文化传承与创新的最重要的战略资源,大学的文化和精神不仅仅是大学的追求和灵魂所在,更是中华文化传承和创新的命脉所在。大学要在建设中华民族共有精神家园、形成核心价值观的过程中,源源不断地为社会发展提供强大的精神动力和智力支持,为人类社会的发展进步做出积极贡献。作为艺术高校,在办学实践中,要牢固树立创新发展的理念,发挥创新引擎作用,特别是要担负起夯实创新基础和提供创新动力这一重要任务,聚集创新人才,激发创新活力,着力提供创新时代艺术精品和创新生产力转换,以此带动和引领社会艺术创新能力的不断提升。

习总书记指出,"全社会都要重视和支持青年创新创业,提供更有利的条件,搭建更

① 何明申. 创新思维修炼[M]. 北京:民主与建设出版社,2000.

广阔的舞台,让广大青年在创新创业中焕发出更加夺目的青春光彩。”①《中共中央关于制定国民经济和社会发展第十三个五年规划的建议》中也明确提出,要“落实高校毕业生就业促进和创业引领计划,带动青年就业创业”。青年学生富有想象力和创造力,是创新创业的有生力量,理应走在“大众创业、万众创新”的前列。高校作为人才培养的高地、创新资源的集中地及重要源头,应该激励青年学生开启创新创业理想,为实现中华民族伟大复兴的中国梦贡献力量。

培养拔尖创新艺术人才,是专业艺术教育的使命。要保持艺术教育事业的生机与活力,就要敢于和善于超越自己、改革创新,为增强国家文化艺术教育事业的创新力而持续不断地培养更多更好的拔尖创新艺术人才。这是我们永远奋进的目标。

(郭淑兰,中央音乐学院原党委书记)

① 习近平祝贺 2013 年全球创业周中国站开幕[EB/OL](2013-11-08)[2017-08-30]. http//www. xinhuanet. com/politics/2013-11/08/c118069180htm.

PART 04

教育如何因应数字时代的挑战与机遇

数字时代高等教育面临的挑战和机遇

◇ 克里斯蒂娜・克里斯图瑞努

一、数字时代的高等教育

以技术为主导的全球文化产生了全民性的传媒素养,形成了一种新型的学习模式。

(一)教育过程是互动的、顺应实际需要的

在这方面,我们鼓励并欣赏新媒体顺应教育计划带来的效果。按照公认的社会模式,学习过程应是方便的、互动的。虚拟的线上教育在测试阶段让青少年养成了良好的习惯。由应用程序开发的工具,以专业设计为标志(例如 Power Point 程序),为专业知识提供了一种通用的全球标准。基于专业电子学习方式的交互式学习是当今教育最大化的一个有用变量。因此,我们可以说年轻一代对于电子读写系统的适应是一个很简单的过程。

(二)新式虚拟教育系统是建立在专业能力发展基础上的

批判性思维体系的发展与教育中新媒体的应用是相适应的。与传统教育的价值和内容不同,它形成了一种与知识、信息和教学手段使用相关的非标准化、非正式的教育衔接模式。多媒体的使用就像社会的晴雨表,可以全面地定位教育生活计划的趋势。互动学习涉及一种获取信息和文本内容的新方法。换句话说,用户有各种各样的方法来公开和展示知识。那么,从应用性的角度来看,对这些趋势的评价是什么?信息不仅是专门用于曝光和定位的简单手段,人们更应该根据领域发展的需要,以特定的方式理解和呈现它。

(三)教师将能力传授给学生的学习过程

传统学习呈线性模式,信息和知识以单向的方式从教师传递给学生,教师在组织课

程和标准应用方面保持排他性。如今的学习基于双向的数字技术,并由此产生了一种新型学习模式,学生不再是被动的旁观者,不再是无法收到足够反馈的信息接收者,这种模式实际上正是高效教育过程的基础。现今,随着新型技术的发展,有大量获取信息的途径得以普及。这在教育领域尤其是学习结构方面表现得更为突出,其特点是在一般和专门层面都使用多媒体系统。数字技术的发展和实施使大众教育在传播过程中发生了变化甚至是蜕变。与此同时,教师职能也发生了转变,教师在教育过程中成为监督者,同时也成为培训过程中的协调者。

综上所述,我们认为数字化社会网络、互联网和新媒体的出现是当前教育发展所面临的最关键的挑战,并在整个社会生活中都产生了影响。当今的教育体制对人的不断培养负有不可推卸的责任。专业能力是当今的一个问题,课程教育是根据信息化社会的需求,实现对人的素质培养的过程。

二、机遇与发展策略

当今的教育体系是综合了世界各国的教育制度向前推进的,近十年来历经了一系列的变革,以适应信息化社会的需求。具体来说包括:接受学术水平教育的青少年人数不断增加;注重效率和同化的人力资源政策;劳动力市场的波动,以及受这一波动的影响,通过发展电子学习综合系统实现数字扫盲的新趋势。教育领域发展形成了一种以在线学习为核心的新型电子交流模式。其策略主要是通过正式或非正式的指导行为来培养青少年的应用能力。

从数字在线的基础模式出发,交互式教育有以下可论证的优点:

(一)信息的可访问性和交互使用

与传统教育模式相比,交互式学习具有一定的优势。在这一点上,我们可以通过简单的多层面和多任务访问加以确定。通过数据库、网络驱动程序、站点和专业门户网站,教师可以引导学生纵向和横向有效地使用信息。多任务交互使用的优势在于多样化的学习方式,可同时执行更专业的任务(例如,在专门的数据库中进行文字检索)。

(二)任务驱动教学

根据具体任务,对信息和应用程序加以独特的使用会产生重大影响。用户怎样才能有机会处理不同关注级别的信息是当今的一大挑战,同时,这也已成为各种青少年培训模式中的一种现行做法。

(三)互动交流下的社会模型

学生可以进入在线系统(如各种论坛、虚拟网络、特定社区),选择远程学习的方式,在与其他参与者的互动中学习知识。

(四)提高信息获取速度

从实验角度分析传统教育模式,人们可能会发现传统教育模式与新的数字系统之间存在着差异。实际上,通过在线培训,人们发现了一种常见的、有效的日常获取知识的模式。信息与通信技术为教学领域提供了一系列的专业技术支持。

首先,人们鼓励在学校课堂上使用技术的想法。这种教育方法的作用在于能帮助学生获得专业能力和技能。虚拟领域中可能存在的各种教育软件程序,为在信息社会中实现具有竞争力的教育切实提供了必要手段。

其次,人们可能会提到人员的培训。这种类型的程序和程序应用的多样性可以在学习过程中提供大量服务。幻灯片演示和其他程序是养成计划的有力例子,可以应用于教学中。

此外,在线学习的程序和工具对大学生和中学生都很有用。其中,文字处理软件和电子信息源是教学中的主要帮手。然而,我们也不应该回避其他类别的教育资源,实际上,虚拟图书馆、在线百科全书和在线工具也都是在线教育系统中的一部分。在专门的教育领域,如语言学方面,人们也许会提到专门处理程序语言以维持特定的工作主题的文字处理器。制图程序能够培养青少年的专业能力,它是语言学的一部分。

我们不应忽视在大学预科或大学中的教师和学生对信息与通信技术所产生的影响的看法。在最近的几十年里,教学资源已经不再受专业领域垄断,在线交流模式也为教学过程提供了支持。我们见证了师生关系从单向的排他式向多向的交流互动式的学习模式转移。

在线学习是当今教育手段中的一种新型教育方法。这种教育方法在大学预科和大学中得到了越来越广泛的应用。在线学习的基础由教学和评估的专业应用组成。在线学习涉及的活动范围广泛,实地调查和专业评估是其中的两种学习模式。有人认为在教育实践领域中,在线学习具有一定的优势,比如:

- 交互系统下的远程学习;
- 特定的网上评估;
- 根据自身的兴趣,进行有针对性的任务学习;
- 形成适应当今教育体制要求的高水平能力;
- 组织学习时间和培养自律能力;

● 根据当今教育体制的要求，进行个人学习实践。

互联网和新媒体的学习，根据新一代的需要和需求，构建了一种新的教育模式，为传统教育提供了一种新的选择。本文分析的重点主要集中在理解传统教育与现代教育之间的关系上。这些系统是相对的、相似的还是互补的？与传统的教育体制相比，新媒体系统具有两方面更突出的特征：第一，互动性，用户可以同时访问更多的在线组件，从而获得了更多的学习机会；第二，归因于它普及的概念，更简单地说，是这一概念促成了数字系统内无限通信观念的形成。

综上得出结论，传统教育制度与当代教育制度之间没有任何对立。可以说，这两种制度是相互联系的，且二者共同促成了培训制度和后现代教育的决定性演变。

（克里斯蒂娜·克里斯图瑞努，
罗马尼亚布加勒斯特迪米特里埃·坎特米尔基督大学副校长）

教育如何因应数字时代的挑战与机遇

◎ 曼珠·米舍尔

导 语

世界教育体系正处于变革的边缘。对于那些经常思考教育未来的人来说,他们不会对这一说法感到惊讶。对此我们已经感到习惯,甚至能以专业的角度去思考和谈论未来的变化。然而,我们对即将到来的变化的熟悉感也可能使我们麻木,不知道它真正意味着什么。技术将以无法想象的方式改变我们的生活,它把我们推向了一种不同的经济模式,改变着我们的生活方式。当前,能源基础型经济正在转向知识基础型经济,这也将改变国际经济竞争的规则,赋予大学过去从未扮演过的新角色。我们的体制面临的两个最大挑战是如何利用数字技术的力量以及如何回应信息革命(Noam,1995)。在高等教育800年的发展历史中,当今技术带来的机遇和挑战比以往任何时候都要多。

在过于简化的条件下,社会易发生两种变化:周期性变化和结构性变化。我们不断地适应周期性变化,例如天气、时尚和利率的变化。然而,结构性变化却是单向的、不可逆转的。一旦一个社会、经济体或组织经历了结构性变化,它以前的行为方式或存在方式也将就此消失(Bowen,1980),科学革命、妇女革命、工业革命等都是如此。一个组织对结构性变化的回应方式可以决定它的未来。对高等教育而言,结构性变化是两种力量汇合的结果,其中一种力量就是信息革命,它正在推动经济从以能源为基础向以知识为基础的转变。数字时代让教育体系的一些主要方面发生了改变,同时,教育体系也身负重担,要应对数字时代带来的机遇和挑战。

一、信息革命

在以能源为基础的经济社会中,原材料经由能源转化为产品,也正是这项服务创造了经济价值。而在以知识为基础的经济社会中,信息或知识创造了经济价值(Hancock, Mc Cormick,1996)。大家想一下,开发新软件的过程就体现了这一点。一个 18 岁的学生,从他坐在电脑前的那一刻起,这个过程就开始了。如果他是个聪明的人,再加上一点儿运气,就能开发出一款具有巨大经济价值的新软件。这里,原材料就是一种带有一张小纸的聚合物,它会进入磁盘。但磁盘不是产出的产品,它是产品包装。虽然生产磁盘只需要花费几美分,但软件包可以轻轻松松卖到 100 美元。原材料的价值相对于产品的总价值来说是最小的,因为产品价值是无形的,以一种新型方式组织的信息才真正具有价值(Botlan Davis,1995)。在经济发展的各个领域,其趋势都是能源对最终产品总价值的相对贡献率不断下降,而知识的相对贡献率不断增加。有时候,就像刚刚提及的软件一样,知识本身就是产品。

信息革命也让研究不断转型。通过计算机建模和虚拟现实等工具,我们已经在科学研究中看到了一些惊人的好处。计算机在学术上产生的广泛影响,一个明显特征就是以科技为基础的研究在人文和艺术领域的应用日益增多。数字技术得以被运用于历史和文学等领域,而这对新知识传播可用的教学资源,无论是从数量还是质量上来看,都产生了惊人的影响。将历史数据与图像、声音和文本联系起来的软件,使学生和学者有机会以前所未有的方式参与到一些主题研究中去(Wolf,1995)。

二、教育体系与数字时代

数字时代,也被称为信息时代,一般指的是从 20 世纪 70 年代开始的这段时期。在这一时期,随着个人计算机和后续技术的引入,信息能够自由、快速地传输。

戴维森和戈德伯格(Davidson & Goldberg,2009)描绘了数字时代的前景,他们表示,除非传统的教育机构能够认识到进行根本性、基础性变革的紧迫性和必要性,否则它们将没有未来。这项研究旨在参与、评估和回应数字时代所产生的根本性和基础性变革的类型。数字时代以四种方式做出了挑战,这对教育实践也产生了潜在的、深远的影响。然而,仅靠技术是不能让学习转型的。相反,它将受到社会、文化和经济因素的影响和制约(Warschauer,2007)。我们应该好好考量这些变化和挑战,面对它们并且参与其中。毕竟,正如塞尔温(2012)所言,相比彻底转变或尽数放弃原有的,教育机构可以通过一些更加微妙、破坏性更小的方法有效地参与数字时代。

世界教育体系进入了数字时代,数字技术使教育研究和实践变得更加容易。同样,教育也试图应对新的数字时代带来的挑战和机遇。数字时代有积极的影响,也有消极的影响。积极的影响是使教育实践更加务实,消极的影响便是它产生了许多问题和障碍。1990 年以后,像尼泊尔这样的第三世界国家开始在卫生、工程、农业、教育等诸多领域运用数字技术,这也为加强建设性的发展和变革提供了有力支撑。

许多信息专家的研究表明,数字革命不仅改变了教育方式,而且改变了人们的生活方式和意识。发达国家利用数字技术在经济领域取得了巨大的成就。现在,他们正在寻找切实可行的方法来应对数字技术带来的挑战和问题。

三、数字时代的教育

教育正在步入数字时代。教学方式已经发生了改变,开始采用最新的数字技术。现在传播知识的方式不仅有面授,还融合了其他一些虚拟界面的组合方式。教学方式从传统的只基于书本转变为基于文本以及多媒体的教学。现在几乎所有社群组织都参与了教学方式的研发。Connexions 是一个资源开放平台、一个免费的教育资源资料库,它能让任何人在任何时间、任何地点通过万维网创建、分享、修改和审查开放的教育资料。自1999 年建立以来,Connexions 便是数字教育发展的先驱。在 Connexions 的全球知识生态系统中,任何人都可以创建资料,而且是免费的。世界各地的高校、社区大学、中小学和终身学习者都在使用 Connexions 的模块化互动信息。Connexions 提供多语种的资料,包括英语、汉语、西班牙语、日语、越南语、意大利语、法语、葡萄牙语和泰语。通过与具有创新精神的出版商的合作,Connexions 成为新传播体系的一部分,能够按需印刷,加快了将教育资源送到世界各地教室里的速度,这实在令人振奋。

目前教育界仍处于转型中,向全数字环境的转变不会在短期内完成。制作高端多媒体内容的成本虽然在下降,但除了具有市场优势外,如此高的成本仍然令所有人望而却步。因此,印刷内容和基于文本的内容仍然是教学方式的主体。Connexions 将基于印刷的文本和多媒体连接了起来,其可扩展标示语言(XML)平台能够开发最复杂的多媒体内容,它还包含一个打印引擎,能够按需打印材料。

Connexions 中的内容是模块化的,其授权用户可根据自身需求编辑相应的内容。通过 Connexions,用户可以调整素材,使其具有文化相关性,符合信息消费者的学习风格,使材料与用户的等级或年龄相适应而不必从头开始创建整个内容。有目的的、模块化的内容和 Connexions 按需打印系统的结合,使其用户更容易获得量身定做、十分适切的教科书。

Connexions 也在重新定义知识的创造,其用户群体也在不断创造知识。Connexions欢迎每个人创造知识并一起分享知识。相比于只让社会选定的成员参与知识创造,将全世界所有人都纳入创造知识的过程,会使得世界知识库全面扩展的可能性更大。然而,要想增加这种可能性,必须要有一个审查论坛去过滤某些材料,同时尽可能保证每个人都能参与进来。利用 Connexions 的透镜功能,传统的和非传统的审查人员都可以用多种方式对材料进行批注,从而对信息进行过滤。这样,用户就可以更容易地管理数字世界中现有的信息。

由于 Connexions 的知识产权许可结构,其参与社群不仅可以创建内容,还可以对内容进行更新、推广。Connexions 的知识共享许可协议(the Creative Commons Attribution by license)允许任何人随时随地使用材料,只要用户正确署名,提到原作者即可。不管获利与否,这都能让整个世界参与到知识的更新与进步中来。

最后,Connexions 继续迈出在数字时代的下一步,它采用了版本永久化技术,也就是说,所有已置于 Connexions 存储库中的内容会一直保留。版本永久化给了那些教育者信心,让他们知道自己可以在自我学习的过程中使用平台内容,同时也明确了他们所选材料的版本,即使被重赋用途、被更新,他们和他们的学生也可以一直使用。

世界知识库的变化速度以及将这一知识库融入教育空间的速率都使得教育的动态性日益凸显。像 Connexions 这样的数字生态系统促进了创建、使用和推广教育内容的新范式的发展。这些发展从根本上提高了每个人参与教育的可能性。

四、数字时代的挑战

数字时代改变了教育实践。许多国家通过在其目标项目中使用数字技术获得了巨大的优势。专家承认,使用数字技术有利也有弊。安全和建设性地使用数字设备肯定会带动整体发展,而不合理的使用可能会产生破坏性作用,也会带来一些社会问题。

为了抓住机遇,应对数字时代带来的挑战,我们需要拓宽教育体系,实现教育体系的现代化。除了教育之外,没有其他选择可以应对数字技术产生的负面影响。目前,世界上许多国家都在通过务实的教育改革和实践来努力实现数字体系的系统化。毫无疑问,先进的教育体系更易于以正确的方式处理数字技术的使用。

我们生活在这样一个时代:数字技术的专业人士正试图突破他们的界限,使他们在技术上变得更加先进,甚至超出我们的想象。在进入数字世界之前,技术如同果肉被包裹在硬硬的果壳中,无法实现突破。但在我们如今生活的新科技时代,人们已经深谙相机、电视、视频游戏、智能手机等所有不同的技术领域。数字世界为技术提供了一个新的阐释平台,技术如今被用作表达方式、交互方式、娱乐方式、学习方式,等等。

据预测,这将成为生活的一个阶段,数字设备将成为人类最重要的一部分,其实也许我们大多数人都知道这一点。从我们自身来看,我们使用智能手机、平板电脑等设备,不管去哪里都随身携带它们,甚至是去上厕所的时候。但最重要的问题是,我们口袋里如果没有这些数字设备,我们还能活下来吗?大多数人的答案很可能都是“不”,因为我们在日常生活中太过依赖这些设备了。

众所周知,我们生活在数字世界里,不管是发送短信还是接收图片、音乐、文件等,抑或者打视频电话及其他成百上千种功能,使用数字设备确实很简便,也正是由于这一点,这些设备已经完全改变了人类以前的生活方式。这些设备甚至让我们可以同时执行多项任务,比如一边看消息,听着音乐,和别人聊着天,一边刷着 Facebook 账号动态。但另一方面,在做这些事情时,我们要如何分配我们的注意力呢?我们人类可能无法像计算机一样精确地处理多项任务,因为我们缺乏同时监理多项任务的能力,但是我们可以根据个人意愿,针对不同任务投入不同的注意力。

这些数字设备对人类来说,最重要的就是它们的内存,它们的扩展速度非常快,效率也非常高。它们不仅忠诚而且只要我们把信息保存在设备里,这些信息就能存续很长时间,未经我们的许可,任何人不能私自访问。所以我们使用数字设备的这个功能来存储非常重要的秘密、商业文档、图片等。内存工程技术人员通过创建和改进我们使用的数字内存,使我们的生活变得更加便捷。我们不将信息保存在我们的头脑或文件中,而是将它们保存在我们的数字设备中,而且去哪里都能随身携带,一旦它们被存储起来,我们就不需要再担心什么了。

事实上,我们的大脑通过允许新的功能来不断调整自身。这说明,我们越多地使用数字设备代替我们存储记忆,我们就越会清空我们头脑存储信息的丰富性。例如,我们的祖父母,没有 Facebook 和 Tuitter 的帮助,他们也记得几乎所有的事情,包括生命中的重要时刻、子女们的生活、孙子孙女们的生活,甚至他们朋友的生活。他们的大脑记忆比出生在数字时代的人丰富多了,没有 Facebook 或 Tuitter 的帮助,我们能否至少记得最好朋友的生日呢?

我们通过数字、自然和交互的质量来融合我们周围的一切,让我们对以人类的身份利用数字世界拥有完全的控制权。我们通过数字世界(图片、自己和家庭的历史、感情等)分享彼此的很多信息,然而,我们也必须设法接受数字世界中彼此的独特性。我们甚至通过 Facebook 发出私人聚会、生日会和其他活动的邀请,而不是打电话给朋友或发送邀请卡,我们邀请的人对这些邀请会作出回应,表明他们是否能参加受邀的活动,甚至可以直接送出祝福。

那么,也许我们应该问问自己:我们在数字环境(社交媒体等)中安全吗?我们对数字世界的危险有足够的了解吗?那么我们自己的隐私和我们共享的信息呢?我们可能会意识到,通过社交媒体分享信息甚至会毁掉某人的信息载体、关系甚至社会地位。意识到数字世界的危险,了解我们自己的隐私,这将让我们可以控制自己共享的信息或其他有关自己的信息,因为科技一直并将永远在我们的日常生活中发挥关键作用。

(曼珠·米舍尔,尼泊尔新闻与大众传播学院院长)

芬兰坦佩雷三个高等教育机构之整合

◇ 莉萨·拉克索

一、引言

虽然芬兰只有大约 550 万人口，但是其高等教育和研究机构网络却相对比较密集。这一网络的形成很大程度上是战后长期发展经济和福利事业的结果，也是国家公共政策将其划为区域重点的结果。然而最近，教育与文化部鼓励各研究所开展合作，以更强、更专业的机构特征和重点研究领域进行彼此区分或合并。全球正面临新的社会挑战和发展状况，如人口老龄化、数字化和气候变化等都使得多学科教育和研究的重要性不断提高，工作生活、公共服务设计和企业之间的动态联系也有所增加。此外，欧洲研究领域内的科学合作也将从更强大的高等教育和研究机构中获益。

坦佩雷一直走在应对挑战的前线。本文主要描述了坦佩雷高校整合进程的背景，并探讨其面临的所有机遇和挑战，其中也包括与性别有关的机遇和挑战。

二、高等教育及研究体系改革

在教育与文化部的指导下，包括应用科学大学（即理工学院）在内的芬兰的大学，都依赖公共资金维持运转。每四年各个学校都要与之进行成果交流，届时教育与文化部就会给出指导。同时，在高校设立学位目标时，教育与文化部也会参与决策。

然而，在 2009 年至 2015 年期间，芬兰的高等教育和研究体系经历了重大变革。其一，大学和理工学院的法律地位从政府机构转变为私营实体。这一变化主要是为了吸引私人资金资助这些大学。为此，政府还承诺会把向大学提供的私人捐款数额增加两倍。大学的主要经费还是来源于国家，政府直接资助约占大学预算的三分之二。从 2015 年年初开始,理工学院已成为独立的法人实体,并将以有限公司的形式进行运作。国家提供的核心资金约占理工学院预算的88%。

其二,公共研究机构已并入大学,以提高其整体学生容量。例如,犯罪学和法律政策研究所以及赫尔辛基大学消费者社会研究中心就是在2015年通过整合成立的,这两所机构的前身分别是司法部以及经济事务和就业部。

其三,芬兰科学院新设立了战略研究理事会来管理汇集了各部委价值约5500万欧元的研究经费,目的是提高对需要多学科方法的高质量政策相关型和“需求驱动”型研究的资助。研究主题和需求由各部委确定,但实际研究方案的制定、供资要求和项目计划的评估由战略研究理事会负责。在这一过程中,研究人员与利用研究成果的人之间能否密切合作十分重要。

其四,芬兰政府决定每年从各大学的经费中划拨5000万欧元给芬兰科学院,以有效提高大学研究力。大学可以通过采取加强其战略研究领域的具体措施、提高其研究质量的计划来申请经费,这些计划中可能也包括对一些项目或领域取消研究的决定。当然,对于任何一所拥有自主权的大学来说,后者都是有争议的,且必须得到大学领导层的充分支持。

其五,政府支持大学合并。目前,芬兰高等教育体系由38所机构(包括14所大学和24所理工学院)组成。通过合并,高等教育机构的数量从48所减少到38所;大学的数量从20所下降到14所;理工学院的数量则从28所减少到24所。除了成本效益外,合并也是为了给学生提供更多开展多元研究的机会。说到大学合并,常举的例子之一就是丹麦,那儿的25所大学和研究机构最近合并成了8所大学和3所研究机构。

(一)案例——坦佩雷三校

2014年,坦佩雷应用科学大学(TAMK)、坦佩雷理工大学(TUT)和坦佩雷大学(UTA)就开始计划在芬兰坦佩雷创立一所新的高等教育机构。我们把这个项目叫作“坦佩雷三校”计划。将两所大学合并为一所大学并不是一个新颖的想法,但强有力的外部激励措施使这些计划更加具体。另外,坦佩雷应用科学大学的并入也使该计划在芬兰成为独一无二的“三合一”的例子。如上所述,芬兰的高等教育体系是高度立法化的,所以这些计划必须在与政府展开密切合作的条件下加以实施。2016年年初,在教育与文化部的监督下,这一进程得以开展。这意味着立法改革的准备工作由教育与文化部、三所高校和支持这些高校的私人供资组织共同完成,同时,教育与文化部还提供了部分经费支持这一进程的后续展开。

我们的目标是创造一个多学科的、鼓舞人心的、在全球范围都具有吸引力的研究和学习环境,为学生获得面向未来劳动力市场需求的理论和实践学习提供广泛的途径。因此,我们必须认识到这三所机构的教育互补性。

1. 坦佩雷大学

坦佩雷大学是一所多学科综合性大学,大约有1.5万名学生在那里学习。它是芬兰最受申请人欢迎的大学之一。每年授予一千多个硕士学位和一百多个博士学位。该校教职工总共约有2000人,开设了以下专业的学位课程:

——社会科学、新闻学;

——健康和福利(包括医学);

——人文学科和语言(包括戏剧);

——教育;

——信息与通信技术;

——自然科学(包括生物医学、数学、统计学等)。

2. 坦佩雷理工大学

坦佩雷理工大学是芬兰四所提供工程学位的大学之一,该校有一万多名学生。它的优势在于跨越传统学科界限的基础研究和应用研究项目之间的互动。教职工总数超过2000人。每年大约授予800个硕士学位和80个博士学位。该校开设了以下专业的学位课程:

——工程学(包括建筑和施工);

——自然科学(包括生物工程、化学工程)。

3. 坦佩雷应用科学大学

在芬兰,应用科学大学是一个跨领域的研究机构,侧重于与工作生活的联系和区域发展。坦佩雷应用科学大学注重多学科学习,是芬兰最受欢迎的应用科学大学之一,约有一万名学生、700名教职工。每年大约授予1800个应用科学学位。该校开设了以下专业的学位课程:

——健康与福利;

——工程学;

——信息与通信技术。

2015年,坦佩雷的这三所高等教育机构共授予6841个学位(以下表格中分别简称"坦理""坦大""坦应")。

表 1　2015 年坦佩雷三校的学位数统计①

2015 年学位数	坦理和坦大学士学位	坦理和坦大硕士学位	坦理和坦大高级硕士学位	坦理和坦大专业硕士学位	坦理和坦大博士学位	坦应学士学位	坦应硕士学位	总计
坦佩雷应用科学大学						1603	210	1813
教育学						22		22
艺术与人文						116	6	122
工商管理和法律						247	43	290
信息与通信技术						115	26	141
工程制造与建设						483	52	535
农业、林业、渔业及兽医						33		33
健康与福利						450	83	533
服务						137		137
坦佩雷理工大学	819	804	4		88			1715
信息与通信技术	106	136			23			265
工程制造与建设	713	668	4		65			1450
坦佩雷大学	1563	1477	16	127	130			3313
教育学	189	165	4		15			373
艺术与人文	23	23			2			48
工商管理和法律	196	131	1		4			332
信息与通信技术	79	87	1		5			172
健康与福利	85	83			10			178
医学		120		127	40			287
语言	343	254	1		9			607
社会科学、新闻学与信息学	552	516	7		25			1100
自然科学	96	98	2		20			216
总计	2382	2281	20	127	218	1603	210	6841

（二）项目执行

2014 年春，坦佩雷应用科学大学、坦佩雷理工大学和坦佩雷大学邀请了有经验的行业高管斯蒂格·古斯塔夫森来帮助他们找出自己具有国际性卓越发展潜力的研究领域，并提出如何利用这一潜力的措施。在古斯塔夫森完成上述工作后，三所高校的校长成立了一个工作组，负责针对以下内容建言献策：

① 资料来源：芬兰教育数据统计官网 https://vipunen.fi/en-gb/。

——新的高等教育社区的概况、研究领域以及合作创造的机遇；

——学位结构、跨越制度界限的学位课程及可采取的各种实践模式；

——开展研究、教学和发挥社会影响的运行模式；

——实施改革的计划和时间表。

三所高校的副校长们接受任命来领导这个工作组。同时，坦佩雷大学、坦佩雷理工大学和坦佩雷应用科学大学的教职工和学生也接受任命成立了多学科筹备小组，这些小组负责对项目的不同板块进行具体分析和准备。

副校长们给出了一些建议：

——新大学必须有权授予大学和应用科学大学类学位；

——学位结构的发展是芬兰的一个国家级进程，新大学应该积极参与其中；

——要实现这一目标，就需要对高等教育机构的定义、经费、学位结构和教育责任进行立法改革。

鉴于这三所大学各自的法律地位不同，合并的第一项任务就是讨论并决定新大学的合法地位。坦佩雷大学是一所公立大学，而坦佩雷理工大学是在新的大学法案生效时，以基金会的形式开始运作的。基金会拥有的资本使该校能够在独立于政府资助的情况下，开拓新的研究和教育领域。另一方面，建立该基金会的其他私人利益方，如芬兰技术工业联合会，在大学的管理上是有发言权的。既然大批资金已经被投放到了坦佩雷理工大学，教育与文化部认为，对于新大学来说，基金会模式或许是最实用的模式。尽管大学社区，无论学生还是教职员工，都更倾向于将新大学的法律地位设定为公立大学机构。

（三）研究概况

副校长们还介绍了三个机构的互补性研究概况。据他们所说，建立一所联合大学将大力促进坦佩雷的科研条件建设。三所高校在其发展战略中都有各自的独特之处，这也使得它们有别于芬兰的其他学校。将这些因素综合起来考虑意味着它们将能够在芬兰甚至全球创造一个独特的研究环境。

坦佩雷大学的主要研究领域涉及社会和健康（包括医学）。就出版物和研究经费而言，这些领域在坦佩雷大学研究活动中的综合份额大约占 80%。坦佩雷大学是芬兰最大的社会科学大学，也是五所拥有医学院的大学之一。此外，坦佩雷大学在公共行政和管理方面的影响力很大，在公共卫生方面也极具实力，所以它在与北欧国家以及与欧洲各国的合作中地位十分重要。该大学的目标是进一步完善其形象，重点致力于一些专题领域的研究，例如老年人、青少年以及未来社会卫生服务和公共政策的设计等。这一目标主题与城市和国家两级决策者也是最相关的，因此在战略研究理事会的方案中得以凸显出来，恰好坦佩雷大学也成功加入了这一项目方案中。

坦佩雷理工大学研究的侧重点是数字化运行环境、能源和生态效率以及卫生技术。其研究工作将自然科学和工程学与工业和商业的实际需要和实践结合起来。在这方面,坦佩雷理工大学把研究重点放在了基础研究和应用研究之间的相互作用上。通过广泛的国际网络,坦佩雷理工大学的研究正积极跨越部门和学科的界限。该校的目标是在技术和自然科学研究方面产生一定的国际影响力,提高芬兰的贸易和工业竞争力,从而提高整个国家的经济竞争力。在一个联合创立的生物医学技术研究所内,坦佩雷大学和坦佩雷理工大学已经在许多领域展开了重要的合作研究,其中包括细胞和分子生物学、遗传学、生物技术、生物医学工程、再生医学、生物材料、生物传感器和计算系统。

坦佩雷应用科学大学的创新形象强调健康和幸福。它通过建立《应用科学大学法例》规定的工作生活实践来执行应用科学方面的研究任务。在其合作网络和线下实验室中,一种新产品和服务解决方案的试验和测试文化得以形成。积累实践发展、创新活动和创业方面的专业知识,可以为新大学的组合研究带来巨大的附加值。

2015 年,为提升研究能力,坦佩雷大学和坦佩雷理工大学合作申请了芬兰科学院的竞争性资金,确定了将技术研究与健康和社会研究相结合的目标。基于芬兰科学院所提供的应用和资金,坦佩雷理工大学的研究专注于应对全球挑战,其重点是数字运营环境、能源和生态效率、卫生技术和光基技术。同时,坦佩雷理工大学不断对其智能机器领域进行剖析研究,基于光学和光子学方面的前沿研究,将其拓展至可覆盖嵌入式系统,包括无线通信、安全、嵌入式视觉计算、异构计算和先进的光子技术。

坦佩雷大学从芬兰科学院获得的研究经费增强了该校对关键社会现象进行多学科研究的作用和能力,其中包括开发社会与研究交互联系,开发的新方式包括邀请社会利益相关者(公民、组织和公司)参与研究进程以及调整研究及其所带来的影响。研究指出,环境可持续性、文化多样性和社会流动性、不断变化的政治环境是造成新型社会紧张局势的根源,所以我们需要对北欧福利国家的社会复原力重新进行思考。

在此过程中,坦佩雷大学还发现了大量与坦佩雷应用科学大学合作的新机会。最重要的是,双方要致力于密切合作、共享基础设施以及建立联合组织。当目标被定位为达到足够的临界质量、创新潜力、网络和国际知名度时,那么联合资源本身也将是一个显著的优势。

这三所高校都强调自身研究的社会相关性,强调共同获得的新知识应该为人们的日常生活、基本权利以及工业和贸易服务。大家共同的目标是承担责任和争取实现可持续发展,这些都将是新大学开展研究时秉持的基本价值观。

(四)建立愿景

大学社区,包括教职员工和学生,就新大学的战略愿景展开了广泛的讨论。利益相关者也参与其中，最重要的是三所大学、坦佩雷市以及教育与文化部的资助机构也参与到讨论中来。

愿景中的第一个要素是给予学生的承诺。在这所新大学的成立愿景中，“学生不是白板——他（或她）是熟练的、好奇的、勤奋的”。这意味着学生和学习将成为新大学的核心。为了实现这一点，我们将采用共同创造的方法。我们的想法是能在学生们的帮助下建立大学校园。坦佩雷目前已经采用了新的教学方法和技术：

1. “Y 校园计划”（Y-Kampus）

“Y 校园计划”在大学校园的核心地带提供创新和创业服务。

2. 迪莫拉创新创业平台项目（Demola Tampere）

坦佩雷迪莫拉创新创业平台项目在 450 名学生中开展了大约 100 个项目。合作公司批准了 80%的项目产出，招募了迪莫拉平台 15%的学生。

3. “泰托中心”（Taito-Keskus）

“泰托中心”创造的学习环境会模拟医院的真实氛围。在这里，坦佩雷应用科学大学的护理和保健专业的学生和坦佩雷大学的医学生可以一起学习如何在掌握多项技能的团队中工作。

在研究中，新大学提供了一个国际研发链（RDI chain），将基础理论到应用研究、创新、成品和工作生活所需的技能都无缝连接起来，以提高工艺技术的商业化和利用度。在这方面，与民间社会、非政府组织和第三部门的合作也显得尤为重要。

对于一所具有国际知名度的新大学来说，其宗旨是提高整个社会和全球发展的福祉。研究和教育将以平衡的方式把人类福祉与科学、技术、经济和商业结合起来，重点放在未来会实现良好运作的社会和福利服务上。实现这一目标需要综合考量很多重要的因素，例如，新的卫生技术部门以及公共和私人服务的接口。

坦佩雷市和大学校园周边的坦佩雷地区是一座“实验室”，提供了振奋人心的研究环境。有 505,000 人的坦佩雷地区是芬兰发展最迅速的城市区域之一，同时它也是欧洲移动机械最大的集中地。到 2030 年，坦佩雷市预计投资超过 60 亿欧元用于推动城市发展。[①] 因此，新大学将从这种当地环境中受益，按照“着力地方，放眼全球”的原则解决国际问题。坦佩雷大到可以产生一定的影响力，但它也小到适合迅速开展行动。

交互性环境和与地方当局的密切合作将产生关于城市化环境、顶级研究成果和新创业公司的独特经验。通过开展国际合作，我们可以在全球范围内分享这些解决办法。

---

① 参见 https://investtampere.fi/why-tampere/facts-and-figures。

（五）责任和挑战

芬兰高等教育出现创新变革的势头。教育与文化部于2015年委托他方对芬兰高等教育体系进行评估。根据评估小组的说法，“坦佩雷三校”这一倡议很有发展前景。

建设一所新的大学是一个独特的机会，但创造新的东西也总是存在许多风险。管理变革可能会很困难。因此，在规划和执行阶段，必须把教职工、学生和相关利益方群体都考虑在内。成功需要所有人都承诺进行变革，需要提高其参与度才能实现。要想改革，我们必须勇敢，要能够放弃我们现有的结构和运作模式。

为了取得成功，这所大学必须很有名气，而且具有良好的口碑。这就是为什么我们必须拨出足够的资源来建立新的品牌。这所新大学必须赢得雇主和学生们的高度尊重，并得到其周边运营环境的广泛支持。

机构整合存在文化差异，很大程度上是由于学科差异，但其中性别差异也非常明显。芬兰高等教育中大约53%的学生是女性，据经合组织估计，这一比例将至少维持到2025年。[①] 但是，在所有学科中，性别比例不可能全部相同。众所周知，在技术科学领域的高等教育中，男性的人数要比女性多，坦佩雷合并的高等教育机构中的信息与通信技术学部就是如此（见图1）。

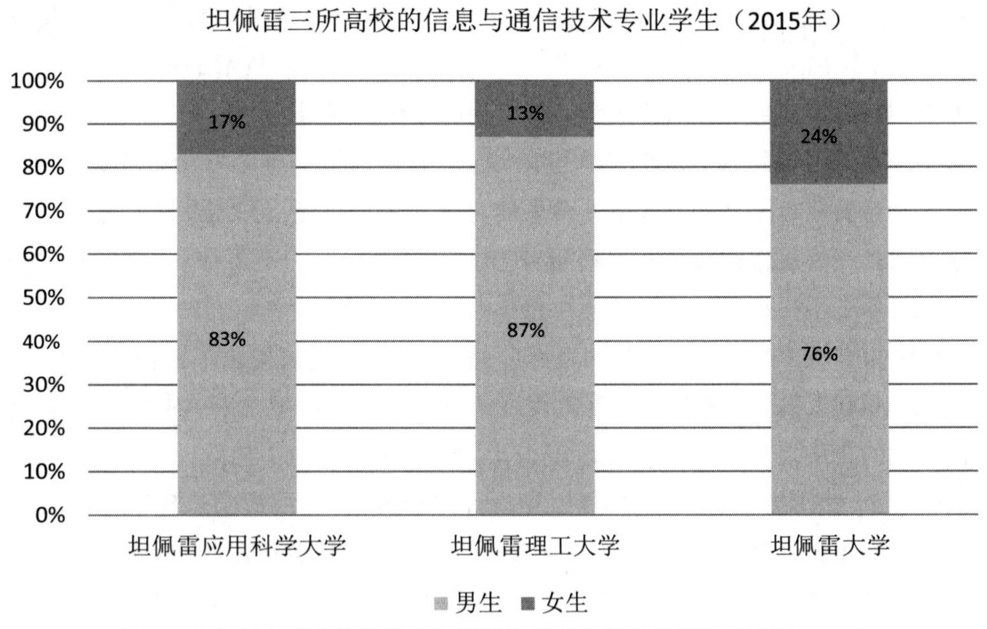

图1　坦佩雷三所高校的信息与通信技术专业学生性别比统计图（2015）

① 兰克林. 高等教育中两性不平等的逆转：持续的趋势[M]//高等教育至2030年（第1卷）. 巴黎：经合组织出版社.

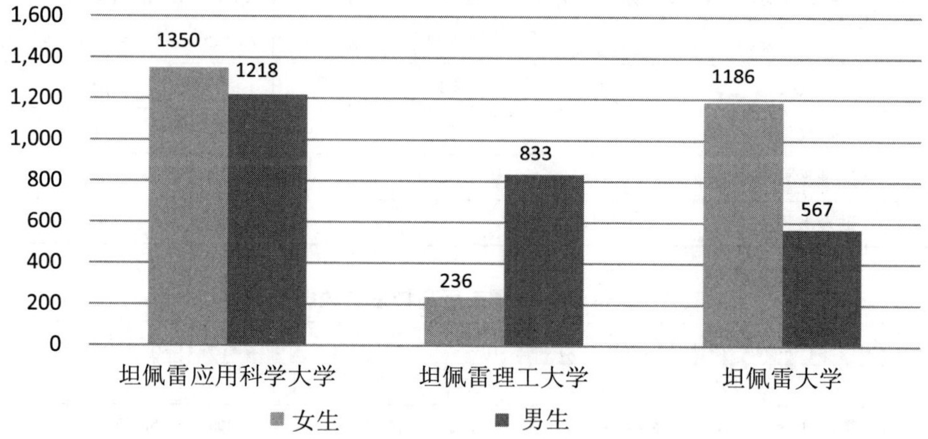

图 2　坦佩雷三所高校新生性别对比图(2015 年)

学生的性别分布关系与大学的研究和教学人员的性别分布关系相似。例如:2013 年,坦佩雷大学工作人员中,男性占 34%,女性工作人员比例(66%)和前一年持平。教学科研岗在编女性职工比例有所上升:2013 年年底,比例为 54%;2012 年为 49%。2013 年获得教授职位的 28 人中,女性有 13 人(占比 46%)。

大学工作人员中,实验室工作人员和服务人员、图书馆和行政工作人员主要是女性,大部分教授和 IT 工作人员为男性。

在编职工中,女性比例(68%)较临时工作人员比例(64%)略高。①

表 2　坦佩雷理工大学终身教授聘用情况(自 2015 年 10 月以来的简单汇总)

国籍	占比(%)
芬兰	72%
其他国家和地区	28%
性别	占比(%)
男性	81%
女性	19%
学历背景	占比(%)
坦佩雷理工大学博士	33%
其他芬兰大学毕业	53%
国外大学毕业	14%

① 参见 Henkilöstökertomus–Tampereen yliopisto. www. uta. fi/hallinto/yliopistopalvelut/…/index/henkilöstökertomus 2013。

表 3　坦佩雷理工大学教授总数及新入职教授人数(自 2015 年 10 月以来的简单汇总)

	教授总数	2013-2015 年新入职人数
正教授	129	10
副教授	20	14
助理教授 2	8	7
助理教授 1	4	4

表 4　2014 年坦佩雷三所高校重点数据一览表

坦佩雷三所高校	职工数	非芬兰籍	女性	备注
总计	871			
第二至第四级别岗位的教学科研职工	647	7.90%	50.70%	
教学科研支援团队	224	9.40%	62.10%	
坦佩雷三所高校	学位学生数	非芬兰籍	女性	备注
总计	10,083			
本科和硕士学位学生	8,699	2.90%	66.40%	
博士学位学生	822	12.70%	61.60%	
其他	562	6.20%	69.40%	
坦佩雷三所高校	学位数（2014 年授予）	非芬兰籍	女性	备注
总计	1,326			
硕士学位	1,184	5.10%	69.80%	
博士学位	142	15.50%	64.80%	
坦佩雷三所高校	资金(欧元/百万)			
总计	243,582			
核心资金(教育与文化部)	116,332			
2014 年外部资金	63,625			
国内竞争性资金资助(来自芬兰科学院及芬兰国家技术创新局)	22,521			
其他国内资金	27,058			
欧盟资金(包括来自地平线 2020 计划和其他欧盟资助计划)	5,252			
其他国际资金	8,794			
欧洲研究委员会拨款项目(资助期限持续到 2015 年)	数量			领域
总计	1			心理学

(莉萨・拉克索,坦佩雷大学校长)

大数据时代的传媒教育创新

——以中国传媒大学为例

◎ 吴敏苏

早在 1980 年,著名未来学家阿尔文·托夫勒就在《第三次浪潮》一书中将“大数据”热情地赞颂为“第三次浪潮的华彩乐章”。30 多年后,也就是被称为“大数据元年”的 2013 年,阿里巴巴集团董事局主席马云说:“大家还没搞清 PC 时代的时候,移动互联网来了,还没搞清移动互联网的时候,大数据时代来了。”

在中国,“大数据”不但引起了国家层面的高度重视,连续三年被纳入政府工作报告,而且以不可阻挡之势波及社会各领域的方方面面。大数据影响到政府管理、经济转型、商业活动、个人生活,等等。作为一名传媒教育管理者,身处这样一个“除了上帝,任何人都必须用数据来说话”的时代,笔者愿意与各位分享大数据对媒介生态和教育事业的深远影响。

当下中国,互联网市场巨大。据 2016 年 8 月发布的《中国互联网络发展状况统计报告》,截至 2016 年 6 月,中国网民规模高达 7.10 亿,半年共计新增网民 2,132 万人,超过全球平均水平 3.1 个百分点;中国互联网普及率为 51.7%,较 2015 年年底提升了 1.3 个百分点;手机网民规模达 6.56 亿,较 2015 年年底增加 3,656 万人,占比由 2015 年年底的 90.1%提升至 92.5%。可以说,巨大的互联网市场同时也是一个潜力无限的大数据市场。从“中央厨房”介入媒介运营,到无人机报道,再到“网红”直播、网络酷炫、电影弹幕,等等,这些十年前闻所未闻的新名词已不再“新鲜”。我们亲历并参与了互联网推动媒介形态的转变、升级:一方面,媒体的互动性、社交性、智能性增强,媒体融合、人机共生成为媒体发展的方向,社会大众在媒体内容生产中的作用不断加大;另一方面,传统媒体、社交媒体日益成为重要的数据源,媒体产生的大量数据成为可观的社会财富,对数据库进行数据挖掘,将更加深入地探寻信息传播规律和社会发展规律。

大数据促进了媒体转型,也推动了教育革新。大数据对教育形态的巨大影响,最显著的一个例子是慕课时代的到来。慕课不但打破了课堂与地域局限,实现了教育资源的开放共享,也突破了一位教师只针对一群学生的传统授课模式,使知识的传播范围不断扩张。在中国,中文慕课从 2012 年开始布局,到 2014 年已拥有学堂在线、ewant 育网、Share Course、Proera 几家较知名的慕课网站。2014 年 5 月 8 日,中国高校与网易课堂合作搭建了中国慕课大学网络平台。我们可以预见,自十八大第一次提出承认学分兑换、与国际接轨的议题后,在不远的将来,完成慕课在线学习将成为弥补中国教育资源稀缺的重要途径。

大数据时代对传媒和教育领域产生的影响显而易见。作为一所拥有 60 余年历史的知名传媒教育高等学府,中国传媒大学是如何顺势而为、迎难而上的呢?

首先从授课形式上,我们近些年大力推行"翻转课堂",鼓励以教师为引导的学生自主学习;改造、升级国家精品课程,录制网络公开课,搭建视频精品网络在线平台;开设虚拟国际课堂,通过在课堂上与海外的记者、编辑现场连线来增强课堂互动,开拓学生的国际视野;同时,我们也在建设自己的慕课平台。其次,在专业设置上,我们率先在动画与数字艺术学院、信息与通信工程学院、新闻学院开设了数字媒体艺术、数字媒体技术、数据新闻报道和网络与新媒体创意五个本科专业。在研究生教学层面,我们开设了与数字相关的数字媒体艺术专业数字媒体理论与实践方向、艺术设计专业动画与数字媒体艺术方向、计算机技术专业数字娱乐与动画技术方向、通信与信息系统专业数字电视/广播技术方向等 8 个特色专业及研究方向。在中国传媒大学,数字与信息技术、新闻传播实现了专业领域的融合。

在这里,笔者想重点介绍一下中国传媒大学新闻传播学部在大数据时代的教育创新。10 年前,中国传媒大学开风气之先,在传播学专业开设了媒体市场研究与分析方向,专门从事市场与数据分析、小数据研究。10 年后,我们成立了数据新闻报道专业,使中国传媒大学成为中国内地第一家开展大数据分析和数据可视化研究的高等院校。这是在大数据时代背景下,中国高等教育领域的一次显著改革。如今,数据新闻报道专业已经成为新闻传播学部新闻学院的五大特色专业之一。值得一提的是,从事数据新闻教学工作的都是在新闻学、传播学、数学、计算机科学和数据统计等领域拥有交叉学科背景的教师。

除此之外,为了适应并引领大数据时代的传媒教育,我们还成立了互联网信息研究院大数据挖掘与社会计算研究中心,立足大数据产业生态环境,充分利用大数据软硬件工具,围绕互联网、新媒体、社交网络和数据新闻方向,展开大数据挖掘与传播领域的创新性研究,包括互联网信息采集、自然语言处理、数据挖掘算法、空间地理信息、可视化的关键技术攻关和大数据挖掘技术应用推广等,在移动互联网和大数据领域建立了一套服务社会的系统化技术。该中心的教学主要分成新闻知识、可视设计与数据分析、编程技巧、网页交互设计四个板块。课程分为三部分:第一部分是以中国新闻史、外国新闻史、新闻写作、新闻编辑等为基础的新闻课程；第二部分是以多变量统计分析、统计软件应用、定性研究、定量研究、数据可视化等为主体的方法论与数据课程；第三部分是实践课程，包括通过网络爬虫和网络服务提供的 API 接口获取互联网数据，进行数据清洗、转换等预处理和网络社会分析，可视化网页解析等教学内容。目前，大数据挖掘与社会计算研究中心正努力拓宽新闻机器人（News-bots）、VR（Virtual Reality）、AR（Augmented Reality）和无人机报道（UAV Reporting）等领域的应用、研究工作。

在 2016 年秋季工作会议上，时任中国传媒大学胡正荣校长提出了培养交叉学科与国际化人才的愿景。这不仅是未来中国传媒大学的教育使命，也是大数据的时代呼唤。大数据时代的传媒教育任重道远，我们不但要增强传媒技术储备与攻关能力，还应该打破人文、自然和社会科学的壁垒，推进技术、艺术与新闻的学科融合，充分发挥中国传媒大学在数字媒体与创意方面的资源优势，落实传媒教育内容上的创新升级。

（吴敏苏，中国传媒大学教授、博士生导师）

走向卓越:数字化进程中女性教育的时代使命

◎ 闫广芬

女性教育是指基于性别而发生在一切类型和级别中的教育,包括受教育的权利与机会,教育的过程、标准与结果,以及教育的条件等。[①] 在教育对社会发展、个人成长起着决定性作用的今天,人们越发渴求公正、公平的良好教育。然而,教育是有性别的,当教育遇到性别,便引发了教育革新与发展的深层次问题。伴随着数字化时代的到来以及中国教育综合改革的全面推进,教育与时代需求交相辉映,这不仅为人类的生存与发展提供了新的机遇,同时也带来了新的挑战。将女性教育置于新的时代背景下,一方面我们可以清楚地看到女性教育在经历漫长的历史发展后所取得的成就、积淀的基础以及展示的美好前景,另一方面我们又不得不承认女性教育发展中还存在着比较严重的问题。

回溯历史,如果说长期以来女性教育的目的在于追求女性教育权利的获得,保证女性受教育机会的基本平等,将女性视为一种弱势群体的存在,解决女性的生存问题,那么,今天,女性教育具有了一系列法律法规、政策体系的保障,义务教育、普通高等教育获得飞速发展,女性教育进入新的历史发展阶段。从根本意义上认识、理解女子受教育的意义和价值,追求卓越,将成为新时期女性教育肩负的时代使命。

一、问题的提出:女性教育的卓越问题

新中国的女性教育在历史发展进程中取得了巨大的整体性进步。观察图 1、图 2 和图 3 可以发现:在当代,特别是数字化进程日益加快的近 5 年期间,一方面,女性在教育中的地位取得了明显的量的突破,无论是受教育年限,还是教育体系中女性师生的比例,在结构、比例和趋势上均呈现良好的态势;另一方面,在教育的高级阶段,特别是研究生阶段,女性教师和女学生占整体的比例仍有一定的提高空间,这也成为女性教育在结构上面临的挑战。

---

① 闫广芬. 妇女社会工作[M]. 天津:天津大学出版社,2010:260-264.

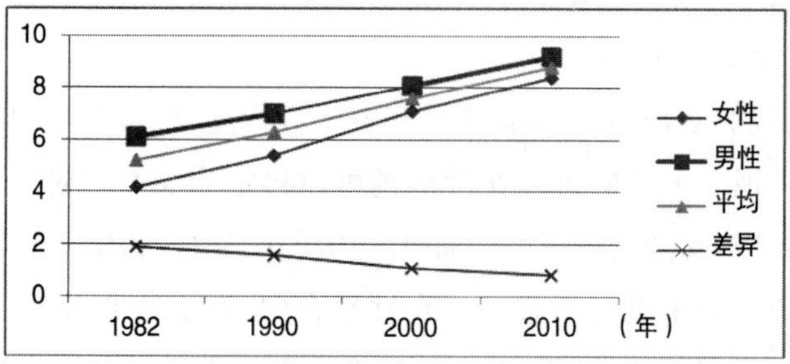

图 1　中国人口平均受教育年限性别差异(1982—2010)

数据来源:《中国性别平等与妇女发展报告(2008—2012 年)》

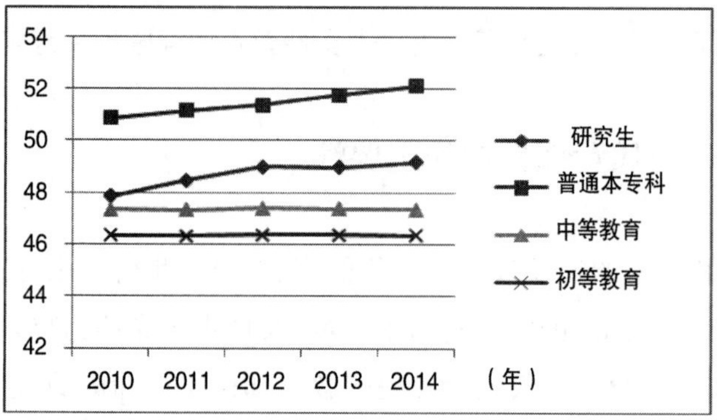

图 2　中国教育体系女性比例变动趋势(2010—2014)

数据来源:《中国教育统计年鉴》

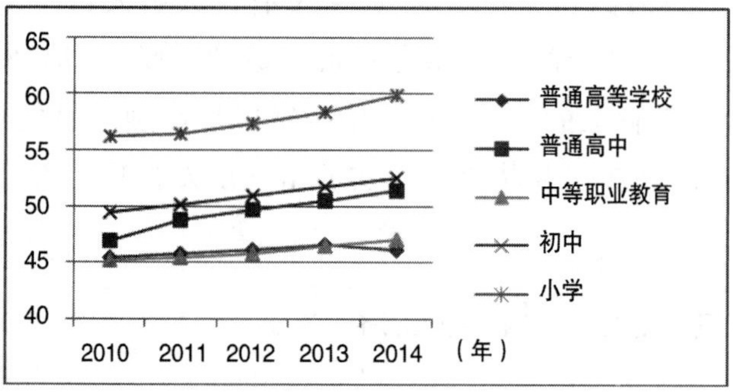

图 3　中国教育工作者女性比例变动趋势(2010—2014)

数据来源:《中国教育统计年鉴》

(说明:由于数据统计的缺失,初中女性教育工作者的比例由女教师占教师比例代替)

对于这两方面含义的解读可以更加深入:在受教育年限、本专科层次教育等主要层面解决了女性教育的性别平等问题之后,我们还面临着高层次阶段受教育对象性别平等和教育工作者性别平等问题,也就是高层次卓越女性比例偏低的问题。从发展角度来说,后者具有更加重要的意义,因为研究生等高层次教育阶段的受教育对象和高等教育阶段教育工作者这两个群体,恰恰代表的是人类社会精英和表现卓越的一面,如果无法在这两个层面取得突破,就无从谈发展问题。因此,我们提出数字化时代女性教育面临的新课题为:女性如何走向卓越。

面对新的课题,我们必须对女性卓越及其表现进行定义。对于卓越的理解,一般为杰出的、超出一般的、表现不平凡的等。女性卓越可以界定为女性相对于男性而展现的杰出和不平凡。在教育领域,女性的卓越可以通过学历层次、职称、科学贡献等表现出来,具体可以从个人和群体两个层面来进行考查。在女性教育中,对个体的考查主要是其教育表现、教育地位、教育贡献(学术与科学)等;对群体的考查则侧重于具有优秀的教育表现、较高的教育地位、较大的教育贡献的女性群体的比例。相对而言,女性卓越应该具有强烈的群体含义,女性群体中相当比例的人具有卓越属性,是女性由平等走向发展的必经之路。也正因为如此,女性如何走向卓越,是数字化进程中女性教育所面临的关键发展问题。

二、卓越背后:重申当代女性教育的重要性

女性接受现代意义上的学校教育是时代的产物。19 世纪中叶,在仁人志士“天下兴亡,匹夫有责,匹妇亦有责焉”的时代感召下,少数女性走出家门,打破男子一统天下的局面,开始接受现代文明教育。近代社会的爱国救亡和民主革命的历史主题成为女性教育的原动力。进入 21 世纪,我们再次讨论女性教育,首先必须明确的是:我们处在怎样的一个时代? 女性教育应担负怎样的使命?

女性教育是妇女发展的前提和基础,如果没有占人类人口一半的广大妇女素质和教育水平的提高,人类社会的发展将是不可想象的。联合国开发计划署《2003 年人类发展报告》指出:教育上的“性别平等并不仅仅是性别自身的目标,更是实现其他所有目标的核心”。许多研究从事实与实证角度出发论述了女性教育于各个领域的重要性。

(一)女性教育收益率与社会经济

未来学家约翰·奈斯比特(John Naisbitt)和帕特丽夏·阿伯丹(Patricia Aburdene)概括了女性教育在数字化时代的作用,指出:“妇女和颂扬脑力胜于体力的信息社会是天生的一对伙伴。哪里信息社会繁荣发达,哪里的妇女就投入劳动行列之中。无论什么地方开展信息革命,妇女就汇集成一支劳动的大军。”①有研究发现,女性教育收益率高于男性,并且,这一现象随着时间的推移而存在。② 女性教育问题关系到一个国家或地区的人力资源素质。根据人力资本理论,影响人力资本投资的主要因素是劳动者的受教育水

---

① 奈斯比特,阿伯丹. 2000 年大趋势:90 年代十个新趋向[M]. 北京:中国人民大学出版社,1991:215.

② 黄晓波. 教育收益率性别差异的实证分析[J]. 经济研究导刊,2009(22):211-212.

平，而且人力资本的收益率高于物质资本的收益率。世界银行的研究表明，女性教育每增加一年所带来的工资增长率显著高于男性，这也就意味着女性人力资本投资的收益率高于男性人力资本投资的收益率[①]，也就是说，增加女性人力资本投资更加有益于整个经济、社会的增长和进步。研究证明，在初等教育阶段，每增加一年学校教育时间，可使受教育者就业后的工资增长 10%以上。根据《第二期中国妇女社会地位抽样调查主要数据报告》，妇女的受教育程度越高，其收入也越高。[②] 刘泽云在 2008 年的研究表明，在教育收益率方面，中国城镇女性比男性高约 2 个百分点，而且受教育水平与工资性别歧视程度呈负相关关系，这将导致女性的教育收益率进一步提高。[③]《世界母亲状况报告(2005)》援引研究证明：女性教育每增长 1%会带来 GDP 平均增长 0. 37%。考虑女性教育的规模与 GDP 规模的相对比例，我们可以得出结论：女性教育不但具有社会意义，还具有非常重要的经济和产业意义。

(二)女性教育与后代的生存与成长

分析女性人力资本投资的社会效益我们发现，相较于父亲的受教育程度、收入、民族、家庭结构规模等因素，女性的受教育水平对后代的成长和素质能产生更加重要的影响。美国经济学家西奥多 · 舒尔茨(Theodore W. Schultz)对 13 个非洲国家 1975—1985 年间的数据分析证明，女性识字率每提高 10%，儿童死亡率就下降 10%，而男性识字率的提高对此影响甚微；而对 25 个发展中国家的人口健康调查则表明，在其他条件不变的情况下，女性只要接受 1—3 年教育，儿童死亡率就可以下降 6%。[④]

(三)教育与女性地位

1990 年以来，中国妇女联合会和国家统计局每十年进行一次中国妇女社会地位调查，到 2017 年已经进行了三次。对这三期调查结果和报告进行分析和比较后我们发现，伴随着女性教育的进步，女性地位取得了实质性的提高。

在政治状况上，教育可以提高妇女的参政意识，受教育程度越高的女性，越关心国家大事及经济社会的发展，从而更有发展自身政治权利的要求。全国妇联妇女研究所研究表明，女性的学历越高，对于政界人物的准确知晓率越高(见表 1)。[⑤⑥] 2000 年，有 15. 1%的女性主动给所在单位、社区提过建议，比十年前提高了 8 个百分点；到 2010 年，这一

---

① 世界银行. 1991 年世界发展报告[M]. 北京：中国财政经济出版社，1991.

② 第二期中国妇女社会地位调查课题组. 第二期中国妇女社会地位抽样调查主要数据报告[J]. 妇女研究论丛，2001(5)：4-12.

③ 刘泽云. 女性教育收益率为何高于男性：基于工资性别歧视的分析[J]. 经济科学，2008(2)：119-128.

④ 舒尔茨. 人力资本投资[M]. 北京：商务印书馆，1990：152-156.

⑤ 闫广芬. 妇女社会工作[M]. 天津：天津大学出版社，2010：260-264.

⑥ 全国妇联妇女研究所课题组. 中国妇女社会地位概观[M]. 北京：中国妇女出版社，2006：150-151.

比例提升至18.3%，而且有83.6%的农村女性参与了村委会选举，投票时能够“尽力了解候选人情况”、认真投票的占70.4%。①②③ 此外，另有研究表明，2010年中共女性党员占全部党员的22.5%，比2005年提高了3.3个百分点；十八大女性代表占23%，比上一届提高3.4个百分点。④

表1 不同文化程度城镇女性对政界人物的准确知晓率(%)

学历＼人物分类	国家主席	政府总理	中共中央总书记
不识字	31.9	41.8	42.9
初小	58.5	67.2	68.6
初中	79.1	88.6	87.2
高中	86.8	93.8	92.6
大学本科及以上	97.6	98.9	98.9

在经济状况上，2000年城镇在业女性中，各类负责人占6.1%，比1990年增加了3.2个百分点；各类专业技术人员占22.8%，比1990年增加了5.4个百分点。而对城镇在职女性的统计表明，商业服务业人员的比例为30.8%，比1990年增加了7.1个百分点，且女性在批发零售、社会服务、教育、文化、卫生等领域工作的比例超过男性。

在家庭状况上，2010年，85.2%的女性对自己的家庭地位表示比较满意或很满意；在生产、经营和买房、盖房等事务的决策上，女性参与决策的比例为72.6%和74.4%，分别比2000年前提高了5.7和3.9个百分点；在家庭投资或贷款的决策上，女性参与决策的比例为74.7%，比2000年前提高了14.3个百分点。⑤⑥另外，根据武汉调查点数据分析，学历对于家庭事务的决策具有显著影响，二者呈正相关关系，学历越高的女性在家庭事务中的决定权越大(见表2)。⑦

①⑤ 第二期中国妇女社会地位调查课题组. 第二期中国妇女社会地位抽样调查主要数据报告[J]. 妇女研究论丛，2001(5)：4-12.

② 中国妇女社会地位调查课题组. 中国妇女社会地位概览[R]. 北京：中国妇女出版社，1993.

③⑥ 第三期中国妇女社会地位调查课题组. 第三期中国妇女社会地位调查主要数据报告[J]. 妇女研究论丛，2011，(6)：5-15.

④ 谭琳. 妇女绿皮书・2008—2012年：中国性别平等与妇女发展报告[R]. 北京：中国社会科学文献出版社，2013.

⑦ 闫广芬. 妇女社会工作[M]. 天津：天津大学出版社，2010：260-264.

表 2 学历与女性在家庭事务中的决定权关系(%)

	家庭日常开支的决定			家庭日常事务的决定		
	丈夫	妻子	夫妻共同	丈夫	妻子	夫妻共同
低学历女性	25	40.2	34.8	24.5	35.6	39.9
中等学历女性	12.4	44.8	42.9	19.8	37.6	42.6
高学历女性	7.9	47.4	44.7	2.8	42.9	54.3

三、教育 4.0 与创新驱动:当代女性教育的机遇

中国工程院院士李京文将教育的发展分为四个阶段:第一代教育以书本为核心;第二代教育以教材为核心;第三代教育以辅导和案例方式出现;如今进入第四代教育,才是真正以学生为核心。目前中国教育正在迈向 4.0 时代,这一阶段除了受益于互联网及其发展所带来的一系列教育技术便利,女性教育还面临着来自教育、社会、经济等各方面的机遇,而总体上,这些便利与机遇以创新驱动为特征。

(一)经济社会发展的"新常态"

在 2014 年年底召开的中央经济工作会议中,习近平总书记使用"新常态"一词系统阐述了我国当前经济发展的基本态势。面对我国经济发展新常态,习近平总书记特别强调,要更加注重加强教育和提升人力资本素质,更加注重科技进步和全面创新;李克强总理也指出,没有高素质的人才资源,实现转型升级、全面建成小康社会就缺乏根基。在这里,新型人才培养与人才类别转型成为我国高等教育应对、适应经济新常态的关键性因素。2015 年全国两会,李克强总理在政府工作报告中指出要把"大众创业、万众创新"打造成推动中国经济继续前行的"双引擎"之一。这对教育改革真正突破"应试"藩篱,由只重视同一性、规范性向多样性、创造性转变,由以知识灌输为主向启发创新思维、提高发现解决问题的能力转变,更加重视终身教育和创业教育,深入推进教育改革,提出了前所未有的挑战。

(二)高等教育发展战略的转变

高等教育综合改革是对我国现阶段高等教育改革特征的总概括。我国高等教育改革与发展已由以规模扩张、数量供给为主步入以提高质量和发展水平为主的新阶段,"以量谋大"战略向以"以质图强"战略转变。《2014 年全国教育事业发展统计公报》显示:随着我国高等教育普及化时代的到来,高等教育内涵式发展依然存在较大问题。高等教育在国家创新体系中的地位愈加凸显,高校更需要自觉承担创新使命。党的十八大以来,以习近平同志为核心的党中央提出了"四个全面"的战略布局,做出了加快实施创新驱动

发展战略的重大部署。创新驱动发展成为全社会的高度共识和自觉行动,创新被提高到前所未有的高度。创新驱动本质上是人才驱动。我国高等教育毛入学率已达到37.5%,正处于质量提升、内涵发展的关键期,要想实现由高等教育大国迈向高等教育强国,创新能力的跃升是关键。没有创新就没有高水平大学,就不能建成高等教育强国。

(三)教育技术的进步

互联网是大众创业、万众创新的工具,是数字化时代教育的重要载体和媒介。2015年,李克强总理在政府工作报告中首次提出“互联网+”行动计划。“互联网+”意指“互联网+各个传统行业”,利用信息与通信技术及互联网平台,使互联网与传统行业进行深度融合,创造出新的发展生态。“互联网+”具有跨界融合性、创新驱动性、重塑结构性、尊重生命性、开放生态性、连接一切性六大特征。“互联网+”不会取代传统教育,而且会让传统教育焕发出新的活力,真正实现“以学生为中心”。在这个数字化的浪潮中,慕课、微课、在线教育等新的教育技术或形式不断创新涌现,为女性教育的发展提供了新的技术平台和驱动力。

(四)再工业化机遇

2015年5月19日,热议已久的《中国制造2025》(以下称“规划”)由国务院正式发布,这是我国实施制造强国战略第一个十年的行动纲领。制造业是国民经济的主体,是立国之本、兴国之器、强国之基。新一代信息技术与制造业深度融合,正在引发影响深远的产业变革,形成新的生产方式、产业形态、商业模式和经济增长点。想要走出一条具有中国特色的新型工业化道路,加快新一代信息技术与制造业深度融合,强化工业基础能力,人才是根本。再工业化将引致劳动力市场和教育对象结构的适应性变动。女性如何在这个新的工业革命的发展和产业战略的推进过程中占据主动和高点,将成为数字化时代女性教育需要研究解决的重点课题。

四、传统与现实:当代女性教育面临的挑战

女性教育要走向发展,女性要走向卓越,必须解决高层次教育中女性的比例和地位问题。虽然女性教育及其影响处于积极的上升趋势,但在层次人才的各种比例中,却处于明显的劣势。其深层次的原因在于,女性教育面临着以数字鸿沟、专业隔离、职业隔离、玻璃天花板为代表的诸多挑战,这些因素从负面侵蚀着女性教育的发展成果。

(一)传统消极因素数字化

数字化时代,在以计算机、移动终端、固定终端等为代表的新媒介互联网技术所架

构的数字化教育环境中,不同性别的人和群体能够共享更加丰富的教育信息和资源,但是与此同时,由于数字化媒介作为工具和平台只是提供信息或者对信息进行再加工,影响女性教育的各种传统因素,如女性偏见、刻板成见、女性缺位,甚至性别歧视等,不可避免地会以变种的形式蔓延至新的信息传播空间和渠道中,并借助这种更加高效的数字化信息传播手段产生更大、更广的消极作用,高校师生群体作为与数字媒介接触更密切的"数字原住民"受其影响尤甚。[①] 借助数字化环境的技术优势,一些性别问题的讨论和传播会更加激烈,也更容易直接影响到师生的价值观和思想判断,从而增加了女性教育的难度,传统的教育隔离等教育性别不平等现象将进一步恶化。

(二)数字性别鸿沟

数字鸿沟是指不同社会群体之间在拥有和使用现代信息技术方面存在的差距。按照这个定义,数字性别鸿沟可以定义为一个国家或地区中男性群体和女性群体在拥有和使用现代信息技术方面存在的差距,以及由此造成的信息接收和知识管理差异。在数字化时代,由于在教育等领域充满着以男性为中心的文化,并且女性对信息科技知识掌握的兴趣和能力比男性要低,使得女性在数字化时代处于不利地位。[②] 中国通信学会副秘书长赵梅庄在2012年世界电信和信息社会日大会上指出,数字性别鸿沟的产生源自在互联网等信息与通信基础设施接入、基础设施应用、相关领域的就业机会、公共事务参与这四个方面的不平等。在这四个方面的不平等中,前三个方面主要影响女性的应对能力,最后一方面主要影响女性的信息转化能力。以下数据可以对此进行证实。

在基础设施接入与应用方面,根据中国互联网信息中心发布的报告,截至2015年6月,中国网民男女比例为55.1∶44.9;截至2014年12月,中国青少年网民男女比例为54.5∶45.5,女性网民占比连续十余年低于男性。而来自中关村科技园区管委会的一份调查报告显示,在中关村近4,000家IT企业的17万名员工当中,男性员工占59%,女性员工占41%;高层管理者中,男性占83.3%。

从业方面,根据联合国妇女发展基金会(UNIFEM)统计的IT从业数据,女性在IT相关工程领域中的高层职位只占9%,计算机程序员占28.5%,系统分析师占26.9%,只有在数据录入类别,达到85%的高比重。在亚洲,只有20%的女性程序员,在北美、欧洲和亚洲,很少有女性软件和硬件工程师。在大学和各类技术学校中,女性学习信息与通信技术及其相关专业的人数比重很低,只占15%。

性别数字鸿沟是社会公正问题,涉及男性和女性在数字化进程中能否获得公平发展机会,以及由此导致的女性在受教育与职业发展,进而在收入和社会地位等方面与男性

---

① 纪莉,董薇.论新媒体环境下的高校性别教育:机遇与挑战[J].新闻与传播评论,2014(00):79-85.

② 董泽芳,何青.数字鸿沟与教育不平等[J].高等工程教育研究,2009(4):76-80.

之间存在的差异[①]。因此,要促进发展,彰显社会公平,就必须消除数字性别鸿沟,给女性提供更多的教育与发展机会。

(三)性别隔离与玻璃天花板效应

性别隔离是指在职业、专业等领域或类别的分布中,男性或者女性单一性别长期占据主导或者数量主体的现象。对性别隔离的研究起源于劳动力市场中职业性别分布的研究。Gross Edward(1961)指出,职业性别隔离指在劳动力市场中劳动者由于性别不同而被分配、集中到不同的职业类别,担任不同性质工作的状况。[②] 教育性别隔离则可以定义为某一性别学生在教育体系中高度集中,而另一性别学生在教育体系中高度隔离的状态。[③] 性别隔离将导致男女在职业发展和能力塑造方面的不平等,从而进一步影响女性社会地位的获得,阻碍女性事业和人生的发展,而玻璃天花板效应则是其中的一个重要反映。因为玻璃天花板效应的存在,产生了一种无形的、人为的困难,阻碍某些有资格的人(特别是女性)在组织中上升到一定的职位。在这个过程中,组织中高层的职位或职称对于女性来说,虽然并非遥不可及,却无法接近,这种限制就像玻璃一样透明,可以看得见后面的东西,但是想要摸到它,却存在看不见的障碍。

性别隔离和玻璃天花板效应可以分为水平隔离和垂直隔离,并集中体现在不同性别的教师的专业分布和职称比例,以及学生的教育层次和专业选择上。[④]

1. 在学生性别的水平隔离方面,存在着专业分布的性别不平衡

根据陈仲常等人(2003)和陆根书等人(2009)的研究,学生在专业与学科方面存在性别隔离,男生大多集中于以工程、计算机、理科和军事为代表的学科和专业,而女生则集中于以新闻传播、教育、外语、艺术为代表学科与专业;整体上看,学生专业选择性别隔离程度的 D 指数值为 0.686,也就是说,需要有 68.6%的男生或女生变换专业选择才能消除专业选择间的性别差异,这说明我国高等教育中的专业选择性别隔离现象比较严重。[⑤][⑥]

---

① 董泽芳,何青.数字鸿沟与教育不平等[J].高等工程教育研究,2009,(4):76-80.

② EDWARD G. The sexual structure of occupations over time[J]. Social problems,1968,16(2):198-208.

③ 俞毅.高等教育中性别隔离现象的实证分析:以湖南省普通高校 1991 年至 2008 年毕业生为例[J].黑龙江高教研究,2010(5):26-28.

④ 程晋宽,严甜甜.高等教育学科专业与职业双重性别隔离现象的理论分析[J].现代大学教育,2015(3):1-6,57,112.

⑤ 陆根书,刘珊,钟宇平.高等教育需求及专业选择中的性别差异及其影响因素分析[J].高等教育研究,2009(10):14-29.

⑥ 陈仲常,谢曼,张薇.我国教育机会性别均等与教育结果性别差异分析[J].高等工程教育研究,2003(2):19-22.

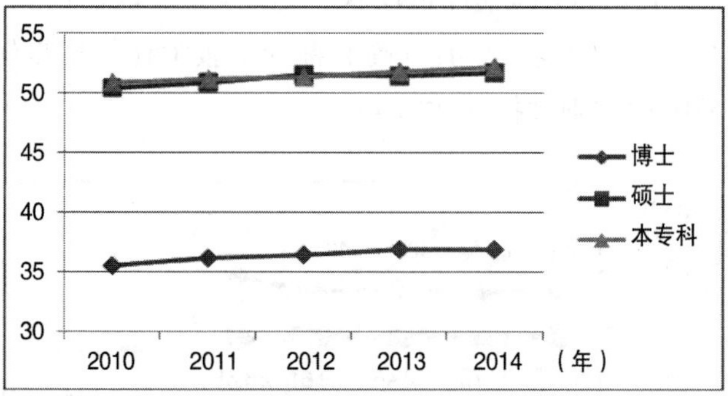

图 4　全国学生性别层次比例

数据来源：《中国教育统计年鉴》

2. 在学生性别的垂直隔离方面，存在着在学历分布的性别不平衡

在专科、本科和硕士层次上，全国女性学生的比例超过男性学生，但在博士层次上，女性学生的比例远低于男性学生。而根据李亚娟对于清华大学的统计，本科、硕士研究生和博士研究生在校女生的比例分别为 28. 09%、26. 69%、20. 91%[①]，呈显著的垂直隔离状态。

3. 在高等教育教师的性别水平隔离方面，男女教师所占的比例呈现学科和专业的差异

女性教师主要集中在人文社会科学领域，而男性教师则更多集中于工科、理科、经济、管理等学科领域，从而形成了所谓的“男性学科”和“女性学科”。[②]

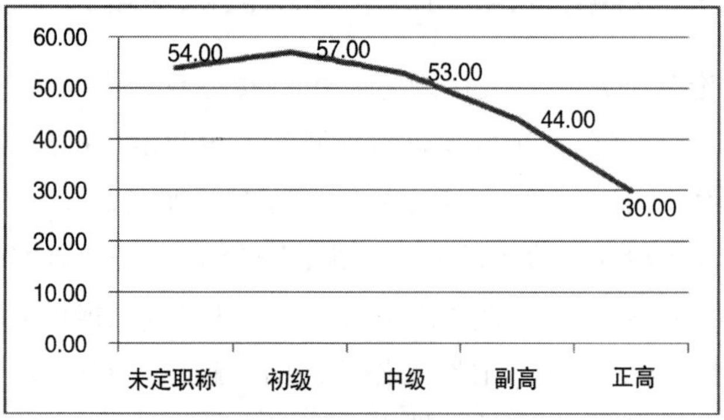

图 5　2014 年全国高校女性教师职称比例

数据来源：《中国教育统计年鉴》

4. 在高等教育教师的性别垂直隔离方面，呈现职称方面的性别隔离

据统计，2014 年的全国高校教师中，女性教师的职称比例按照初级、中级、副高和正高顺序呈递减趋势；而且在正高职称中，女性教师只占 30%（见图 6）。对于天津某 985 高

---

① 李亚娟. 高等教育性别隔离与教育平等权[J]. 理论前沿，2009(19)：42-43.

② 王俊. 论高等教育中学科专业的性别隔离[J]. 高等教育研究，2005(7)：56-60.

校2010—2014年的教师女性职称统计也反映了这一趋势,该校近五年具有正高职称的女教师比例稳步保持在18%左右,具有副高职称的女教师比例稳步保持在38%左右,而具有中级职称的女教师比例则维持在47%左右。

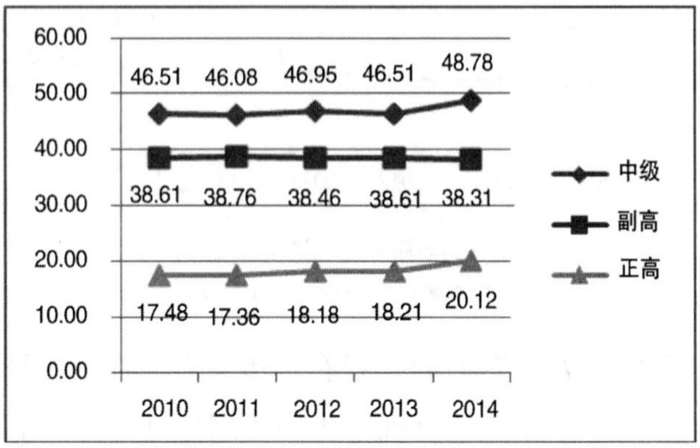

图6 天津某985高校教师职称女性比例

五、走向卓越:数字时代女性教育发展之路

数字化时代,女性的卓越关键在于女性教育的发展。女性教育的发展应从以下几方面展开工作:

(一)扩大女性在组织领导团队和学术团队中的比例

这个对策的理论基础是临界规模理论。在妇女与政治学研究中,Kanter(1977)和Drude(1988)在分析女性在公司领域和政治领域作为少数群体的经验时发现,随着女性数量的上升,其边缘化体验将会改变。①② 后续研究对此加以验证和发展,最终形成了临界规模理论。根据马冬玲和周旅军的研究结果,在政治、经济和研究领域以及体制内外的各类组织中,组织领导团队中的女性比例达到一定的临界值能够有效减少性别歧视现象,这个比例的临界值是30%。③ 因此,女性要走向卓越,必须解决组织领导团队和学术团队中的女性比例问题,只有更多的女性走上高级领导岗位,更多的女性获得高层次学历和学位,更多的女性具有高级职称和技能水平,才能解决女性的卓越问题。

---

① DRUDE D. From a small to a large minority:women in Scandinavian politics[J]. Scandinavian political studies,1988,11(4):275-297.

② KANTER R. M. Some effects of proportions on group life[J]. American journal of sociology,1977,82(5):965-990.

③ 马冬玲,周旅军.女领导的临界规模与组织性别歧视现象:基于第三期中国妇女社会地位调查数据的实证研究[J].社会,2014,34(5):127-146.

（二）建立女性卓越共同体组织，提高女性领导力

女性卓越的实现，除了在个体上需要提升学历、职称和职务外，还要发挥女性卓越群体的示范、引领、号召和推动作用，其中的一个重要渠道就是在各级机关、各个领域建立女性卓越共同体组织，集中所有卓越女性的力量发挥群体影响力，提高女性自身的主体卓越意识，为女性教育和女性卓越的互动发展创造更好的条件与机会。

（三）在政策与保障方面，关注女性创新发展能力

关注女性卓越和女性教育，政策与保障是一个不可回避的课题。政府不但要规定卓越女性在卓越岗位和层次上的比例，还应专门针对女性设立有关的卓越项目或者基金，为女性卓越提供强制性和实质性的支持，提高女性的创新发展能力。

（四）通过数字化进程扩大女性教育机会，为女性卓越创造良好的教育环境

与传统教育技术和教育环境相比，数字化进程为教育提供了多维的可能性，将成为女性教育发展的重要机遇。从空间维度看，数字化进程将教育从校园和教师延伸至校外以及网络的虚拟空间，借助互联网各种终端，在线教育和远程教育使教育可以在现实和虚拟的任何空间发生，为女性教育的发展开辟了更广阔的空间。从时间维度看，数字化进程使得教育内容和时间的科学分解成为可能，课程内容可以被分割成更多更小单位的章节，教学时间也可以得到更加灵活的掌握，为女性教育提供了更加自主的时间机遇。

（五）数字化进程引入性别管理

总体上来说，数字化时代，教育系统和信息系统需要在接入、使用、生产和管理以及管制等方面引入性别视角，以促进女性平等享有数字化红利和在信息与通信领域的平等参与度；在信息与通信项目开发的计划、执行、评估等各个阶段引入女性元素，在设计符合女性需求的技术和内容方面进行努力，从而在数字化进程中逐渐消除性别偏见；在性别敏感的信息与通信政策和管制中引入性别敏感元素或者性别单元，加强数字化时代对女性偏见的纠正力度，为女性教育创造更好的数字化环境。

（六）提高女性决策参与度

联合国与国际电信联盟在世界电信和信息社会日大会上曾经强烈呼吁，各国政府与各利益相关方要创造条件，确保女性对信息和知识的平等接入，同时确保女性作为数字化进程政策制定者和决策者的平等角色。没有女性的充分参与，任何数字化决策和政策的制定都将是不科学和不合理的。

(七)通过国际合作推动女性教育数字化

女性教育的数字化进程应该通过国际电信组织、行业教育机构之间的国际合作共同来推动,为女性教育提供更多的机会,搭建更多的平台,出台和实施更科学合理的决策和政策。

参考文献

[1]闫广芬. 妇女社会工作[M]. 天津:天津大学出版社,2010:260-264.

[2]奈斯比特,阿伯丹. 2000 年大趋势:九十年代的十个新趋向[M]. 北京:中国人民大学出版社,1991:215.

[3]黄晓波. 教育收益率性别差异的实证分析[J]. 经济研究导刊,2009(22):211-212.

[4]世界银行. 1991 年世界发展报告[M]. 北京:中国财政经济出版社,1991.

[5]第二期中国妇女社会地位调查课题组. 第二期中国妇女社会地位抽样调查主要数据报告[J]. 妇女研究论丛,2001(5):4-12.

[6]刘泽云. 女性教育收益率为何高于男性:基于工资性别歧视的分析[J]. 经济科学,2008(2):119-128.

[7]舒尔茨. 论人力资本投资[M]. 北京:商务印书馆,1990:152-156.

[8]全国妇联妇女研究所课题组. 中国妇女社会地位概观[M]. 北京:中国妇女出版社,2006:150-151.

[9]中国妇女社会地位调查课题组. 中国妇女社会地位概览[M]. 北京:中国妇女出版社,1993.

[10]第三期中国妇女社会地位调查课题组. 第三期中国妇女社会地位调查主要数据报告[J]. 妇女研究论丛,2011,(6):5-15.

[11]谭琳. 妇女绿皮书·2008-2012 年:中国性别平等与妇女发展报告[R]. 北京:中国社会科学文献出版社,2013.

[12]纪莉,董薇. 论新媒体环境下的高校性别教育:机遇与挑战[J]. 新闻与传播评论,2014(00):79-85.

[13]董泽芳,何青. 数字鸿沟与教育不平等[J]. 高等工程教育研究,2009(4):76-80.

[14] EDWARD G. The sexual structure of occupations over time[J]. Social problems, 1968, 16(2):198-208.

[15]俞毅. 高等教育中性别隔离现象的实证分析:以湖南省普通高校 1991 年至 2008 年毕业生为例[J]. 黑龙江高教研究,2010(5):26-28.

[16]程晋宽,严甜甜. 高等教育学科专业与职业双重性别隔离现象的理论分析[J]. 现代大学教育,2015(3):1-6,57,112.

[17]陆根书,刘珊,钟宇平. 高等教育需求及专业选择中的性别差异及其影响因素分析[J]. 高等教育研究,2009(10):14-29.

[18]陈仲常,谢曼,张薇. 我国教育机会性别均等与教育结果性别差异分析[J]. 高等工程教育研究,2003(2):19-22.

[19]李亚娟.高等教育性别隔离与教育平等权[J].理论前沿,2009(19):42-43.

[20]王俊.论高等教育中学科专业的性别隔离[J].高等教育研究,2005(7):56-60.

[21]DRUDE D. From a small to a large minority:women in Scandinavian politics[J]. Scandinavian political studies,1988,11(4):275-297.

[22]KANTER R M. Some effects of proportions on group life[J]. American journal of sociology,1977,82(5):965-990.

[23]马冬玲,周旅军.女领导的临界规模与组织性别歧视现象:基于第三期中国妇女社会地位调查数据的实证研究[J].社会,2014,34(5):127-146.

(闫广芬,天津大学教育学院院长)

数字时代大学女校长领导力面临的机遇与挑战

◈ 李锦云

大学女校长是一个特殊群体,正在经历着数字时代的考验。一方面,数字时代提升了高等教育的地位,改变了女性在社会结构中的不平等地位,社会生活出现了某些与女性性格特征相契合或使女性更容易发挥领导作用的变化,这些无疑都是数字时代给予女性领导的馈赠。而另一方面,女性领导身上所表现出来的某些弱点,如对整体局面的把控能力较差、在决策中容易受情感因素影响等,也都在数字时代被放大了。女性领导力的提升成为一个时代课题。

一、数字时代的特征及其对高等教育的影响

人类进入了一个奇妙的时代,以往以农耕或工业化为基础建立起来的知识体系、生产体系、流通体系、消费体系,以及与此相关的伦理体系等,都在被一一解构,一个人们难以预料的新体系正在迅速发展形成。这个时代被称为数字时代。所谓数字时代,其实就是电子信息时代,因为电子信息的所有机器语言都是用数字代表的。这个时代,只用了几十年的时间,就把我们从农耕和工业化时代推到了天天面对计算机、互联网、大数据、云计算、移动通信、融媒体的奇妙世界。与之相适应,世界出现了"知识或信息大爆炸"现象。这些现象迅速介入人类生活,人们的生产方式、生活方式、交往方式、思维方式都被扭转。社会生活的方方面面都被重新安排。

我们以大数据和云计算为例。"大数据"的概念被提出之后,短短几年就风靡全球。从字面上看,大数据无非就是数字时代使人类积累的知识或信息(以字节为计算单位)迅速膨胀为海量量级。但是,从技术标准的认定来看,大数据就复杂了,它至少具有五个方面的特征(5V):(1)数量大(Volume),数据的量级已由 KB、GB 发展到 PB、EB、ZB、YB;(2)多样化(Variable),数据以纸媒、音频、视频、软件、专利以及脑电波等形式存在;(3)高速化(Velocity),人们使用的数据,从 KB、MB 发展到 PB、ZB,只用了几年时间,其速度

之快令人难以想象;(4)价值性(Value),从总体上说,数据对决策非常重要,数据的掌握和使用情况决定着成败,数据都有价值,但对每一个特定的决策者或对某一项特定的决策而言,绝大多数数据都只是“垃圾”,没有价值,其所需要的“珍品”极少,被掩埋在海量的“垃圾”之中,价值却极大;(5)真实性(Veracity),数据的生产者是世界上每一个宏观或微观事物,而每一个使用计算机、网络、移动通信、多媒体的人,都是这些数据的采集者、编辑者、使用者、传播者、经营者。这样数据中所描述的事件,多数未曾“眼见”,或者“眼见并不为实”,信息被严重“灌水”,虚假信息充斥市面。

云计算,就是分布式处理、并行处理和网格计算的综合发展。我们向服务商提出的任何一项服务,都由大量的分布式计算机提供,已经不局限于本地计算机或特定的远程服务器。或者说,我们每一个用户都与因特网实现无缝连接,直接向“云”端提出服务申请,剩下的事都由“云”端完成,我们则可直接从服务商那里得到所需的服务或数据。云计算所包含的思想是,把力量联合起来,为其中的每一位成员服务。

由大数据和云计算可以看出,数字时代对整个社会生活的影响是巨大的、深刻的、无所不在的。它对高等教育的影响更是多方面的。

首先是高等教育的地位得到了提高。早在 1970 年,美国明尼苏达州立大学菲利普·蒂奇纳(Phillip Tichenor)等人就提出了“知识鸿沟”(Knowledge Gap)理论,认为新闻媒介总是系统性地向某些人群传递信息,具有更高社会地位和经济地位的人又总是比其他人获得更多更好的信息。显然,人们对知识和信息的拥有量与他们对财富的拥有量及社会地位呈正相关关系;知识鸿沟会变为财富鸿沟、社会地位鸿沟。数字时代的到来,在社会保障体系不完备的国家,将使鸿沟加宽、加深。而接受高等教育,是填埋鸿沟的有效方法。在发展中国家,青年人把上大学看作走出农村、获取财富、改变自己或家族地位的捷径。中国社会对高等教育的过强需求,给高等教育的发展带来一定的压力,迫使大学扩容、国家提高大学的普及率等。而且,这种改变与国家把文化产业上升到国家战略层面的重要决策相契合,大学在国家和社会生活中的地位明显提高了。

其次从大学内部看,在数字时代,一键可以浏览全球数据,一键可以向世界发出任何请求,一键可以随时听取任何学校的网课、慕课,一键可以把自己的创作(或思想、创意、作品、作业等)发送至有网络的任何角落。这样,数字时代就对传统的大学教育提出了挑战。大学生怎样学习,教师怎样教学,管理者怎样管理,以及教育理念、发展战略、教学模式、教育质量评估等,都需要作出改变,以适应数字时代。

在这场具有革命性的变革中,大学领导者的责任重大。如果他们作为个体不能适应时代变化,不能充满前瞻性地领导学校在变革中占领高地,那么他们的学校将被社会淘汰;如果他们作为一个国家的群体不能适应这一变化,那么这个国家的大学将不利于这个国家的发展。

二、数字时代给大学女校长带来的“红利”

(一)数字时代为女性成为领导者创造了更多的机会

数字时代的到来改变了大学中的性别比例关系。从农耕时代到工业化时代,无论是战争,还是生产、生活,个人体力的作用占有明显的优势。到了后工业化时期或数字时代,产业结构急剧“轻化”,体力优势转变为智力优势,使大学中的女性比例迅速上升。1980 年中国普通高校中女生只占 23. 4%;2007 年女生比重首次超过男生,达到 52. 9%,这一比例保持至今;2014 年成人高校中的女生高达 56. 11%。一流大学、理工科、高学历过去一直是男性占统治地位,现在情况也发生了很大变化。在一些 985 高校,女生入学的比例已超过男生;拿奖学金、尖子生、直接升为研究生的“跷跷板”正在向女生倾斜;硕士、博士教育阶段,如今也是“巾帼不让须眉”。女性优秀智力在大学教师中也表现不错。女教师的比例,1997 年为 35. 1%,2014 年达到 48. 1%,其中,高职院校、民办大学、成人高等学校中的女教师比重都超过了 50%。① 大学中性别比例的变化,为大学女校长的成长奠定了坚实的基础,促进了女性领导力的提升。

(二)数字化降低了管理中“力”的作用,提高了“柔”的地位

一项研究表明,两性领导力风格具有一定的差异。男性偏重于“任务导向型”风格,只要结果,不管条件与过程,强权、专横。这在“流水线”大生产时代效率较高,但往往难以凝心聚力,人们满足于应付。女性则偏重于“人际关系导向型”风格,强调人际关系的和谐,强调民主、分权,强调人人参与。通过大规模定量研究,92%的对比分析都显示女性倾向于采取民主和参与型领导力风格。② 女性领导的这一性格特征恰恰契合了数字时代到来的变化。在数字时代,工作任务往往呈分散化、模块化、个性化、弹性化。在这种情况下,工作者个人的素质、工作热情、敬业精神、创造性以及同事间的协调合作等因素的作用明显增强。尤其是大学历来就不是以“力”(包括体力、权力等)服人的地方,而是一个讲“理”的地方,“理”包括学术理论、决策理智、情感理性、人与人之间的伦理等。所以大学领导的亲和力、民主性、决策力等就显得尤为重要。这些要求正好契合了女校长的领导风格。

(三)数字时代有利于发挥女性领导“天然教育家”的优势

笔者在上届论坛中提出了一个观念:母亲是天然的教育家。任何一位理智的母亲对

---

① 参见中华人民共和国教育部官网,https://www. moe. gov. cn.

② 蒋莱,女性领导力研究综述[J]. 中华女子学院学报,2011,23(2):66-72.

子女的期望，都是他们健康成长、快乐生活、终生幸福，换句话说，就是实现他们自己的人生理想和价值。在不可兼得的情况下，如果一定要在快乐、幸福和金钱之间作出选择，母亲会教育子女取其前者、舍弃后者。可以说，母亲是孩子人生中的第一位导师。尽管家庭没有课堂，没有教材，没有作业，教育却无所不在。一切都在言传身教中。如今数字时代把教育推向了类似的境地。以往教育的强制型要转化为自主型，灌输型要转化为引导型，统一性要转化为个性化，师动型要转化为互动型，接受型要转化为创新型，制式化要转化为弹性化，等等。这些变化让教育越来越回归其本质，回归其原初，越来越像母亲对子女的教育方式。

三、数字时代对女性领导力提出的挑战

（一）决策难度增加

根据现代决策理论，管理就是决策。决策贯穿于管理的各个方面和整个过程。所以领导力的关键是决策力，决策水平的高低决定着领导力的强弱。决策过程的第一个阶段就是收集情报信息，要把外部环境的各种信息以及内部的各类信息全部搞清楚，这是决策的前提和基础。现在的问题是，数字时代的信息量特别巨大，结构复杂，且变化速度极快，想要获得真实评价极为困难。单位内部，不稳定性、不确定性、不可预测性等潜在风险因素也在持续增长。所以，信息丰富在为决策者带来诸多便利的同时，也增加了决策的难度。

（二）统筹力弱点被放大

有研究表明，女性领导在性别、生理、家庭分工、社会习惯、思维方式、个人经历等方面，与男性相比，长于调查研究、知人善任、指导基层等，但短于开拓创新、预测决策、社会活动、应变能力。① 而数字时代所带来的社会环境的变化，恰恰放大了女性领导在这些方面的弱势，使她们有雪上加霜之感。因为数字时代不但提升了预测和决策的难度，而且加大了开拓创新的力度、扩大了社会交往的深度，进而大幅提升了对应变能力的要求。这些都对女校长的领导力提出了挑战。

（三）无处不在的“情感误区”

女性领导无论在决策中还是在日常工作中，都表现出超越男性领导的感性，她们通常比较亲民、容易沟通、体贴下属、同情弱者、乐施以爱、较为民主，等等。这是女性的特

① 蒋莱，女性领导力研究综述[J]. 中华女子学院学报，2011，23(2)：66-72.

点，也是她们的优势。但是在数字时代，由于信息的真伪难以准确评估，女性领导的这些优势反而容易使她们深陷“情感误区”，对她们作出正确决策提出了一定的挑战。

四、提高女性领导力的几点思考

（一）加强自身学习

数字时代科学技术的迅猛发展、知识总量的快速膨胀和信息形式的瞬时变化，令人们感到眼花缭乱、应接不暇。在这个时代没有了永久的先生，每个人却都成了永久的学生。学习成了人们的生存常态。不管学历和职务有多高，以往的成果或经验有多丰富，只要停留片刻，就会落伍。决策不能再依靠职务、靠权力、靠学历、靠经验，而取决于理性和定力。理性和定力来自对新知识的充分掌握、对有用信息的精确捕捉和对未来趋势的准确研判，总体来说是靠学习。有人说，数字社会就是学习型社会。大学作为社会文化的继承和传播者，作为社会文化生产基地，必须成为整个社会的学习典范。从这个角度可以认为，在数字时代，领导力首先表现为领导者个人的学习力。学习是女校长的首要任务。

（二）提高媒介素养

媒介素养是指当人们面对不同媒体的各种信息时所表现出来的对信息的选择能力、质疑能力、理解能力、评估能力、创造和生产能力以及思辨的反应能力等。也可以说，媒介素养是指正确地、建设性地享用大众传播资源的能力，能够充分利用媒介资源完善自我、参与社会进步的能力。这种能力主要包括利用媒介资源的动机，使用媒介资源的方式、方法与态度，利用媒介资源的有效程度以及对传媒的批判能力等。大学领导者和公众一样，无时无刻不在接收着来自各类媒体的各种信息资源。这些信息资源对领导决策、对实现学校的战略目标、对指导每一项工作、对提高个人修养都是不可或缺的。但是，信息的海量性、碎片性、速变性、真伪性等，都需要质疑、需要选择、需要“淘金”、需要批判性地接受、需要创造性地使用。所以无论对学习还是决策而言，都是一场关于媒介素养的比赛。由此可见提高媒介素养对大学女校长的重要性。

（三）增强战略意识

大学校长不一定是资深的学问家，但必须是战略家，能站在战略高度把握学校的发展方向；不一定是英雄，但必须是一个有实力的统帅，能把领导班子和全体员工动员起来共同完成任务。大学的发展必须走出靠个人经验、靠个人好恶、靠个人感情、靠个人能力的误区，迈向靠文化底蕴、靠集体智慧、靠“中道理性”，也就是靠哲学思维来建立统筹发展战略的时代。

（四）推进教育创新

几百年来，世界学术中心为什么发生了从意大利先后向英国、法国、德国、美国的转移？根本原因在教育创新。什么是教育创新？教育创新可以理解为，顺应时代发展，在教育理念、办学形式、培养目标、教学模式、管理体制、运行机制、质量标准、资源利用等方面，超越传统，与众不同，并且得到了社会认可的改革成果。创新是发展的动力，同时也是发展的活力。

在数字时代，对于一所大学来说，能不能打破常规、坚持创新，决定了它未来的发展。一方面，大学的主要任务是文化的传承和知识的传播，生产规范、遵守规范是大学的职责；而另一方面，如果只讲规范、不讲创新，大学就会成为守旧思想或保守势力的阵地，大学就会变得死气沉沉、毫无生机。在遵守基本规范、延续传统、保持稳定的前提下，图变求新，接受新知识、创造新知识，大学才有能力站在社会文化之巅、世界学术之巅。创新是大学的幸运，也是大学走向未来、走向一流的条件。①

参考文献

[1]杨善林，周开乐. 大数据中的管理问题：基于大数据的资源观[J]. 管理科学学报，2015，18(5)：1-8.

[2]蒋园园. 大学校长战略型教育领导力：基于诠释学视角的分析[J]. 国家教育行政学院学报，2015(6)：39-42.

[3]孙杰远. "云时代"的文化范式与教育变革[J]. 国家教育行政学院学报，2014(11)：37-41.

[4]陈芳烈. 数字时代[M]. 北京：科学普及出版社，2009.

（李锦云，河北传媒学院校长）

① 武鹏，李异平. "网络水军"的传播乱象[J]. 新闻爱好者，2011(17)：98-99.

机遇、挑战与应对

——数字时代民办高校女校长的领导力

◇ 杨雪梅

进入21世纪,随着计算机技术、信息技术和互联网技术在世界范围内的快速发展,人类社会进入数字时代。有学者提出“数字时代其实就是电子信息时代的代名词”①。美国的“面向21世纪能力合作”委员会,通过对美国的教育者与商业领导人进行长期、大量的调查研究得出21世纪所需要的核心知识与能力谱系,他们认为数字时代应当具备学习与革新能力,信息、媒体与技术能力,生活与职业能力。② 因此,作为民办高校女校长,我们应当清醒地认识到数字时代给民办高等教育和高校领导工作带来的深刻变革,以及由此产生的机遇与挑战,不断提升自身的领导力,构建合理的能力结构,带领和引导学校进行全面深化改革,实现新的跨越式发展。

一、数字时代为民办高校改革发展带来新的机遇和挑战

数字时代不断改变着人们的生产和生活方式,新媒体、大数据、物联网技术等被广泛应用于课堂教学,科技变革催生了诸如慕课、微课、翻转课堂、创客教育、协作学习等新的教育方式和学习方式,给民办高等教育带来深刻的影响和变革。这些新兴的科学技术、教学方式和教育理念,在促进民办高等教育发展的同时,也给大学教育改革和领导工作带来很大的挑战。

---

① 毕强.数字时代信息服务的变革与创新[J].图书馆学研究,2009(9):54.

② 薛庆文.数字时代的知识和能力需求与教师教育变革探究:基于美国“面向21世纪能力合作”组织报告的研究[J].黑龙江高教研究,2012,30(6):53.

(一)数字时代为民办高校改革发展带来新机遇

1. 数字时代为民办高校合作交流奠定了基础

进入数字时代,各国科学技术和经济发展步入快车道,市场竞争日趋激烈,转变发展方式、优化产业结构成为各国增强产业和国家竞争力的重要手段,民办高等教育也迎来了黄金发展期。我国民办高校承担着为地方经济社会发展培养技术技能及创新创业人才的重任。加快应用技术型大学建设,深化产教融合、校企合作,密切大学与政府、行业企业、社会的联系,深化国际交流合作,是民办高等教育全面深化改革的必由之路,同时也是世界高等教育发展的共同趋势。而新兴技术正在加速提升民办高等教育服务社会发展的能力。随着信息技术、互联网技术等科技的发展,世界变成了"地球村",政府、学校、企业、社会被紧密连接在一起,教学者、科研者、创业者、学习者可以突破时空的限制随时进行互动交流,可以说,数字时代不仅促进了民办高等教育与信息化的融合发展,全面激发了民办高校的活力,也为校企合作、校校合作、校地合作等多种形式的合作交流疏通了信息渠道。

因此,民办高校必须以开放的姿态迎接教育全球化的挑战。在教育信息化建设方面,美国领先于世界其他国家,而新加坡、韩国、日本又领跑亚洲其他国家。从20世纪90年代开始,这些国家都陆续全面展开了国家的信息化发展战略,并逐年加大资金投入力度,大力建设硬件环境,如购置计算机硬件、架设网络等。同时,为了保障国家教育信息化建设的顺利和快速发展,各个国家都不断出台和更新相应的政策文件,甚至是法规,在最近16年里,美国联邦教育部更是先后4次颁布了国家教育技术规划,用以指导国家未来教育信息化的发展。此外,各国还加紧进行全面的信息技术知识和技能的普及工作,在经费上优先支持针对教师的信息技术技能培训和考核工作,美国有些州的教师要求每五年内要有30—50个小时的教育技术培训。国外教育信息化的经验与做法为推进我国民办高校的教育信息化发展提供了可供借鉴的经验。

2. 大数据正推动民办高校向个性化方向发展

过去,民办高校的教育教学倾向于模仿、追随公办高校的模式,教学是单向化的、灌输式的、被动性的。这种教育模式没有完全激发民办高校体制机制及教育教学的灵活性,未能充分考量和挖掘民办高校教师、学生的特点及优势,制约着民办高校教师和学生创新精神、创业意识和创新创业能力的发挥。目前,云技术、物联网和基于二者的大数据技术正助推民办高校掀起新的教育改革。未来,民办高等教育在这些新兴技术的推动下将变得越来越灵活、越来越个性化。近年来,随着网络在线教育、大规模开放式网络课程的出现,教育领域中的大数据获得了广阔的应用空间。教育信息化的发展给民办高校的教育教学提供了便利,提升了学校的教学水平与教育质量。数字化让信息能够无障碍互通,学生可以轻松获取世界各国各大名校名师的授课视频,从而实现知识共享,促进了教育公平。所以,数字化教育无论对教育者还是受教育者来说都是莫大的福音,是人类文明进步的又一标志,同时它也将是教育领域的革命性的跨越。

此外,大数据在教学、科研及管理等方面所引发的创新也会激发民办高等教育的竞争优势。比如,结构化的数据、量化的决策方法以及经过筛选的高密度的数据质量,将帮助民办高校的管理者和教学者更科学地考量学生的培养目标,根据学生的志向、兴趣和特长,为不同发展方向和类型的学生制定个性化的培养方案,设计课程的内容体系,动态调整教学内容及节奏,为受教育者量身打造高质量的学习模式。

3.“互联网+”为民办高校分享全球优质高等教育资源提供了便利条件

受国家政策、办学经费及成本、社会保障等方面的限制,高水平师资队伍及课程资源一直都是制约民办高校持续健康发展的瓶颈。而“互联网+”正推动高等教育从封闭走向开放,推动实现“没有围墙的大学”。在2015年全国两会上,“互联网+”被纳入国家发展战略,互联网以前所未有的速度席卷各个行业和领域。2015年7月,国务院印发《关于积极推进“互联网+”行动的指导意见》,提出加快推动高等教育服务模式变革。鼓励学校利用数字教育资源及教育服务平台,逐步探索网络化教育新模式;鼓励学校通过与互联网企业合作等方式,对接线上线下教育资源。高等教育资源正在经历着前所未有的内容开放、平台开放、校园开放时代。在开放的大环境下,“互联网+”依托云计算、大数据、社交网络和移动应用等技术,凭借网络化、公开性、大规模的优势,将这些资源有效连接在一起,全球性的知识库、师资库、课程库等正在加速形成,资源获取的效率大幅提高、获取成本大幅降低,这些都为民办高校丰富和充实优质高等教育资源创造了难得的机遇。

(二)数字时代给民办高校改革发展带来新挑战

1.数字时代知识和技能的更新周期缩短要求民办高校加快改革步伐

现代社会,科技发展日新月异,知识的更新越来越快,新知识、新技能、新技术以前所未有的速度和规模不断涌现。联合国教科文组织曾经做过一项调查研究,结论是:信息与通信技术加快了人类知识更新的速度。18世纪,知识的更新周期为80—90年;19世纪到20世纪初,知识的更新周期缩短至30年;20世纪60—70年代,一般学科的知识更新周期为5—10年;到了20世纪80—90年代,许多学科的知识更新周期缩短为5年;进入21世纪,许多学科的知识更新周期已缩短至2—3年。[①] 知识和技术加速更新,民办高校只有不断改革创新才能跟上时代发展的步伐。未来的民办高校需要有更多的实验室、更多的交往、更多的互动、更个性化的服务和更加灵活的学制。那么,传统的民办高校势

---

① 张军,许庆瑞.企业知识积累与创新能力演化间动态关系研究:基于系统动力学仿真方法[J].科学学与科学技术管理,2015,36(1):132.

必会受到教育数字化的冲击:学校开设的一些令学生无兴趣、无特色的课程将无人选修;那些讲课水平较差、不够有吸引力的教师将没有学生选择上他的课;学校间可以共享虚拟实验(试验)设备、环境和材料,从而节省了办学成本,对应的学费势必会降低;学生可以自由选择共享平台中的学习资源,知识考核标准的统一及成绩认定问题要提上议事日程;最严峻的是民办高校生源问题,既然学生都是在公共平台中学习知识,那么报考任意一所学校都一样,选择名校的人数势必增多,民办高校的招生自然受影响,因此,名校怎么管理、民办高校怎么生存都将是学校所面临的严峻问题;教师、教学辅助人员、学校的各类管理人员都有可能出现富余,这些人员的分流问题;高校自己的数字化教育资源的建设以及平台搭建问题,等等。在数字时代,民办高校更需要提高自身对新知识、新技能和新技术的敏锐性,适应新需求、新变化和新形势,主动迎接挑战才能更好地发展。

2. 大数据倒促进民办高校走特色发展和质量提升之路

大数据已经成为各类机构和组织、各个层面重要的战略资源。2015 年国务院印发《促进大数据发展行动纲要》,明确了未来 5 至 10 年我国大数据发展和应用目标,描绘出了实现"数据强国"的清晰的路线图。大数据成为国家重要的基础性战略资源,正引领新一轮科技创新。大数据具有 4V 特点,即 Volume(大量)、Velocity(高速)、Variety(多样)、Value(价值),将对经济转型升级、高等教育发展乃至人们的思维观念产生巨大的影响,推动各国高等教育向着质量提升、内涵发展的道路勇往前行。在大数据战略下,民办高校与政府、社会关系的新型格局正在形成,每所大学都有出彩的机会,关键是要利用大数据,推动新一代信息技术与高等教育的深度耦合,通过大数据创建教育教学质量分析系统,让大数据成为推动学校转型发展的新动力,有效提升学校的竞争力。

3. "互联网+"要求民办高校改变传统的教育方式

越来越多的行业正被数字创新的规则改变着面貌。互联网使高等教育信息化呈现出新趋势,特别是慕课在世界范围内加速扩张,仅 2012 年,慕课就拥有了百万级的用户,哈佛大学、斯坦福大学、麻省理工学院等世界名校纷纷加入慕课运动,印度、印度尼西亚、欧盟、拉美等国家和地区都陆续启动了慕课计划。互联网经济发展和产业变革对民办高校应用型人才培养提出了新的要求,冲击着民办高校的专业建设、课堂教学及学生学习。包括民办高校在内的任何一个组织,如果还没有采用数字化的技术手段去改造,那么它将无法在未来的竞争中生存。

二、数字时代对民办高校女校长领导力提出新的要求

数字时代给民办高校带来了新的机遇和挑战,也对民办高校的领导者提出了更高的要求。作为民办高校女校长,在数字时代推动学校事业持续健康发展,其自身领导力的

培养和提升十分关键。

(一)数字时代要求民办高校女校长必须具备良好的信息素质

民办高校在领导体制、运行机制、领导方式等方面都与公办高校有着很大的差别,其领导者更需要具备良好的信息素质来支撑民办高校的发展。当前我国创新驱动发展战略深入推进,给高校改革带来前所未有的机遇和挑战。我国自20世纪80年代中期开始推进教育信息化建设。2009年,教育部印发《中等职业教育改革创新行动计划(2010—2012年)》,强调建设中国职业教育数字化信息资源公共服务体系和中等职业教育网络学习平台。《国家中长期教育改革和发展规划纲要(2010-2020年)》中更加全面和具体地提出建设教育信息化的内容,包括现代远程教育建设、数字化资源基地建设、数字图书馆和虚拟实验室建设以及国家级和省级教育基础信息库的建成,等等。2012年发布的《教育信息化十年发展规划(2011-2020年)》中提到,用十年左右的时间初步建成具有中国特色的教育信息化体系,使我国教育信息化整体上接近国际先进水平,推进教育事业的科学发展。新一轮高等教育信息化浪潮已经不可阻挡地来到了我们的面前。民办高校的优势在于其灵活性,能够适应新形势发展需要快速作出反应,可以在短时间内集中力量办大事。民办高校女校长必须树立敏锐的数据和信息意识,对信息进行有效管理、有效控制、有效使用,积极推动现代信息技术与学校的全面深度融合,利用信息和新兴技术提高对学校的领导和管理水平,以信息化引领学校教育模式的创新。

(二)数字时代要求民办高校女校长必须善于运用大数据进行决策

分析和明确区域行业企业发展的人才需求以及受教育者的需求是民办高校走差异化、特色化、内涵式发展道路的关键。最早提出"大数据时代已经到来"的麦肯锡公司认为,人们对于海量数据的运用将预示着新一波生产率增长浪潮的到来。数据既是资源也是工具。大数据的意义和价值并不在于数据的"大",而在于"用",即对大数据的整合、分析和应用,为科学决策提供准确有力的支撑。在高等教育中,数据已成为改进教育教学质量的最为显著的指标,不仅包括考试成绩数据,还涉及入学率、出勤率、就业率等一系列与高校发展密切相关的数据。在大数据时代,民办高校要想办出特色、办出水平,就需要运用大数据来提高决策水平,针对学校面临的机遇和挑战、优势与不足,建立数据驱动决策机制,科学制定学校的发展目标。

(三)数字时代要求民办高校女校长抓住"互联网+"机遇推进改革

"互联网+"时代来临,思维转变是前提。民办高校发展靠实力,也要靠政策,要把握机遇,创新发展。国务院《关于积极推进"互联网+"行动的指导意见》提出"互联网+"的

11 项重点行动，其中第一项就是“互联网+”创新创业。自从 2015 年《政府工作报告》中首次提出“互联网+”行动以来，各个行业纷纷向“互联网+”靠拢，寻求新的发展机遇。“互联网+”也为民办高等教育改革发展和创新创业带来“新风口”。大学要充分发挥区域经济社会发展的“智囊团”及科技创新的“发动机”的作用，更好承担起培养创新创业人才与提供科学技术支撑的功能。大学的领导者要具备敢闯敢创的创新创业精神，把深化创新创业教育改革作为学校综合改革的突破口，构建良好的创新创业生态。民办高校女校长更需要认清“互联网+”新形势，抓住“互联网+”带来的机遇，在新一轮的高等教育改革和大众创新创业热潮中抢占制高点。

三、数字时代民办高校女校长领导力的提升

数字时代，知识经济和科学技术的迅猛发展，信息传播速度的越来越快，都在呼唤领导力的提升。这就要求女性领导者主动把握国家方针政策，开阔视野，锐意创新，不断丰富自己的知识和能力结构，以卓越领导者的标准要求自己，在领导知识、思维、方法上不断提升，不断实现新的发展，推动事业走向成功。领导力的提升是一项长期而系统的工程，要重点把握以下几方面的能力：

（一）清醒敏锐的判断力和决策能力

国内外对教育信息化的重视和政策支持，以及当今我国高等教育信息化发展的必要性，给民办高校的灵活转型发展、特色办学和人才培养模式的变革提供了重要的机遇。作为大学女校长要善于抓住数字化和信息化机遇，改善决策，推进改革。全面、准确、可靠的信息是实现最优决策的关键。虽然数字化技术和信息革命使社会信息高度膨胀，但其中不乏模糊、错误、虚假、失真的信息。身为大学女校长，必须有自己独特的思维模式和领导理念，对变化的形势和复杂的问题有独到的见解和判断。尤其是在大数据时代，大学女校长要加强掌控全局、把握未来的意识和能力，建立科学有效的预测系统和数据分析处理机制，能够跳出已有的知识和经验框架，对经济社会形势、学校发展、关键要素与重点任务形成长远的预期，进而能够对环境变化与学校发展方向做出富有远见的判断，科学制定一个能够引起共鸣并有望实现的组织目标和发展愿景。

黄河科技学院顺应大数据时代的发展要求，紧跟国家教育信息化建设发展步伐，积极推进学校各项改革。学校自 1999 年开始建立校园网络基础设施，校园网除了有教育网出口外，还有中国电信、中国联通、中国移动（2 条）4 个出口链路，总带宽达到 3，200 兆。此外，学校建设了数字化校园平台、校园一卡通、OA 办公，这些平台在教务管理、资产管理、财务管理、档案管理、数字图书、精品课程、后勤服务等方面都得到了广泛的应

用。校园信息化建设取得了优异的成绩:2002 年,学校校园网以优异成绩通过河南省教育厅教育信息化检查评估;2005 年,学校被河南省教育厅评为“河南省高等学校数字化校园示范工程”单位。学校曾先后被授予“河南省高等学校数字化校园示范学校”“河南省高等学校优秀门户网站”“河南省教育科研计算机网建设工作先进单位”“河南省高等学校十佳网站”等多个荣誉称号。

黄河科技学院积极发挥教育信息化技术的优势,将信息化技术融入学校管理、教学、科研、品牌建设等各个方面,加快数字化校园、智慧校园建设进程,实现无线校园网络全面覆盖;建立校内数据信息共享机制,为互动办公、移动教学应用、网络课程、精品课程、慕课、微课程建设提供支撑平台,实现校园建设与信息化技术的融合。为加快推进教学信息化建设,增加优质教育课程资源,丰富通识教育课程体系,学校试用卓越智慧树(即东西部课程联盟)共享课程作为公选课“通识教育网络学习平台课”。基于网络视频的混合教学和在线教学所形成的优质课程市场化共享机制,我们实现了优质教学资源的广泛共享。

此外,黄河科技学院还积极联合知名企业,以信息技术支撑产教结合、工学结合、校企合作、顶岗实习。学校成为与中国惠普共建专业的高校之一,中国惠普将投资 1,000 万元(含硬件设备和软件)在学校建立惠普实验室,并投入师资、课程体系、教学设备等教学硬件及软件,与学校联合培养符合经济社会发展需求的高素质软件测试及软件开发人才。2015 年,学校的 82 名学生通过考核进入惠普公司实习。无锡国家物联网中心(无锡泛太科技有限公司)投入 150 万元,与学校共建“物联网科研与教学中心”。华为公司全力参与教育信息化建设,与学校共建华为网络学院,推动教育与创新,助力 ICT 产业链,促进学校通信工程专业的转型发展。华为公司将从人才标准、教育资源、运营管理、协作同盟四个方面协助学校建设完整的院校 ICT 人才培养体系,与学校合力培养高品质的优秀人才。

为保障学校各项政策的顺利落实,黄河科技学院重新修订了章程,完善了内部治理结构,明确提出构建教育集团和科技集团两个集团体系,实现真正意义上的产教深度融合、产学研用一体化;进一步明确了董事会、校长、专业指导委员会的权力和职责;建立了以学术委员会为核心的学术管理体系,完善了二级院系学术管理体系,明确了专家、教授在学科建设、教学科研等学术事务中的主导作用,推动了“学术权力”和“行政权力”相对分离,完善了双代会制度,充分发挥教职工对学校的民主管理与监督作用。

(二)敢为人先的创新创业能力

大数据既是一门技术,又是一种商业模式。大数据风暴正在冲击着我们的思维方式,并开启了一次重大的时代转型。为贯彻落实河南省创新驱动战略部署,实施郑州市开放创新双驱动发展战略，营造科技企业孵化、科技成果转化、科技人才创新创业和生活服务的综合环境，黄河科技学院着力打造综合公共服务平台、专业技术支撑平台、科技金融服务平台、创新创业教育平台、合作交流五大平台，创建众创空间、科技企业孵化器、加速器、产业园、人才公寓与配套服务设施五大功能互为支撑的园区。结合优势学科和重点专业群，学校于 2012 年整合校内科技、人才等资源，创建大学科技园。大学科技园以切实增强创新驱动能力为核心，以着力推进产学研一体化为重点，以技术和制度创新为保证，全面推进科技成果转化、高新技术企业孵化、创新创业人才培养。大学科技园内创业苗圃先后被认定为郑州市大学生创业孵化园、河南省高校创新创业示范基地。学校与二七区政府签订战略合作协议，共建"U 创港"创新创业综合体，被郑州市人民政府列为重点建设项目。2015 年，黄河众创空间被科技部认定为全国首批众创空间(全国仅 25 家)，纳入国家级科技企业孵化器管理与服务体系。学校的改革发展曾两次被美国弗吉尼亚大学商学院写进教学案例。机遇与挑战并存，只有领导者敢于创新、勇于创业，才能够在数字化时代带领学校闯出一片天地。

(三)兼容并蓄的学习心态

数字时代的创新创业领导力，更需要有兼容并蓄的学习心态。领导力是一种关于学习的学问，卓越的领导者通常比普通人拥有更强的学习能力。学习是领导创新的前提和基础。在数字时代，作为大学女校长，必须提高学习力，把坚持学习作为一种习惯，做到"学而时习之"，"温故而知新"，主动学习和接受新理论、新方法、新技能，提高自身对新兴技术和知识的掌握与运用，更新自身的知识系统，以适应大数据时代的要求。

参考文献

[1]毕强. 数字时代信息服务的变革与创新[J]. 图书馆学研究，2009(9)：54.

[2]薛庆文. 数字时代的知识和能力需求与教师教育变革探究：基于美国"面向 21 世纪能力合作"组织报告的研究[J]. 黑龙江高教研究，2012，30(6)：53.

[3]张军，许庆瑞. 企业知识积累与创新能力演化间动态关系研究：基于系统动力学仿真方法[J]. 科学学与科学技术管理，2015，36(1)：132.

[4]孙奎贞，刘艳丽. 新领导力：古代领导力与现代领导力比较研究[J]. 北京行政学院学报，2011(3)：18-21.

(杨雪梅，黄河科技学院院长)

PART 05

女性领导者推动创新变革教育的责任

格鲁吉亚大学多年办学成功经验与现有挑战

◇ 玛娜娜·萨纳泽

一、格鲁吉亚大学的现状

格鲁吉亚大学位于格鲁吉亚首都第比利斯的中心地带,校园占地4公顷。格鲁吉亚大学是一所私立大学,2004年开始正式运作。目前,有6000名在校生,其中7%是国际学生。本科生占绝大多数,约有5000人。学校现有6个学院:法学院;商业、经济与管理学院;信息技术、工程和数学学院;健康科学和公共卫生学院;人文学院;社会科学学院。学校共设有57个专业,其中本科27个,硕士18个,博士9个,单周期学位2个,师资培训1个。

格鲁吉亚大学完全基于信息技术系统进行管理。学校教室和实验室都配备有现代化的设备器材。在此我要提一下信息技术和工程实验室、思科(两级)、微软、微技术、甲骨文等技术公司。这些技术公司在我们的课程中都有涉及。学校有一个提供给法学院学生使用的模拟法庭,一个提供给工程系学生使用的机器人技术实验室,以及一个提供给牙科、医学系和护理系学生使用的医学模拟实验室。

我校共有475位教授,其中正教授26人,副教授113人,特邀教授318人,助理教授18人。此外,我校还有约200名行政人员。所以,算起来,格鲁吉亚大学共有教职工675人。

学校教学分为三个阶段:4年学士、2年硕士以及3年博士,每个学院基本都有学士、硕士和博士专业。

学校特别关注学生的生活。通过参加各种社团举办的比赛和资助项目,学生有很多机会挖掘各方面的潜能,实现自身的愿望。

学校资助的研究项目在诸多教授和学生的参与下有序开展。此外,学校的教授、行政工作人员和学生也参与了许多国际项目,包括欧盟发起的坦帕斯(Tempus)和伊拉斯莫斯(Erasmus)两个项目。

学校的宿舍目前设备齐全,有 100 多名学生都表示对住宿环境很满意。校园里有一个很大的自助餐厅,一次可容纳 300 人就餐。还有一个很舒服的图书馆,馆内现代信息技术全覆盖,配备有一台复印机,以及一个专门部门管理学生订购影印本的相关事宜。

所有这些信息和数据都只是数字而已,虽然它们清楚地展现了格鲁吉亚大学在短短 12 年间所取得的成就,但学校在其短暂的办学生涯里仍然经历了很多艰难险阻,同时在日常运作中也面临着很多困难和挑战。

二、学校历史一瞥

当我和我的同事阿拉萨尼亚教授打算新建一所大学时,我们都有非常明确的目标:建立一个教育体系,要摆脱深深根植于苏联时期教育体系的腐败问题,要在最短的时间内为青年人提供现代知识和技能。当时,国家严重缺乏这类专家,现在依然如此。

格鲁吉亚也是经济发展中国家之一。所有的研究都表明,整个国家最关切的问题是就业问题。但是国家没有认识到:失业并不是因为工作场所不足,问题的关键在于市场缺乏对口劳动力,劳动力也缺乏现代社会所需要的技能。

起初,我们租了几间房,还在技术大学大楼开设了欧洲和美国研究中心,我们俩都在历史学部工作。该中心开设了三个硕士专业(美国研究、欧洲研究和商业管理),都用英语教学。因此,格鲁吉亚大学从 2004 年 10 月开始有了研究生英语课程。根据这些专业的性质,这所新的私立大学最初被称为社会科学学院。

当然,大学发展的主要障碍还是缺乏资金。在此,我必须承认,相对于其他僵化的、项目配置老旧的、涉嫌腐败的大学,创建一所现代化的、高质量的教育中心这一想法对部分格鲁吉亚教育界人士是很有吸引力的。所以很快,我们这儿就集结了一批高精尖专业人士,他们和我们一起工作了几个月,努力创建和改进这些专业项目。为此,我们要向他们中的每一个人表示感谢。

第一学期正式开始于 2004 年 10 月 1 日。报名注册上述三个专业的研究生总数为 50 人,我们用收到的第一批学费支付了员工的第一笔工资。这是一个奇迹——我们白手起家,仅靠知识和劳力成功地建立了一所新的大学。

不久,社会科学学院更名为社会科学大学。2005 年,除研究生专业外,还招收了信息技术和医疗保健等本科专业。因而,社会科学大学这个名称也不再适用于这个多元化的教育机构了。所以我们再一次,也是最后一次更名,将校名改为格鲁吉亚大学。

高校毕业生的职业发展这种市场导向型的职业规划如今也是学校各项事务的重中之重。美国和欧洲的研究项目旨在增长美国和欧盟国家学生的知识,作为来自经济发达及政治民主化国家的学生，他们应该早已认识到成功的先决条件是什么。最重要的是，学习这些专业的学生应该获得必要的知识和技能，让雇主对他们感兴趣，这样他们未来才能成为其组织中的一员。就在几个月后，新的硕士专业公布，学生人数增加了两倍。在第一批本科生入学后，2005 年，我们开始意识到新大学不断发展所带来的重大意义。当时，学生总数为 160 人。很快，学生总数超过了 300 人，各项费用收入达到了 100 万美元。

如此一来，我们便有可能获得银行信用贷款，有了创建大学的物质基础。首先，我们制订了一个 10 年的发展计划，并且购置了楼盘和土地建造校园。

在社会生活经历彻底变革的时代，大型国有高校对研究生未来的就业不甚关心，甚至可以说毫不在意。因为这些学校存在惰性，缺乏更新课程的动机和对创新的开放度，而最重要的是，它们的招生数量不能得到保证。当时，格鲁吉亚绝大部分的私立大学（超过 300 所）并不是那种以任务为导向的大学——它们只想满足某些方面的额外需求。但所提供的教育质量又如何呢？按照优先次序结束教育机构学习的人，又是哪一级别的专业人士呢？

从类型上看，这些大学一直都是营利性机构。为什么这么说呢？因为高等教育机构其实一直都是以盈利为目的的，它们往往就只开设法律专业。

当然，如果所有的大学都选择同样的发展道路，那么在短时间内，社会上就不会产生合格的教师、工程师等，更不用说历史、文献学和许多社会文化部门的工作者了。

显而易见，我们应该找到一个中庸之道。自 2005 年开始，学校招收了第一批本科生。大学管理层为学校的发展做出了一个重大的决定：开设在年轻人中不那么受欢迎，但对社会发展非常必要的专业和集中培养项目。这些专业的收入几乎不能甚至说完全抵不上维持其运作的相关开销。首先是人文和科学方面的专业：历史、人类学、文献学、教育、经济学、数学等。只有在各学院、各专业之间以新的方式重新分配大学预算经费，这一战略决定才有可能得以执行。也就是说，我们要从更受欢迎的、更有利可图的专业中获得收入，来为那些不那么受欢迎的、盈利较少的专业提供资金。后面的事实证明，这一决策在校内产生了非常好的效果，而这一结果在最初制定这项决策时并没有人能够预料到。多样化的专业设置为学生提供了更多的选择——他们有机会选择不同的专业和单元进行学习。

学校大胆地转向了另一种教学体系，即学生除了自己的主要学习领域（主修）外，还可以选择感兴趣的另一个专业（辅修）。这么一来，与格鲁吉亚的其他高校相比，格鲁吉亚大学的兼容性明显提高了。

在过去几年里，格鲁吉亚大学的入学人数有了显著的增长。目前，学校每年接收多达 2000 名学生。但遗憾的是，实际上只有 50%的学生最后真正毕业了。

学生在格鲁吉亚大学就读的第一年可以说是选择的一年:一部分学习好的学生会继续接受教育,而另一部分,约 50%的学生,在学年结束时全部课程都不及格,学分记录为零,或者整个学年只有 6、12、18 个学分,而远未达到每年要求累积的 60 个学分。如果有太多课程不及格,他们就无法继续在格鲁吉亚大学学习。因此,这部分学生会转学到其他大学。引用他们自己的话来说就是,在那儿“学习起来更容易”。学生转学去的那些高校,教学质量普遍偏低。因此,事实证明,在那些学校“学习起来并不容易”,不过,获得文凭倒确实更容易,就是因为这样的毕业生,全国的失业率才会提高。

而继续在格鲁吉亚大学学习的另外 50%的学生,大多数会发现 4 年内完成全部本科专业课程学习,时间有些不足。所以通常情况下,他们会在 9—10 个学期内完成课程学习。究其原因有两点:一是中学(特别是公立中学)的教育水平偏低;二是格鲁吉亚教育和科学部的规定不灵活,不允许中学引入大学预科课程,特别是数学、母语和英语,所以这些学生通过了全国统一考试,但他们在这些课程和一般能力测试上的成绩达标率都远远低于 50%。

三、教育改革及其对格鲁吉亚大学发展的影响

格鲁吉亚大学的成立恰逢国家开始实施重大教育改革,这对学校前几年的成功产生了很大的影响。在谈到改革本身之前,我想用两个词来描述 2004 年格鲁吉亚高等教育市场的状况。

事实上,到目前为止,格鲁吉亚高等教育的质量和教学过程都没有受到规制。如今在教育市场上运作的有苏联时期幸存下来的几所大型国立大学,以及上文所述的 300 多所私立大学。

国立大学的情况大致相同——教学质量低、科研工作条件恶劣。当时,90%以上的格鲁吉亚学生都在国立大学学习。这些国立大学从苏联时期起就依靠国家资助,苏联解体和紧随其后的经济崩溃使国立大学的数量急剧减少。教学基础设施最终在 2004 年被摧毁。教授的工资很低,教学过程仍然遵循的是苏联模式,学生们永远处于缺课状态。在每一环节,苏联后期根深蒂固的腐败都在学术生活中蔓延开来,首先从学生入学考试开始,就有人受到庇护,最后在结束时,也有学生为了得到学位分数而行贿。所以文凭几乎反映不出毕业生的真实知识水平。

至于私立大学,这里很明显能看出它们的多样性、复杂性。之所以会这样,主要是私立大学的数量很多且缺少监管。此处不得不提的是,虽然相比之下,私立大学比公立大学的数量多得多,但私立大学的学生总数所占比例却很小。事实上,我们很难称这些教育机构为“大学”,因为即使是那种规模相对较大的私立大学,也就只有几十间教室,开设

一个或几个专业,以及几百名学生。然而,值得注意的是,一些私立大学从一开始就很受欢迎,它们至今仍然在运作,而且发展显著。因为它们从一开始就引入西方的学习方法和现代课程,学习过程也是由在美国和欧洲接受过教育的年轻教授所引领的。这些私立大学是现代教育沼泽中明亮的岛屿,它们符合现代化的标准,又没有腐败的气息,讲师与学生之间的关系是开放的,教室配有电脑等精良设备,学习过程非常舒适(应该指出,这是一个重要的优势,因为国立大学的冬天没有暖气,很多教室窗户也都是破的,所以冬季学期有时会停课)。老师们讲授高级课程,没有分数是虚假包庇的,尽管当前存在经济危机和普遍的失业现象,但在著名企业中找工作的毕业生人数仍创历史新高。除了这样的私立大学外,还有数百所所谓的"大学"实际上都在出售文凭。各大教育机构都在自己的办公地点授予学生理想的文凭。

私立大学出售文凭和公立大学的腐败并无太大区别,二者直接导致大学文凭含金量降低,因为在大多数情况下,它根本不能反映出毕业生的知识水平。

高等教育改革由此全面展开,同时也带来了根本性的变化。改革有一个关键组成部分,就是全国统一入学考试。一方面,它为大学提供了国家级的入学考试,考试集中进行,然后根据学生在考试中取得的分数高低来决定其分布情况;另一方面,该系统根据学生的成绩分发学券。学券和学生被捆绑在一起,它会一直跟着学生到其选择的大学或转去、调去的大学。学生会把学券带到大学,以防自己由于录取分数不够高,没有得到学券及部分资助,因而要支付额外的学费,或者,避免私立大学的学费高于学券上规定的学费。学生支付的费用是大学资金的唯一来源。全国统一入学考试完全杜绝了入学考试中的腐败现象。在格鲁吉亚,学术腐败已经持续了很久。20世纪60年代,申请高等教育的人数和大学的学习名额之间存在很大的差异。这就造成了当时的腐败率创历史最高。正如我们前面提到的,学券是高校以及在公立和私立大学的学生唯一的资金来源,所以高校之间的竞争也因此增加。这就是高等教育质量迅速稳步提升的原因。

高校改革的另一个方面是认证。格鲁吉亚加入了"博洛尼亚进程"(Bologna Process),并宣布我们也必须达到博洛尼亚的大学标准。所以政府只承认那些符合标准的院校,包括学习环境、学习过程、专业设置、教学大纲、学术人员等都要符合标准。学校必须明确每个学生的最大和最小活动空间范围。许多所谓的"大学"就是因为这个没做到而关闭了。它们没有足够的空间和训练设备。改革强制要求学校必须有培训课程和教学大纲,要根据学生人数来确定最少的学术工作人员数量。这又导致许多不太严肃对待改革要求的高等教育机构关闭了。这次改革是认真的,甚至连最伟大的国立大学都关停了,就因为该校没有达到认证要求。其间,大学数量缩减至原来的十分之一,其他存活下来的或多或少达到了大学标准。

改革带来的新规定非常及时,原来那些做证书交易的人也受制于相应的法治伦理。

改革使那些所谓的大学"兜售文凭"的恶习得以消失,国家机构的腐败得以惩治,大学基础设施也或多或少地进行了调整,以符合标准。课程、教学计划已经制定了出来,教学大纲也类似于真正的博洛尼亚要求。平等的竞争机会促进了受欢迎的私立高校的增长和发展,也促进了新的私立大学的不断开发。格鲁吉亚大学就是其中之一。我们于2004年接收了第一批硕士生,2005年招收了第一批本科生。私营主体的市场份额有所增加。到2012年,约有40%的学生在私立高等教育机构学习。因此,在最初的几年里,改革是非常成功且有效的。社会和学界认为政府的改革是最成功的改革。然而,国家对教育的过度监管,从一开始就使改革陷入了危机。

事实上,自2005年以来,为了提高教育质量,国家出台了新的制度条例,这导致现行的条例实施起来难度就更大了。例如,如果一开始就确定必须有教学大纲,并且引入了教学大纲的执行标准,规定教学大纲的核心部分是评价体系,那么在确定评价体系之后,另一个必不可少的组成部分——评价方法也要确定下来,基于评价方法提出评价标准等。这一过程是全方位展开的。最终,新出台的条例,虽然是作为改革的成果,最终也可能危害改革。一方面,它成了政治博弈的武器,另一方面,它也成了阻碍高等教育发展的影响因素。

国家对教育的详细规定导致了全国各地高等教育机构的标准化,高校很难保持创新和个性化。这是高校日常发展的一个严重阻碍。因为市场的发展就像动物的进化一样,过程中会发生很多变化,而最终赢家将会是那些最适合市场的模式和实践。标准化和通用模式阻止了变化的产生,但没有变化又谈何发展?

此外,任何标准化都意味着每件事都要达到平均水平。这意味着一些高校的教学质量,如果按照标准加以判定,是低的,但也可能因为符合标准而被官方抬升;而在一些教学质量本来就很高的学校,这些标准反过来可能会降低其教学质量。在某些情况下,规章没有反映教育过程的实际要求,各机构必须避免这些要求或形式上满足这些要求。最近,教育部长杰耶拉瓦幽默地承认:"我们有一门课程(规章制度),谁都不可能教得好。但是如果你违反了,就是'以身作则',那你教得一定好。"

政府把教育法规变成了自身强有力的手段,偶尔会利用它进行政治反击。正如我们所说,在政府提供的标准下,格鲁吉亚大学得到了认可。[①] 标准十分详细,包括很多规定,这套标准一方面增加了不同解读的机会,另一方面又很难满足要求。各机构试图避免遵循这些规定,因为真的很难,而且还有坏处,要做到几乎不可能。继而,这些机构就都被自动视为侵犯法规者。在这种情况下,当局很容易在公共服务质量改进和发展中心以及监测处的支持下抓住这些违规的欺诈者,并利用一定的手段对其施加压力。

---

① 格鲁吉亚大学自成立以来,一直按照法律法规的要求开展教育活动。学校于2005年8月18日获颁牌照,并于2009年12月30日获得了机构认证。2015年,学校成功通过了授权。

四、社会和大学

众所周知,大学是社会的一面镜子,大学的发展水平与社会的发展水平直接相关。在发展中国家,人们获取知识的兴趣远不如获得大学毕业证的兴趣来得浓厚。学生总是在寻找一些简单的方法来获得足够的分数并通过一门课程,作为一种心理类型,这是可以理解的。

然而,对于一所大学来说,当整个社会都决心在这方面帮助学生时,这就是一个严重的问题了。例如,讲师准备提高成绩,让学生们能够及格;教授对考试中意图作弊的行为等也都睁一只眼闭一只眼。一些学生因作弊被取消考试资格,他们的父母为了维护他们,往往会说:“谁都作过弊。这又不是什么大事！你们为什么要取消他的资格,不让他顺利通过呢?”剽窃也是如此——学生作品的全部或部分都是从互联网的网站上复制粘贴出来的。造假是另一个问题。学生造假往往得到了父母的支持,而且令人感到痛心的是,往往还有医务人员提供了支持。例如,医生代表他们的朋友或出于其他各种原因发布虚假信息。

针对上述做法以及其他类似的案例,格鲁吉亚大学已经从根本上重组了考试体系。考试不再由教授在课堂上进行。相反,学校的所有考试都安排在一座特别大的考场里,由专门培训过的工作人员监督进行。学校的信息技术系已经开发出了一种分配学生考场的软件,可以让学生坐在同一考场的同一片区域,但是考的是不同课程的卷子。每份试卷都会被分配一个代码,然后扫描和上传。教授们可以在网上查看学生的试卷并对他们的错误做出标注。试卷被批改后,学生可以在网上查阅。这种电子考试形式可以保证办公室主任、专业负责人和课程主管更容易也更有效地实施质量监控。

有关剽窃和作弊的条例已被列入大学规章制度中。我们也已经启动了一个计划,帮助教授发现那些剽窃案例。诸如此类,不胜枚举。

几年前,由于学生各种各样的造假理由,校医不得不承担起一个新的职能角色。除非学生亲自打电话给校医,否则学生缺席考试将被视为违规无效缺席。在考试期间,校医和护士会去查看病人的状况。他们会搭乘学校提供的特殊车辆。只有在学校医务人员确认其患病的情况下,出于健康原因而错过考试的学生才有权重考。在格鲁吉亚大学,病情造假会受到严厉的处罚——这样的学生会被开除。

对教科书的态度是另一个重要的问题。大多数学生能不买教科书就不愿意买。他们喜欢复印教科书。这个严重问题之所以存在,主要是社会上形成的陈旧观念,即学生通常面临经济压力而买不起课本。事实上,这已经成为一种主流文化,并不是所谓的真的经济困难。我们相当多的学生一个月内花在购买昂贵香烟上的钱就够买整个学期的教科书了。所以,格鲁吉亚大学会直接从培生出版社和其他著名出版社为学生订购大量的教科书,成批订购能够得到很大的折扣。格鲁吉亚大学的一名学生大约花费 100 美元就可以在学校的书店里购买三本不同课程的教科书了。

此外,学校的书店还制定了特殊的学生购买方案:分期付款或者以较低的价格购买二手教材等。与此同时,格鲁吉亚大学的学生还可以使用图书馆提供的教科书。这里几乎囊括了所有课程必需的教科书和课程补充材料。

更重要的是,如果我们允许学生大量使用教科书的影印本,那么我们就是在教他们不诚实,教他们从出版商和作者那里偷窃。同时,如果我们复印教科书,那么出版商和教授就会失去编写教科书的动力,因为他们做这项艰苦的工作却得不到相应的报酬。至于制作影印本所获得的利润,全部跑到印书人的口袋里了,这实在令人无法接受。确实,在短时间内,校园内出现了许多提供影印服务的工作室而引人注目。这些工作室的主要利润来源就是为我们学校的学生制作影印本。据说,一些教授被“贫困”学生所触动,允许他们在课堂上使用复印材料,这样一来,我们和影印教科书的斗争就变得更为复杂了。

有鉴于此,学校引入了以下计划:每次考试结束,考务人员允许学生使用课本 10 分钟。当然,这对毫无准备的学生来说没什么意义;然而,对于那些认真为考试做准备的学生来说,这个帮助就大了:他们可以查找自己突然忘记的内容,或者是复核一下答案。同时,考场严禁使用影印材料——一旦发现,甚至可能导致学生被取消考试资格。这项措施很快就减少了影印本的使用,而且也促使更多学生在学校书店购买教材。

2008 年格鲁吉亚领土被占领,数十万人沦为难民。在格鲁吉亚发生经济危机之前,格鲁吉亚大学的学费是国家支付给成功通过全国统一考试的学生学券价值的几倍。2008 年以后,很大一部分准格鲁吉亚学生发现很难支付剩余部分的费用。在这种情况下,学校管理部门做出了另一个重要决定——降低学费,让学费和奖学金的数额几乎相当。如此一来,入学率大幅增加。2009—2010 年,入学学生人数增加到 500 人,从 2011 年开始,增加到 1500 至 2000 人。

五、国际学生、社会和格鲁吉亚大学

2010 年,格鲁吉亚大学管理层做出了另一个对学校未来发展很重要的决定:所有专业都提供英语授课,并向国际学生敞开大门。这一步是积极正面的:将给学校带来一笔额外收入;学校也将成为国际高校网络的一部分;从类型学的角度来看,这也将成为教职员工和入学新生新的挑战和兴趣点。

格鲁吉亚大学的师生将从中直接受益,他们有机会探索发现不同的文化和宗教,并与这些文化的代表在一个共同的空间里建立长期的沟通。对于来自非洲、亚洲以及其他地区的学生来说,这将是一个很好的机会,他们可以用相对较低的价格获得符合西方标准的高质量教育。

为了开设那几十个英语专业,学校的教授和行政人员都得付出加倍的努力。他们每个人都获得了国家教育质量提高中心的认可。最后,我校成功招收了第一批国际学生,其中一部分于 2016 年春季完成本科学业。因此,2016 年以后,我们就有了第一批国际校友。这里值得一提的是,我们的一些国际毕业生已经在格鲁吉亚的不同组织,包括格鲁吉亚大学在内,找到了自己的工作。

尽管如此,政府也引发了一系列问题,这些问题主要归因于过去政府的封闭政策。“有些人”对在格鲁吉亚大学学习的国际学生数量感到恼火。对于这些人来说,他们不能接受那些国际学生的肤色,而对于“另一些人”来说,他们又不能接受国际学生的宗教和文化差异。2012 年上台的新政府迫于社会部分群体的压力,开始阻碍这一进程。政府的做法主要是不发放留学生签证,或是对已经颁发的签证不予延期。

在我校律师的努力下,我们逐渐克服了这些困难。我校教职员工多次要求与政府官员举行高级别的会面。项目已送交格鲁吉亚经济和可持续发展部及其他部委。最后,我们成功打破了僵局——新任教育部长已经认识到提高学校对国际学生的吸引力是格鲁吉亚各高校的第一要务。

六、格鲁吉亚的社会主义意识形态和私立大学

社会主义意识形态是格鲁吉亚私立大学发展的一个障碍,格鲁吉亚大学也不例外。尽管苏联解体后,格鲁吉亚成为一个独立的国家,但这一意识形态仍在 45 至 50 岁以上的人群中广为流行。不幸的是,有些人一般不愿意接受任何私人体系,并且倾向于崇拜公共体系——无论那样的公共体系有效与否。因此,2012 年上台的政府将公立大学(2009 年被政府转变为非政府组织,以激励它们有更好的表现)重新复原为国有部门。

此外,国家宣布一些专业仅在公立大学修读才免费,这意味着学生不能再自由选择一些专业,也接受不到完全的素质教育了。[①] 其结果是,如果 2010—2012 年,格鲁吉亚有 40%的学生在私立高等教育机构学习——因为与公立大学相比,其学术过程和教育质量要高得多——那么现在这个数字就被人为地减少到 30%。

遗憾的是,所有这些措施并没有改善公立大学的情况,私立大学反倒受到了重大影响。在这件事上,政府也意识到了自己的错误(虽然有点晚),但一个月前上任的新任教育部长已经承诺要纠正这方面的情况。

(玛娜娜·萨纳泽,格鲁吉亚大学校长)

---

① 以前,学券是发放给学生的。根据新出台的规定,如果一名学生选择了公立大学的免费专业,那么该资助就会给学校,而不是提供给那个学生。这是以防万一,如果给学生提供了学券,他/她就将有选择大学的自由。

中国大学女校长的领导优势、发展困境与对策分析

◎ 关乃佳

一、引言

进入21世纪,在社会经济发展的促进下,高等教育也呈现出蓬勃的发展态势。在现代社会,作为一所大学的领导核心,大学校长不仅需要具备非凡的领导特质和素养,也经常面临着如何实现有效领导这一巨大的挑战。然而,女性作为大学校长中一道独特的风景,向世人展示了其卓越的领导魅力和管理能力。在美国常青藤大学中,哈佛大学校长德鲁·福斯特(Drew G. Faust)博士、普林斯顿大学校长雪莉·蒂尔曼(Shirley M. Tilghman)博士、布朗大学校长鲁斯·西蒙斯(Ruth Simmons)博士、宾夕法尼亚大学首任女校长朱迪·罗丹(Judith Rodin)博士及其继任校长艾美·古特曼(Amy Gutmann)博士这五位女大学校长所创造的价值令世人瞩目。其中,德鲁·福斯特是第28任哈佛大学校长,她既是哈佛大学历史上的第一位女校长,也是自1672年以来第一位没有哈佛学习经历的哈佛校长,她向我们展示了女性领导非凡的魅力和才能。

在中国现代教育史上,虽然大学校长以男性居多,女校长屈指可数,但其业绩丝毫不逊于男性同行,如金陵女子大学老校长吴贻芳、复旦大学前校长谢希德、东南大学前校长韦钰、同济大学前校长吴启迪,等等。其中,中国首位女大学校长吴贻芳在年仅35岁尚在美国攻读学位时就受邀担任金陵女子大学的校长,并成为该校的第一位中国校长,也是中国历史上的第一位女大学校长。吴贻芳连续执掌该校23年,金陵女子大学获得了英美各著名大学的认可,并且持有吴贻芳校长签发的毕业证书可免试申请国外著名大学的研究生。新中国第一位女大学校长是1983年任职于复旦大学的谢希德女士。她是我国半导体物理学的开拓者之一,曾先后当选为第三世界科学院院士、美国文理科学院外国院士,在学术和管理领域都非常有建树。

如今在中国,越来越多的女性进入大学,标志着社会的巨大进步,这其中也包括有越

来越多的女性进入大学的管理层,为高等教育的长远发展做出了重要贡献。与此同时,由于大学校长对于大学发展的重要性,无论在高校发展的学术研究领域还是实践领域,大学校长已经成为一个普遍被关注的热门话题。尽管大学女校长的成就卓越、表现突出,但在当今社会,女性任职大学校长的数量与男性相比仍有比较大的差距。截至2013年,中国内地的38所985高校中,校领导总数为448人,其中,女性45人,仅占10%的比例。再以中国台湾为例,目前在台湾的160所大专院校中,只有10位大学女校长。在排名前12的大学里,仅有1位是女校长。大学校长的性别失衡问题引起了学界尤其是性别问题研究者的关注。当今社会,大学女校长依然凤毛麟角的原因有哪些?是什么阻碍了女性成长为大学校长?是否可以通过政策的改善来促进更多的女性进入大学领导层?基于此,本文重点探讨大学女校长在管理中的优势与存在的问题,旨在更好地促进女性参与高等教育,发挥女性特质,促进中国大学的长足发展。

二、中国大学女校长的现状与发展困境

中国进入现代社会以来,一方面,受到更为积极的社会性别平等制度安排和现代性别文化观念的影响,女性在受教育水平、职业、收入以及婚姻和家庭方面的自主权得到了显著提高;另一方面,随着平等的受教育机会和妇女平等意识的增加,女性对社会的参与和家庭中平等的主观期待也在不断提升。这些外部因素和女性自身的发展需求都极大地促进了女性在社会发展领域中的参与和贡献。具体到高等教育领域,中国女大学生人数以及女硕士生和女博士生人数和比例都在快速增长,一些专业各层次女生的比例明显高于男生,大学女教师的比例也显著提高。1957年,在全国普通高校的本专科学生中,女生仅占总数的23.2%;1980年,恢复高考3年之后,女生仍只占23.4%。而从1995年至2004年的10年间,女生比例由35.4%上升至45.7%。2007年是一个转折点,新入学的女生比重首次超过男生,达到52.9%,此后持续稳定在这一水平上。[①] 根据国务院《中国性别平等与妇女发展》白皮书的数据[②],2014年,我国普通高等学校本专科和硕士研究生在校生中的女生比例分别为52.1%和51.6%,博士研究生在校生中的女生比例增至36.9%。虽然高等教育中女生数量增加的背后有着较为复杂的原因,但仍然在很大程度上说明了高等教育领域中的性别平等在逐步提升,女性地位在不断提高。

与此同时,大学校园管理层中的女性越来越多,她们在推动我国高等教育事业发展中发挥着重要的作用。总体上,中国女性对高等教育的参与程度不断提高,在高校教育

---

① 相关数据来源于各具体年份的《中国教育统计年鉴》。

② 国务院新闻办公室.《中国性别平等与妇女发展》白皮书指出中国男女受教育差距明显缩小[EB/OL].(2015-09-23)[2017-08-30]. http://www.moe.gov.cn/jyb_xwfb/s5147/201509/t20150923_209952.html.

发展中扮演着越来越重要的角色，而大学女校长的不断出现更是为高校管理增添了女性独有的魅力。但是，与中国大学女校长的发展相比，中国高校领导团队中的社会性别问题还是比较突出的，主要表现为大学女领导人数和比例低、职位分配和人员配置结构不合理等。是什么原因造成了这一困境？社会性别偏见、传统社会职能的压力、制度保障的缺位、多重角色冲突等是造成女性领导者职业发展障碍的主要原因。一方面，尽管性别平等作为我国的基本国策，立法宗旨明确，但是由于相对缺乏可操作性，使得性别平等推进的实践面临着诸多挑战，其中在劳动力市场中的状况尤为突出。性别在生理方面的差异极易被泛化成为判断女性就业能力的标准，成为阻碍女性就业，特别是女性进入就业单位管理层的主要制度障碍。另一方面，劳动力市场上的性别歧视和传统文化、心理特性、社会习惯及女性群体自身的特质等一些非制度性的障碍因素仍制约着女性领导力的提升。①

制度性障碍主要体现为保障女性享有与男性平等就业权利的制度缺失或者不合理规定，如劳动法规定女性比男性的法定退休年龄早，这在客观上导致了女性人力资本的收益期缩短，一定程度上造成男性在就业、晋升和在职培训等方面享有优先权。再比如，女性在职场面临的最大困境是在家庭责任的压力下家庭角色与职业角色的冲突。在传统性别文化中，女性被定位为应当承担更多家庭责任，现代生活又要求女性通过职业发展来实现自我价值，女性面临着职业发展与家庭角色的双重角色冲突的巨大压力。尤其是对于那些正处于生育和养育孩子生命周期的女性，往往会面临更大的工作与家庭冲突，但是现行劳动社会保障制度缺乏弹性，生育和养育几乎完全由个人和家庭尤其是女性来承担，生育的社会意义没有充分地在政策层面上体现出来。这些制度因素都严重限制了女性的职业生涯发展和晋升通道，对大学职场中女性职业发展的制约作用亦是如此。

如果进一步聚焦大学校长的选拔机制来探讨对女性的影响，我们发现现有大学校长的遴选过程受到各种内外因素的影响，既受制于大学自身的历史传统、大学的类型与目标定位，也受制于政府及其管理体制的一些具体规定。一些核心议题，诸如：具有何种教育背景的大学校长候选人更有可能成为大学校长？校长的专业特长应该是什么？成为大学校长需要具备哪些职业经历？选拔过程中的各种规定与标准无疑都受到了社会性别因素的影响，基于性别判断的选拔过程在某些方面也会制约女性进一步成长为大学校长。

非制度性障碍则主要反映在社会的性别文化和女性自我的心理状态层面。尽管中国早已在法律层面上实现了性别平等，但性别在事实上的不平等仍然存在，尤其体现在社会大众对女性形成的基本认知方面。诸如“干得好不如嫁得好”“男主外、女主内”等

① 李静.女性领导力提升的非制度性障碍及对策分析[J].妇女研究论丛，2012(4)：102-105.

限制女性社会参与和职业发展的观念在一些领域仍旧盛行。受到这些性别文化观念的深刻影响，很多女性在社会化过程中，不断接收社会、家庭和其他领域宣扬的此类性别文化的信息，经过长期的耳濡目染，逐渐形成一些不合理的自我认知和判断，对自身职业发展的期望值降低，对一些不合理的性别偏见与歧视现象视而不见。这样的自我定位和社会角色认知也制约了女性的职业发展，同样限制了大学女校长的职业成长。

虽然，杰出的女性领导者在精神分析、人格心理、领导风格和伦理取向等关键的领导力维度上都一定程度地体现了与男性领导力不分高下甚至不乏超越的独到之处①，也有研究表明女性更具有亲和力、韧性和执行力，也更善于在管理者、工作伙伴、朋友、家人等角色中做好平衡②，能够在职场和生活领域中更好地转换角色，但是，就目前中国大学管理层的性别分布情况而言，女性与男性之间还存在巨大的差距。因此，我们需要进一步系统地讨论大学女校长的管理优势和应对策略。

三、大学女校长的胜任力与管理优势

在高等教育的发展进程中，大学校长的角色已经发生了明显的变化。随着时代的变迁，大学校长已经不再是纯粹意义上的学术代言人，而是逐渐强化了自身的教学行政管理角色。有学者将这一个转变过程总结为从“学者型”变成“管理型”，进一步成为“经理型”的校长。③ 进入 21 世纪后，大学面临着更多的挑战和机遇，与此同时对大学校长也提出了更高、更多维的要求。大学校长应该是复合型管理人才，应兼具学者、管理者和经营者的理念和素质。而女性对大学管理的参与能够为大学的发展带来多元化思想、经验以及创新理念。

毋庸置疑，大学女校长具有不可比拟的优势，有自己独特的胜任特征（Competency）。胜任特征又被称为胜任力，指的是与优异绩效有因果关系的行为维度，是人们履行工作职责时的心理与行为表现，具体指能将工作领域中有卓越成绩者与表现平平者区分开来的个人深层次特征。由此，大学女校长的胜任特征可以是动机、特质、自我形象、态度或价值观、管理及其相关领域的知识、认知或行为技能，即任何可以被可靠测量或计数的并且能显著区分优秀与一般绩效的个体特征。一般来说，胜任特征具有五个层次：知识、技能、自我概念（对自己身份、价值的看法）、特质（典型的行为方式）与动机。胜任特征模型（Competency Model）是一种人才分析技术，最初兴起于 20 世纪 60 年代末 70 年代初，首先由哈佛大学的心理学家麦克利兰（McClelland）提出，指担任某一特定任务角色需要

---

① 蒋莱. 多维视野下的女性领导力特征分析[J]. 领导科学，2010(14)：33-35.

② 晓庄. 女性领导者的三大“长板”[J]. 中外管理，2011(3)：126.

③ STOKE H W. The American college president[M]. Newyork：Harper and Brothers，1959.

具备的胜任特征的总和，是针对职位要求组合起来的一组胜任特征。胜任特征模型能对人的知识水平、智力、特殊能力、人格特征和发展潜力等方面的素质进行综合测评。

在人力资源开发和管理的相关研究中，运用胜任特征模型，学者通过对不同行业、不同职业、不同职位以及具有不同人口特征（性别、年龄）的实证调查，总结出职业发展成功人士的六大类胜任特质，主要包括：(1)成就特征：成就欲、主动性、关注秩序和质量；(2)助人/服务特征：人际洞察力与服务意识；(3)影响特征：个人影响力和公关能力；(4)管理特征：指挥、团队协作、培养下属和团队领导；(5)认知特征：技术专长、综合分析能力、判断推理能力与信息寻求；(6)个人特征：自信、自我控制、灵活性与组织承诺。从上述胜任能力词典中，我们发现不同性别的优势各有不同，如女性往往具有更好的服务意识、人际洞察力和灵活性等，而男性一般具有更好的成就欲、自我控制和判断推理能力等。有学者将女性领导优势归纳为五个方面：(1)女性领导善于沟通和协调，有利于增强员工的归属感和组织的凝聚力；(2)女性领导更注重伦理关怀，易于创造人性化的组织环境；(3)女性领导更富有亲和力，善于鼓励下属，激发下属的积极性和主动性；(4)女性领导更注重合作和人际关系的和谐；(5)女性领导更敏感，善于把握细节。

此外，女性美本身就是一种感召力、吸引力，这种美包括细腻、耐心、善解人意的性格美，善良、关爱人生的人格美，以及善于民主沟通和感情协调、善于倾听和语言表达、善于处理人际关系的工作艺术。女性在领导方法上，往往更擅长运用柔性的沟通来开展管理活动，主要表现在：善于分析性倾听；善于营造情感环境；擅长处理人际关系，更具协调能力和交往能力。

综上，在领导能力上，女性和男性的特征不尽相同，各有优势，主要在于管理理念和方式有所区别，不同的性别管理优势决定了最后的管理效果也各有所长。因此，如何充分发挥不同性别的领导优势，有效地促进更多女性进入高校管理层，培养更多的大学女校长，应该成为政策应对需要考虑的重点。

四、政策应对与改革方向

总之，在现代社会，传统性别文化的影响仍然很大，社会公众对女性的刻板印象和评价偏见依然存在。此外，女性在社会参与方面更为积极主动，但女性作为家庭生活主要照料者的角色并没有得到实质性的改变。工作与家庭平衡、个人发展需求与家庭传统角色之间的冲突，仍然是影响女性生活状态的重要因素，这些也都对大学女校长的发展产生了深远的影响。因此，如何在社会文化层面进一步倡导性别平等理念，如何在整体的制度设计上推进有利于女性发展的工作—家庭平衡策略，如何增进大学女校长个人选择的自主性，如何为女性提供一个顺畅的职业发展通道，都应该成为相关政策扶持的重要方面。

就社会整体而言,应该进一步转变社会传统文化,加强社会性别平等文化的培育与传播,促进社会服务机构的发展,完善组织制度的形式,改善女性管理者的地位状况,强化对劳动力市场和用人单位的社会监督,为女性的职业发展提供制度支持,努力在全社会营造性别平等的文化和氛围。

就用人单位而言,应该实施家庭—工作平衡计划,鼓励实施多元化的组织文化,完善大学内部管理的遴选、选拔和晋升制度,为女性职业发展创造充分的条件;建立女性高层后备人才培养机制,在制度上支持更多大学女校长的职业发展。事实上,女性领导在从事管理工作的同时,都会不同程度地影响家庭生活,关键是如何处理这一问题,或者其他家庭成员能否理解和支持其工作。

就个人而言,要加强自身人力资本的提升,树立性别平等观念,不断增强自身的管理能力,提升工作—家庭之间角色的平衡能力,建立职业发展的良性循环。

参考文献

[1]STOKE H W. The American college president[M]. Newyork:Harper and Brothers,1959.

[2]国务院新闻办公室. 白皮书:中国男女受教育差距明显缩小[EB/OL]. http://www.scio.gov.cn/zfbps/jdbps/Document/1449910/1449910.htm.

[3]蒋莱. 多维视野下的女性领导力特征分析[J]. 领导科学,2010(14):33-35.

[4]李静. 女性领导力提升的非制度性障碍及对策分析[J]. 妇女研究论丛,2012(4):102-105.

[5]聂志毅. 女性领导者职业困境与突破[J]. 学术论坛,2012,35(7):174-179.

[6]晓庄. 女性领导者的三大"长板"[J]. 中外管理,2011(3):126.

[7]张素玲. 现代社会女性领导的发展优势分析[J]. 领导科学,2010(3):42-43.

(关乃佳,南开大学原副校长)

女性领导者在世界变革阶段面临的挑战：实施变革　改善教育

◎ 阿蕾弗提娜·西蒙诺娃

一、引言

本文针对以下问题展开进一步的讨论。首先，当我们分析社会转型时期大学所面临的选择和责任时，应考虑到大学经常作为政府议程的中心；无论其所处的社会和政治背景如何，它们总是新知识和创新思维的源泉。其次，大学对于世界经济环境和经济转型起着至关重要的作用；由于教育具有进步性，大学和其他类似的机构经常会成为社会变革的驱动力量。再次，世界经济环境也会影响并推动社会变革。最后，学术领袖，诸如校长，是或者应该是远见卓识者，在教职员工和学生们的支持下，在与他们交流沟通、交换意见的基础上，塑造大学的现在和未来。考虑到全球社会环境的复杂性，我们有必要根据服务对象的需要重新调整教育基础设施。基于以上这些原则，位于叶卡捷琳堡的乌拉尔国立教育大学（USPU）发起了一项崭新的 21 世纪教育战略倡议，即专注于取得优异学术成就并增加接受教育的机会。我们一直相信，教育对社会变革具有重要作用。

二、基本概念

第七届世界大学女校长论坛的主题与社会转型和责任有关。目前学界已经有关于转型和社会变革的定义和理论，其中一些受到了质疑。在教育领域，转型主要指涉公共教育体制的重要转型阶段。处于该阶段的学生可能会经历多种多样的转变，从学校设施、学术设想到学校独立性的增强，等等。社会转型既可指社会文化变革，也可指教育体系的范例变革。文化、宗教、经济、科学或技术力量都可对社会变革起推动作用。变革来源于两种方式：一种较为随意，一种较为系统。变革是自然、和谐稳定的，不易被察觉。

在接下来的讨论中,我们将社会转型视为能对教育、社会文化和经济产生影响并促成其进步的系统性变革。

"责任"一词在词典中的定义是:在一个人的权力、控制或管理范围内对某事负责的状态;能够为自己的行为和义务负责,并在是非之间独自做出选择。迈克尔·波特(Michael E. Porter)在《哈佛商业评论》中写道:"企业承担社会责任不再只是风险、义务或是一种善举,也是机会、创新能力和竞争优势的来源。"

三、背景:国际质量体系在高等师范教育机构管理中的应用

传统上,国家对俄罗斯高等教育机构的绩效、质量以及已实施的教育计划进行评估主要分三步:许可、认证、国家监控。俄罗斯加入博洛尼亚进程后,开始在教育实践中引入创新项目,包括采用新的方法评估教育机构活动的成果及质量。

在现代化条件下,基于欧洲教育质量管理方法构建的新型教育系统评估方法解决了俄罗斯教育质量管理问题。国际质量管理体系包括由欧洲高等教育质量保证协会制定的标准。该文件载有关于高等教育机构实施的质量保障的标准和建议。

然而,考虑到这是一个多层面的复杂进程,标准化的建议并不能为解决教育质量管理问题提供有效的方法。只有把教育看作服务,让教育具有市场意义,才能在科学的基础上解决问题。

在实践过程中,教育质量从其是否达到标准的角度来进行考量。对现代实践的分析表明,教育管理机构最重视教育的发展变化,即使是涉及教育质量。

2003 年 9 月 19 日,博洛尼亚进程中的各成员国教育部长签署了《柏林宣言》,强调教育质量在全欧洲高等教育体系形成过程中的独特重要性。该文件宣布,到 2005 年,国家教育质量保证体系必须明确参与教育进程的组织和机构的相关职责:形成一套涵盖内部评估、外部反应、学生评估和结果公布在内的高等教育机构方案评估策略;建立一套认可、认证以及类似程序的评估体系;具有国际参与评估和国际合作的依据。

国际社会承认我们的教育制度的一个重要条件是有经国际组织确认(认证)的质量管理体系。最初,高等教育机构使用各种评估制度没有立法限制和具体要求。高等教育机构可根据其水平、条件和发展战略,自主和自愿地选择一种评估其活动成果和质量的方式。2013 年,随着新的俄联邦《教育法》的通过,情况发生了变化。当今,形成国家质量评估体系的基本文件是 2013 年 3 月 30 日俄罗斯联邦政府发布的《关于建立公共服务组织工作质量独立评估体系》(286 号)。

上述俄联邦《教育法》包括以下条款,界定了教育机构工作成果和质量评估的要求和规则:

第28条 教育机构的能力、权利、义务和责任(第3项);

第89条 教育系统的管理(第2、7项);

第91条 教学活动的许可;

第92条 教学活动的国家认证;

第93条 教育领域的国家管控(监督);

第94条 教育专业知识;

第95条 教育质量的独立评估;

第96条 开展教学活动的组织的公开认证,教学课程的专业认证和公共认证;

第97条 教育系统的信息公开,教育系统内的监察(第3项)。

对其内容的分析表明,九项条款中有五项要求必须作出评估,并且带有具体的术语和要求。其他条款则假定在选择评估的对象和形式、评估机构、术语等方面奉行自愿原则。因此,在俄罗斯教育系统中,存在一个对教育机构的成果和活动质量进行评估的可变系统,我们认为这对我们的教育是积极的。

四、教育质量评估分类

教育质量评估可分为三类:第一类是消费者对专业教育质量的外部独立评估(有关质量的公共和专业认证、专业资格认证、组织的公共认证、课程质量及其开办机构的公开评级、专家分支机构认证、国际标准规定的人员认证制度);第二类是教学课程的认证(国家认可、分支机构认可、专业和公共认证、课程认证);第三类是对教育机构管控系统的评估(教育机构的质量管理体系认证、参加欧洲质量管理基金会且获奖、俄联邦政府、教育和科学部、分支机构和教育机构的国际评级)。

随着教育机构评估类型范围的扩大,教育质量评估开始不断变革突破,要求对完善的评估系统进行修订、实现现代化、发展新的自我评估方法等。在这种背景下,教育质量评估出现了两大类问题:不依赖于教育机构的外部问题和教育机构的内部问题。

外部问题:

- 评估主体对评估方法缺乏统一性;
- 增加评估的种类和主体,但缺乏相应的技术和规定;
- 没有专家对教育机构的活动成果和质量进行评估,质量保证系统不唯一。

内部问题:

- 教育机构缺乏完善质量监控体系的秩序;
- 在教育实践中,对“质量”概念的理解缺乏一致性;
- 教学人员对新类型的评估缺乏准备;

• 缺乏对教育机构的活动成果和质量进行评估的必要的专家和组织结构;
• 缺乏参与竞赛、评级以及进行认证和认可的资源。

根据高等教育机构(包括乌拉尔国立师范大学在内)的经验,我们能够大致规划出引入新型绩效和质量评估机制的方法:

第一阶段　最高管理层认识到变革的必要性,包括改变组织活动成果和质量的基本评估原则。

第二阶段　与顾问一起对活动成果和质量进行评估。

第三阶段　创建开发人员团队,确定活动的主要方向。

第四阶段　设计组织活动成果和质量评估的理念和政策。

第五阶段　配置基本的评估模式,使其最适合高等教育机构。

第六阶段　人员培训。

第七阶段　制定关于工作程序和学术人员激励机制的新规定。

第八阶段　根据活动成果和质量评估模型的要求改善管控系统。

第九阶段　创建能够持续收集、处理数据和信息流的信息系统。

五、高等教育机构的应对策略

为完成上述要求,高等教育机构应从以下方面做好准备:熟悉最佳方法,论证做出的选择,并在评估组织活动成果和质量时综合使用不同的模型;从对学生、相关方和整个社会是否有益的角度来评估行政行为;掌握管理流程和持续改进的机制;掌握进行内部审计的机制;做好准备,并为各级人员和管理者创造条件,使其能够积极参与使用定量和定性标准的方法评估整个过程、绩效和活动的生产率和效率。

评定大学提高教育服务质量的主要文件是《乌拉尔国立师范大学高等职业教育质量政策》。我们把促进俄罗斯社会团结,加强代际联系,推广信息、创造性以及精神和道德价值观放在第一位。评估大学质量应基于社会和国家对我们的信任,我们在保护、恢复和发展俄罗斯人文能力方面做出了一定的贡献。高等教育的战略目标包括:落实各类消费群体对高等教育服务的要求;实行以能力为基础的专家培训方法;为社会文化教育环境的形成、学生的自我表现和自我发展创造条件;对专家进行职业培训、再培训和高级培训,其培训质量必须由其活动领域的需求和竞争力来确定;提高大学在地区和国家中的排名和声望,对俄联邦和欧洲教育界的师范教育需求产生影响。

提升专业人才培养质量,应开拓现代社会生产方向和专业所要求的新事物;不断改进基础教育和美术教育;在教学和教育过程中实现人本主义教育范式的原则;鼓励有才能的教师和研究生在教学过程中引进新技术；根据市场体系和社会学研究，不断核算社会需求；不断改进教育过程、行政管理活动的过程，提供资源和评判措施；落实高等教育机构教育工作的完整理念。

上述文件描述了提高高等教育质量的形式和方法，假定教育过程与未来专家的活动领域相结合；准确地界定了旨在形成自我教育技能和实现自我人格的新的教育技术；改进教育过程中的方法和物质支持，用研究工作的成果提升专家关键能力的熟练程度，包括掌握外语和信息技术都得到明确界定。这些都帮助我们改进了对学生的教育工作，形成了具有专业素养的教育队伍。

六、乌拉尔国立师范大学概况

大学规划的本质是选择不做什么。我们专注于服务学习的实践、有效的伙伴关系，试图通过学术教职员工的参与及其社会责任感来促进大学的发展。我们已明确机遇会带来风险，努力追求学术卓越。

根据 2016 年对俄罗斯高等教育机构绩效活动的监测结果，乌拉尔国立师范大学在过去几年中第五次获得认证，并且七个参数全都达到要求。审计期间评估了下列参数：

表 1　乌拉尔国立师范大学相关教学认证参数(2016 年)

参数编号	参数名称	值	阈值指标	与 2015 年相比
E. 1	教学活动	65. 31	60	+4. 5%(62. 5)
E. 2	研究	72	70. 1	−26. 3%(97. 74)
E. 3	国际活动	2. 1	1	+21. 4%(1. 73)
E. 4	金融和经济活动	1954. 78	1566. 11	+23. 9%(1578. 22)
E. 5	教员工资	156. 22	133	+19. 3%(130. 92)
E. 6	雇佣情况	85	75	—
E. 8	其他指标	3. 4	2. 87	−6. 3%(3,63)

七、经验教训总结与分析

在着手评估乌拉尔国立师范大学在某些领域的绩效之前，我们大致总结出以下几点：第一，学校为 2016—2020 年学术课程的开展奠定了稳定的基础；第二，我们对重点项目、目标和挑战作出强调，在新学年将继续努力，以满足教育之于国家和社会及国家和社会之于教育二者之间不断变化的要求；第三，教育是国家转型过程中的一个重要成分，我们认为在推动变革之前，了解大学的作用至关重要。

乌拉尔国立师范大学的教学活动绩效根据15种指标进行评估。结果显示，乌拉尔国立师范大学的绩效几乎每项指标都超过了平均值。研究生课程的学生人数在一定程度上低于平均值，但这是该地区的典型情况。学校制定并实施创新项目“教师专业标准”“社会工作者专业标准”“师范班”，提供双重招生机会等。学校还利用远程技术提高了教育课程质量，增加了针对儿童和成人的继续教育课程。

乌拉尔国立师范大学的研究活动根据16种参数进行评估。其中有14项参数值超过了平均值，包括过去5年租金收入稳定综合指数、许可协议的数量、科技期刊的数量（含电子期刊）以及当年收到的捐赠金额等。科技期刊影响指数显著增加：《俄罗斯教师教育研究》——0.529；《政治语言学》——0.543；《特殊教育》——0.322。捐赠基金会的名单有所增加：乌拉尔国立师范大学的研究项目得到了俄罗斯国家科学基金会、俄罗斯联邦财产基金会、俄罗斯地理学会以及圣谢拉菲姆·萨罗夫慈善基金会的支持。乌拉尔国立师范大学的教师参加了俄罗斯技能竞赛以及“年度教授”“年度教师”等的评选活动。

乌拉尔国立师范大学的教员数量符合俄罗斯及叶卡捷琳堡地区大学的平均水平。学校在培训教育领域的专家方面占有51.7%的市场份额。

乌拉尔国立师范大学开展了多方面大规模的社会工作；不仅考虑到学生的不同兴趣爱好，也考虑到现代社会当前价值体系的要求。乌拉尔国立师范大学的校训“教与学”描述了师生之间的关系。但是，我们的毕业生需要“学会如何学习”，影响他人，既要参加专业活动，也要参加公民活动和任何其他对社会文化有益的活动。我们有信心做到这一点。

需要强调的是，所有这些工作都是利用现代技术完成的。

乌拉尔国立师范大学努力提高毕业生的竞争力。根据雇主对毕业生培训质量满意度的调查，83.3%的受访者认为乌拉尔国立师范大学的毕业生水平较高。特别值得赞赏的是他们的自我发展能力和信息技术使用能力，以及宽容、善于分析、有团队合作精神、懂得战略管理等品质。

我们一直强调的一个重要问题是：给缺少发展机会的儿童提供包容性教育。几十年来，为教育有特殊需求的年轻人，我们的专家一直在研究其他国家之前解决该问题的经验，试图借鉴这些经验并根据我们的情况加以调整。这个问题目前还存在，不仅是因为它没有得到彻底的解决方案，还因为国家引入了新的教师专业标准。在各个活动领域（教育、财务和商业报告、就业分析）的有关报告中，这个问题一直被单独处理，即为有特殊需求的学生提供使用教育设施和其他设备的机会。

乌拉尔国立师范大学实施了一个新的“无障碍环境”项目，教务处十分重视大学基础设施的现代化，为有特殊需求的学生提供支持。大学就业指导中心与雇主有直接联系，雇主愿意接收该类毕业生。不仅如此，从事包容性教育的是经过专门培训的具备一定能力的学校教职工。另外,我们认为,高等教育环境在空间、技术、智力、道德、心理等诸多方面都应该是“无障碍的”。

乌拉尔国立师范大学位于乌拉尔地区的中心——叶卡捷琳堡,处于欧洲和亚洲的交界——这使得乌拉尔国立师范大学教育系统不断向欧洲看齐。在学术交流方面,组织多层面的科学、教育及方法合作,开展联合研究和出版活动,围绕教育进程总结交流经验,编写手册,举办国际会议、讲习班、展览等。此外我们还举办了欧洲和美国大学课程的介绍会和教育展览会,组织了美国、澳大利亚、加拿大、德国、奥地利、法国等国的“文化日”,与教师专业发展研究中心和青年政治教育学院(德国)展开了长期合作。

与中国教育机构合作是乌拉尔国立师范大学建立国际伙伴关系的主要方向之一。目前,我们与中国的 9 所高等教育机构保持着合作关系。

与国外高等教育机构展开成功、有效和互利的合作,有利于提升我们学术交流的数量和质量。合作的方向包括:

教学活动:

- 颁发双学位证书,在本科阶段开展联合教育课程。
- 为各阶段(学士、硕士、研究生)的外国学生提供更多教育课程。
- 开办供外国学生学习俄语的暑期班。

学术研究:

- 在乌拉尔国立师范大学的学术期刊上发表与外国作者及专家联合署名的文章。
- 在科技类杂志上推广使用 WoS 和 Scopus 数据库索引的文献。
- 开展联合研究,包括参与俄罗斯和国外的奖学金项目。

21 世纪的前 20 年,俄罗斯教育系统的各级教育活动都发生了重大变化。众所周知,任何改革或转变都非易事。我们无法预见大学的教育模式是否会突然发生全面转变。现代大学转型战略的核心是积极参与国家教育发展和学术计划,随时响应当前的要求,培训受欢迎的、流动的、创新型的专家。

八、结语

大学在全球转型时期的选择问题是经常被问到的问题——一个常见但未被解决的问题,学术界也没有对其进行解答。根据过去多年的经验,我们提出自己的见解,以此为大学在当前全球化环境中的选择和社会责任建言献策。大学是独特的全球性机构,受到文化和社会经济背景的影响。

总结来说:

1. 社会和经济的转型离不开大学。

2. 大学的本质功能是教育，它可以激发学生的思考能力。

3. 教学和研究相辅相成；只有当研究与教学过程相关时，研究才会发挥作用。

4. 大学的核心战略目标之一是其注重合作共赢和社会责任的文化，此外，还要为学生提供良好的教育和科研环境，增强用户体验。

5. 大学能够激发社会活力，对经济产生影响。

6. 社会变革会影响高等教育的评估和判定机制。

（阿蕾弗提娜·西蒙诺娃，乌拉尔国立师范大学校长）

跨文化语境中女性领导力的教育基础研究

◈ 舒笑梅

当今世界,女性越来越多地参与到政治、经济、文化、科技、教育、军事多个社会领域,不断发挥引领能力,并且随着全球化和国际化进程的加快,在世界范围内呈现出越来越频繁的跨国交流、跨文化沟通的倾向。大学具备培养人才、科学研究、提供社会服务和传承文化的功能。而如何反映时代变迁,通过行之有效的教育方法,让今天的大学生、未来的建设者增强跨文化意识,培养跨文化沟通能力,已经成为当前跨文化语境下高等教育所要面对和着力解决的问题。本文拟结合女性领导力的内涵要素和跨文化教育的要求,在课程设置领域探讨发展女性领导力的路径和培养策略。

一、女性领导力的内涵要素

(一)女性领导的研究综述

20 世纪 90 年代以来,随着教育的普及、社会的转型以及经营环境的变化,女性在职业生涯的发展中拥有了更多的选择权和自主权,越来越多的女性领导脱颖而出。根据联合国的调查报告,“尽管女性行政和管理人员的比例在全世界所有区域的劳动力人口中都低于 30%,但其上升的趋势十分明显。”[①]由此对女性领导者的研究成为管理学研究的一个重要组成部分。美国未来学派学者帕特里夏·阿伯迪妮和约翰·奈斯比特(Patricia Aburdene and John Naisibitt,1992)预测女性在劳动力市场居于弱势的时代即将过去。[②]罗森纳(Rosener)潜心研究了女性领导的领导风格,发现社会化与生涯路径的不同是构成男女领导风格差异的重要因素。赫尔格森(Helgesen)分析了女性领导的行为方式,指出

① 联合国发展研究所. 男女平等:在不公平的世界里争取公正[M]. 北京:中国对外翻译出版公司,2007:162.

② ABURDENE P, NAISIBITT J. Megatrends for women: from liberation to leadership [M]. New York: Fawcett Columbine, 1992:1.

“女性的领导是从组织的中心往外扩散;而男性则采取自上而下的科层领导”①。国内学者如王小波、谭琳(2007)②、宋彩萍(2009)③、蒋莱(2010、2011、2012)④等研究了国内女性领导的职业分布、管理能力和工作风格。

(二)女性领导力的定义

对女性领导的关注也使她们身上所承载的女性领导力受到越来越多的关注。不过,令人遗憾的是,国内学术界至今对女性领导力的确切定义尚未形成统一的认识。笔者以为,我们不妨先借鉴国内外学者对领导力所做的界定,在此基础上给予女性领导力一个较为清晰的定义。英国索伦特大学副校长迈克·威尔金森(Mike Wilkinson)认为:“领导力是把握组织的使命及动员人们围绕这个使命奋斗的一种能力;是领导者的个体素质、思维方式、实践经验以及领导方法等的综合体现。领导就是赋予他人表现的舞台,让人高效、愉快、正确地做事并取得成果的过程。”⑤结合威尔金森的定义,笔者以为,女性领导力不应被狭义地限定为与女性性别本身有关的能力,而应该被广义地界定为领导者特别是以女性为主体的领导者在引领他人“做对的事”⑥的过程中,在个体素质、思维方式、实践经验以及领导方法等方面更多地体现出女性化特征或柔性化特征(feminine characteristics),因而这样的领导“更注重人际、相互依存、合作共事、趋于社会导向型等一致”⑦。同时笔者认同叶忠海对女性领导力的三个层次的分析,他认为,女干部领导能力分为三个层次:基础层由调查研究能力、哲学思维能力、心理承受能力和调适能力、与异性合作共事能力构成;中间层由预测决策能力、社会活动能力、知人善任能力、指导基层工作能力、应变适应能力构成;最高层由开拓创新能力构成。⑧

二、女性领导力的跨文化教育背景

采用如上方法界定女性领导力可以将我们的关注重点从性别差异转移到活动结果,

---

① Women leadership in education [M]. New York:State University of New York Press,1995. 转引自:石庆华. 全球化时代女性领导力的新范式 [J]. 延边大学学报(社会科学版),2008(6):130.

② 王小波,谭琳. 社会发展中的社区与女性[J]. 山西师大学报(社会科学版),2007(6):60-64.

③ 宋彩萍. 京沪两地普通高校女校长调查分析报告[M]//2009上海国际女性论坛社会性别与女性人才发展论文集,2009.

④ 蒋莱. 多维视野下的女性领导力特征分析[J]. 领导科学,2010(5):33-35.
蒋莱. 女性领导力研究综述[J]. 中华女子学院学报,2011(2):66-72.
蒋莱. 女性领导力的现状及发展趋向[J]. 山西师范大学报(社会科学版),2012(4):123-126.

⑤⑥ 威尔金森. 英国大学领导力的培养与发展——以伦敦地区某高校为例[J]. 井美莹,译. 国家教育行政学院学报,2012(6):92-95.

⑦ 屠立霞. 女干部行政领导能力及影响因素的结构分析[D]. 杭州:浙江大学,2003.

⑧ 蒋莱. 女性领导力研究综述[J]. 中华女子学院学报,2011(2):66-72.

从性格分析转向行为评价,从工作领域转向工作背景,从而更好地契合全球化和国际化的跨文化教育语境。

(一)文化

首先,跨文化教育必然与“文化”一词紧密相关,但学界对文化的定义历来众说纷纭,对其内容的界定也因学科和视角的不同而显得丰富多彩。萨莫瓦尔(Samovar,2009:16)在《跨文化交流》一书中提到“早在1952年,一份人类学文献评论显示了对‘文化’一词所下的164种定义”①。哈里森和亨廷顿也承认:“‘文化’这一术语在不同的学科和不同语境中具备多重含义。”②目前,学界普遍接受的是英国人类学家泰勒(Edward Burnett Taylor)对“文化”一词所做的界定。泰勒在1871年出版的《原始文化》(*Primitive Culture*)一书中写道:“文化或文明,就其广泛的民族学意义来讲,是一复合整体,包括知识、信仰、艺术、道德、法律、习俗以及作为一个社会成员的人所习得的其他一切能力和习惯。”③美国人类学家爱德华·霍尔(Edward Twitchell Hall Jr.)在1959年出版的《无声的语言》(*The Silent Language*)中首创“跨文化交流”(intercultural communication)一词。在霍尔看来,文化和交流是一回事,即“文化是交流,交流是文化”(Culture is communication and communication is culture.)。在他看来,“人类生活的任何一个部分无不被文化所触及并改变”④。霍尔还指出:“任何文化都是在与其他文化的交往和影响中发展起来的。”⑤

以联合国教科文组织为代表的国际组织借鉴了泰勒、霍尔等学者的见解,在历次国际会议中提出文化发展的目的就在于鼓励人们通过广泛的参与和积极的交流,使文化能为每一个人所用,人人都能获得享有自由文化生活的权利,并在此基础上激发文化活力,促进社会的进步和发展。

1982年,联合国教科文组织在墨西哥城召开世界文化政策会议,颁布了《墨西哥城文化政策宣言》(*Mexico City Declaration on Cultural policies*)。该文献结合了泰勒的经典定义,将文化浓缩为社会发展过程中人类创造物的总体,认为文化“是描述一个社会或社会群体的独具特色的精神、物质、智力和情感特性的一整个综合体”⑥。1992年,联合国教科文组织召开第43届国际教育大会,发布了《教育对文化发展的贡献》(*The Contribution*

---

① SAMOVAR L A,RICHARD E P,EDWIN R M. Communication between cultures (6th edition) [M]. Beijing:Peking University Press,2009:16.

② HARRISON L E,HUNTINGTON S P. Culture matters:how values shape human progress [M]. New York:Basic Books,2000:xv.

③ TAYLOR E B. Primitive culture [M]// Communicating and adapting across cultures:living and working in the global village. Westport,CT:Bergin and Garvey,1999:3.

④ HALL E T. The silent language [M]. New York:Doubleday,1959:169.

⑤ HALL E T. Beyond culture [M]. New York:Anchor Doubleday,1977:14.

⑥ UNESCO. Mexico City Declaration on Cultural policies, adopted by the World Conference on Cultural Policies [Z]. Mexico City,1982:1-2. http://www. ibe. Unesco. org/policy/ICE_PDFs/REC_78_E. PDF.

of Education to Cultural Development)。该文献肯定了墨西哥世界文化政策会议对文化所下的定义,又在此基础上廓清了文化的外延,认为"它包括生活方式、传统和信仰、艺术和文学,且在价值体系中包含着人类的基本权利。一个国家的文化并不局限于学术文化,还包括流行文化。文化不仅仅局限于遗产,而是通过创造力和记忆而得以丰富和发展。活生生的文化是不能只向内看的;交流使它变得肥沃。最后,科学文化在帮助人类文化构建通用基础上发挥着越来越重要的作用。"[①]1996年和2006年,联合国教科文组织又相继发表了《国际理解教育:一个富有根基的理念》(*Education for International Understanding: An Idea Gaining Ground*)和《跨文化教育指南》(*Guideline on International Education*),再次廓清文化的概念,为促进跨文化交流提供学理支撑。

(二)教育

既然人类生活的每一个部分都被文化所触及,那么教育也概莫能外。《教育对文化发展的贡献》对教育做了如下定义:

> 教育是人类全面发展过程中所处的环境,贯穿人的一生,致力于在智力、身体、情感、道德和精神方面实现人的梦想。教育的任务不仅是传播知识,知道个人所属文化的秘诀、价值和其他组成部分,教育还旨在培养人的创造力和独立性。通过开发感受性和聪明才智(receptiveness and acumen),教育增强了个人的能力,反过来,也丰富了他们自己的和其他的文化。教育也有助于个人更好地融入文化、社会和经济生活之中,并因此开发了无论是精神的还是物质的各类发展都必须依赖的人力资源。[②]

从以上定义不难看出,无论教育以何种形式出现,它都必须与文化保持良性的动态互动关系,为此,《教育对文化发展的贡献》提出"文化教育"(cultural education)这一措辞来进一步表述文化与教育的关系,认为文化教育包括:知识介绍、欣赏文化遗产以及介绍当代文化生活;熟悉文化传播和发展的过程;承认文化遗产和当代文化之间所具备的同等尊严和牢固持久的联系;艺术和审美教育;伦理和公民价值训练;媒体教育;跨文化和多元文化教育。[③]

(三)跨文化教育

与文化教育提出的内容相结合,《教育对文化发展的贡献》首次提出了"跨文化教

---

①②③ UNESCO. The contribution of education to cultural development, 43rd[Z]//Session of International conference on education. Geneva, 1992:18. http://unesdoc.unesco.org/0012/001248/12833e.pdf.

育”(intercultural/multicultural education①),并阐述了这一概念的内涵和实施目的:

跨文化/多元文化教育:面向所有学生和公民,这种教育的设计是为了促进对文化多样性的尊重、促进相互理解、丰富文化多样性。这种教育的真正方法不应将它自身局限于提供补充内容,或仅限于外国学校活动或某些学科,而应该渗透至所有教学和整个教育结构之中。这种教育是教育者和所有其他相关合作伙伴的共同责任,包括家庭、文化机构和媒体。它通常被认为是包含了所有学习者所涉及的项目、课程或事件,在这样一种教育背景下,促进对文化多样性的尊重,提高对各种可识别团体的文化的理解。此外,它进一步融合学业成就,促进国际理解,使之得以对抗各种形式的排斥。这一目标应该从理解自己民族的文化转移到欣赏邻近民族的文化最终至全世界的文化。②

三、跨文化语境下的女性领导力培养策略

要将政策文件中跨文化教育的理念真正落实到课程教学的实践中,同时在跨文化语境中培养女性领导力,使女性领导力的基础层次、中间层次和最高层次都能得到充分的发展,需要我们一方面更加深入地思考女性领导力的学理依据和内涵性质,另一方面进一步强化将跨文化教育作为大学基础课程的重要目标的意识,综合考虑各类课程的外延架构、内涵性质、授课方式和授课层次等问题,注意处理好它们之间的关系。

(一)突出跨文化语境,培养全球思维能力

从上文对跨文化教育的学理依据的分析不难看出,文化是人类全部文明的综合整体,包含高层文化(high culture)、大众文化(popular culture)和深层文化(deep culture)等多层次的内容。跨文化教育“包含了所有学习者所涉及的项目、课程或事件”,所以,应该在大学所有学科的教育中加强跨文化语境的意识,设法为学生提供国际化的课程体系,建设国际化的师资队伍,吸纳来自不同国家和地区、不同文化背景的学生,让他们通过自

① 联合国教科文组织的文献将跨文化教育和多元文化教育作为并列词加以呈现。不过,以古狄昆斯特(Gudyknust)为代表的国外学者却区分了跨文化和多元文化,详见 GUDYKNUST W. Cross-cultural and Intercultural communication [M]. Shanghai:Shanghai Foreign Language press,2011:163-190. 国内学者黄志成、魏晓明(2007:60)、张红玲(2013:149)也对这两个词的异同进行了比较,基本而言,他们同意古狄昆斯特的观点,认为跨文化教育指的是不同文化之间的交流和互动,是动态的;多元文化强调的是一种并存的状态,是静态的。详见:黄志成,魏晓明.跨文化教育—国际教育新思潮[J].全球教育展望,2007(11):58-64. 张红玲.以跨文化教育为导向的外语教学:历史、现状与未来[J].外语界,2012(2):2-7. 考虑到中国英语教育的现状,本文所指的跨文化教育侧重“intercultural education”所指的含义。

② UNESCO. The contribution of education to cultural development,43rd[Z]// Session of International conference on education. Geneva,1992:19. http://unesdoc.unesco.org/0012/001248/12833e.pdf.

己的亲身体验,了解不同国家和地区的政治、经济、地理、历史、人文、经济、宗教、习俗等方面的知识,了解这些国家和地区在日常生活人际关系、价值观、信仰、行为举止、习俗等方面的社会文化差异,从而认识并克服文化定型(stereotype)观念,学会应用不同的跨文化交际策略与异文化人士进行沟通和交流,逐步培养斯皮茨伯格(Spitzberg)所倡导的八种"全球思维能力",即对交流情境的关注、接受复杂和冲突、多样化敏感性、在意外中寻找机会、对组织的忠诚、关注持续的进步、发展的时间观念和系统的思维能力①,让学生在四年不间断的学习过程中,在不同种类、不同形式、不同目的的课程学习中,综合积累文化知识,夯实语言技能,磨炼交际策略,形成一定的跨文化交际能力。只有通过这样的教育,才能最大限度地促进学生在智力、身体、情感、道德和精神方面的提升,帮助他们实现人的梦想。

以耶鲁—新加坡国立大学学院为例。该学院由主管"大学与环球关系"事务的副校长江莉莉教授负责筹备,旨在为未来社会培养极具潜能的领导人才和高素质的世界公民。她于2007年10月至2013年11月担任新国大副校长。在江校长的推动下,2011年4月,新加坡国立大学成立了亚洲首个仿照美国高等院校的人文学科(liberal arts)教育体系而设的人文教育学院——耶鲁—新加坡国立大学学院,它也是耶鲁大学在美国本土之外设立的首个亚洲分院。耶鲁大学校长理查德·莱文(Richard Charles Levin)认为之所以选择在新加坡设立该院是"我们希望建立一种令人兴奋、很多亚洲国家都感兴趣的模式,因为它在解决全球复杂问题上有宽广的视野"②。2013年首批招募的155名学生在求学前两年的时间里学习一些通识课程并在第三学年集中学习专业课程,他们可以从学院提供的14种专业中加以选择。③ 这种培养模式在亚洲的很多大学并不常见,因为亚洲大学一般都是入学后即进入某个专业性的领域进行学习。该学院的教学方法也有所创新。大多数的课堂人数限定在18人以内,而教学方法均采用的是研讨班形式,课堂活动注重批评性思维的培养和课堂教学的互动。此外,该学院还借鉴了耶鲁大学的住宿模式,为学生提供学习、生活、社会交往密不可分的良好氛围。在课程设计方面,该学院不仅接触经典的西方哲学,还将研习中国哲学家孔子、孟子等极具东方元素的哲学思想。身为该学院的代理副院长,江莉莉希望创立一种既不过于倚赖又不完全脱离西方模式的新型人文学科教育模式,让学生们在东西文化交融的氛围中学习磨炼。

(二)增加文化体验,提高跨文化领导能力

考虑到文化所包含的内容之广,跨文化教育框架下的大学教育不仅要有课堂教学,

---

① SPITZBERG B H. A mode of intercultural communication competence[M]//Intercultural communication: a reader. California: Wadsworth Publishing, 2000: 375-387.

② 张立玮. 美国耶鲁大学和新加坡国立大学将合作成立文学院[J]. 世界教育信息, 2011(5): 3.

③ FU P. Singapore-based liberal arts college welcomes first cohort of students[N]. Xinhua News Agency, 2013-08-27.

还要包括直接感性的文化体验和丰富多彩的文化实践。因此，笔者以为，有必要通过实践教学来建构课堂内外相互结合，多种时段交叉组合，通识教育、专业教育和养成教育交互渗透的多样化运行模式，形成多元文化引领和文化融合，从单一文化独享过渡至多元文化并存，逐步实现全球能力测量表（Global Competencies Inventory，GCI）所提出的跨文化领导者具备的16种能力：没有偏见（non-judgementalness）、容忍不确定性（tolerance of ambiguity）、好奇（inquisitiveness）、世界大同主义（cosmopolitanism）、兴趣灵活性（interest-flexibility）、利益关系（relationship interest）、人际交往（interpersonal engagement）、情绪敏感性（emotional sensitivity）、自我意识（self-awareness）、行为灵活性（social flexibility）、乐观（optimism）、自信（self-conference）、自我认同（self-identity）、非压力倾向（non-stress tendency）、情感坚韧（emotional resilience）和压力管理（stress management）。培养跨文化交际能力、形成较高的人文素质是一项长期的系统工程，建构女性领导力更是其中的一项艰巨任务。在设置大学基础课程的文化导入内容时，应秉持循序渐进的原则，充分考虑学生的认知能力和心理、生理情况，从掌握文化知识、理解文化内涵逐步过渡至提升跨文化交际意识与能力；充分发挥学生的主观能动性，引导其以客观、宽容的态度和同理心对待异国文化；在行为要素方面，通过各种交际策略，增强文化敏感性，提高文化适应能力。总之，这是一项任重而道远的任务，需要同仁不懈努力。

（舒笑梅，中国传媒大学教授、博士生导师）

女性领导力培养与大学教育教学改革

◎ 樊丽明

当今世界,在政治、经济、文化、社会、科技、教育等各个领域涌现出了大量杰出的女性领导者,并产生了深远的影响力。分析她们的受教育背景会发现,这些女性领导者大多接受过优良的高等教育,她们卓越的领导能力离不开高等教育阶段的培养。大学阶段的通识教育、各类论坛、国际交流、科研创新训练及社会实践活动等,有利于女性领导力的最初形成。上海财经大学以分类培养为理念,加大教育教学改革力度,通过实施通识教育改革、设立"科学·人文大讲堂"、增加学生的国际体验、培养科研创新精神及加强社会实践活动等一系列途径培养女大学生的领导力,力求为社会培养输送大批女性领导人才。

一、女性领导力的特征及其培养

领导力是领导者在领导活动中所具备并运用的思想力、决断力、组织力和聚合力等核心素质的集中体现,具体反映在领导者的个体素质、思维方式、实践经验以及领导方法等方面。女性领导力是女性领导者身上所展现出来的具有女性独特魅力的领导风范,与一般的领导力相比,女性领导力既有优势,也有不足。女性领导力是需要培养也是可以培养的,大学是初步形成女性领导力的重要阶段。

(一)女性领导力的优势和不足

1. 领导力的核心特质

在领导力特质中,思想力、决断力、组织力和聚合力是一个成功的领导者必不可少的素质。其中,思想力是领导行为的基石,反映了领导者以新知识、新视野、新理念解决新问题、开拓新局面、实现新发展的能力;决断力是领导力的重点,反映了领导者面对战略实施中的复杂问题、突发事件及困难局面进行快速思考并作出科学判断和有效决策的能力;组织力是领导力的具体实现,体现在执行力、行动力上,体现了领导者的顶层组织设计意识,综合协调、引领发展的能力,以及落实工作的能力;聚合力是领导力有效发挥的保障,要求领导者善于用人、管人,努力凝聚人心,调动成员的主动性和创造性,提高组织成员的向心力和凝聚力。思想力、决断力、组织力和聚合力等领导力素质只有协调统一,才能有效地转化为领导力,最终实现领导目标。

2. 女性领导力的优势

从21世纪开始,女性领导力日益成为引领风格的领导模式。女性领导者在沟通与团队协作、人性化管理以及个人素质等方面所表现出的特质,在组织管理中彰显出独特的聚合力优势。

一方面,女性善于沟通,注重柔性领导。女性的心态积极而坚强、善于学习、为人大度。与传统男性领导者相比,女性领导者不只是靠直接的、外显的手段去指挥、监督被领导者,而是更倾向于采用激励、沟通、协调、引导等柔性的、间接的、内隐的领导艺术去支持、影响下属。因此,女性领导力呈现出明显的柔性特征,她们善于协作、敢于授权、多与下属交流和沟通,能够更好地把握情感和理智,更合理地处理和解决问题,契合了现代管理的发展趋势,在现代社会组织管理中具有不可替代的优势。

另一方面,女性认真敬业,注重人本管理。独特的母性天性使得女性领导者富有爱心和耐心,亲和诚恳、委婉和善、善解人意。女性领导者的这些品质使其在管理过程中更注重于人性化管理,个人魅力得到提升,在组织中拥有较强的亲和力和凝聚力。同时,女性领导者懂得关爱他人,能够换位思考、设身处地地体会他人的感受,充分体现出平民化、人性化的领导风格。这种"以人为本"的管理理念更符合当今被领导者要求得到尊重与认可的心理诉求,因而女性领导者的决策也更容易被理解和接受。①

3. 女性领导力的不足

受到传统观念、性别角色和社会环境等因素的制约,女性领导者还需要进一步提高自身的思想力、决断力和组织力等领导力素质。一方面,女性领导者需要加强人文科学素养,提升思想力。人文科学素养是指一个人拥有道德伦理、哲学、历史、文学、艺术等学科的知识,经过人文熏陶和理性思考,表现出对人的价值和科学的尊重。人文科学素养决定了领导者思想力的高下,进而直接关系到领导者的管理能力。女性领导者要对人类文化的各领域、各层面都有所涉猎,形成自己对于生命、生活、历史、科学、社会的独特见解、感悟和态度。

另一方面,女性要培养创新精神,开阔眼界,提高决断力。创新意识和国际视野决定着领导者决断力的质量,关系着领导力的效率。女性的思维偏向感性,性格偏向保守,求

---

① 贺善侃,杨政.从现代领导力的柔性化趋势看女性领导力开发[J].中国浦东干部学院学报,2013,7(4):61-65.

稳心态较重,面对新情况、新问题时,容易受思维惯性、经验主义的影响,决断力不足。女性领导者要培养创新精神,提高决断力,科学有效地解决问题。同时,在国际化大背景下,女性领导者需要跳出本部门、本单位的局限,将本组织发展同国际化的潮流联系起来,拓展国际视野,进而提高决断力。

此外,女性要提高行动力和执行力,加强组织力。女性行事低调、作风柔和,往往显得行动力和执行力不足,而领导者执行力和行动力上的不足会最终影响到整个组织领导行为。女性领导者要清醒地认识自身的不足,扬长避短,刚柔并济,学会理性决策,树立认真调研、仔细论证、大胆推进的工作理念,敢于冲破阻碍,做到富有感性但秉持理性、长于亲和力而不失原则性。

(二)女性领导力的培养与大学教育教学改革

中国是目前世界上高等教育规模最大的国家,有2,700多万高校在校生。根据教育部2009——2014年公布的各级各类学校学生人数统计数据,全国女大学生、女硕士人数连续多年超过男生;女博士的比例每年也在递增。领导力不是天生的,女性领导力要通过有组织的教育活动来培养。高等教育阶段的学习实践活动能有效地提高女大学生在沟通、合作、组织、创造、决策等方面必备的领导素质,是女性领导力形成的基础,更是她们未来开创事业的关键。① 在女大学生比例不断增加并占据高等教育半壁江山的当下,高校应加大教育教学改革,对女性领导力的培养给予更多关注。

1. 第一课堂与第二课堂联动

过去的高等教育往往只关注第一课堂,注重传授专业知识,对学生科学人文素养和创新精神的培养普遍不足。对21世纪的女性领导者而言,人文科学素养和创新精神是其领导力形成不可或缺的要素。因此,除了持续加强第一课堂专业教育外,高校还要重视利用第二课堂开展形式多样的人文通识教育和科研训练,第一课堂与第二课堂联动,促进女大学生人文素养和科学创新精神的提升。一方面,加强通识教育,为培养女性人文素养提供肥沃的土壤;加强第一、第二课堂通识课程设计和建设,广泛吸纳优秀师资,提供更好的人文通识教育。另一方面,加强科研训练,培养严谨的逻辑思维和创新能力。

2. 整合国际国内资源

过去,国内、城际、同城高校之间的资源共享是一种趋势,出现了各种“联盟”形式。随着世界经济一体化进程的加快,高校与国外政府、高校、科研机构、国际组织、企业等的合作越来越多元,合作形式越来越多样,从人才交流到高层次人才引进、联合培养、合作

---

① 复旦大学与交通银行联合发布的一个研究中小微企业成长指数的报告佐证了这一判断,该报告显示:在2013年参与调研的企业中,62.8%的女企业家拥有本科学历,高于男性2.4个百分点,还有8.8%和0.9%的硕士和博士毕业生。这表明,高等教育与女企业家的产生及其领导力具有密切关系。

研究，等等，合作区域也从欧洲、美洲逐渐扩大到亚洲、非洲、大洋洲。因此，高校除了挖掘国内资源外，还要充分整合利用各种国际资源，为女大学生提供广泛的国际国内交流机会。一方面，鼓励女大学生到国内外高校、科研机构交换学习，到异域体验感受，提高女大学生的交流合作能力特别是跨文化交流能力；另一方面，积极引进国际优质教育资源，创新国际化人才培养形式，让更多学生获得国际化的体验。

3. 打通校园与社会之间的壁垒

校内外实践活动可以提高女大学生的行动力和执行力，有助于她们获得未来事业的成功。以往的社会实践活动形式趋于单一，参与对象有限。随着高校与社会的联系日益紧密，学生参与社会实践活动的空间越来越广阔。一方面，搭建校内实践基地，为女大学生从事社会实践活动提供平台；另一方面，鼓励女大学生走进企业、走进乡村、走进各项大型活动现场，提高她们的组织领导力和协作能力。

二、上海财经大学的实践探索

上海财经大学是一所以经济管理学科为主的多科性全国重点大学，女生数量占据了一半以上（如图1所示）。学校以实施国家教育体制改革试点项目"卓越财经人才培养模式改革"为契机，加大教育教学改革力度，以人才分类培养为理念，开展拔尖人才、卓越人才和创业人才"三类型"卓越财经人才培养，为女大学生提供多元化培养路径，促进其领导力的形成，力争为社会输送大批女性领导人才。

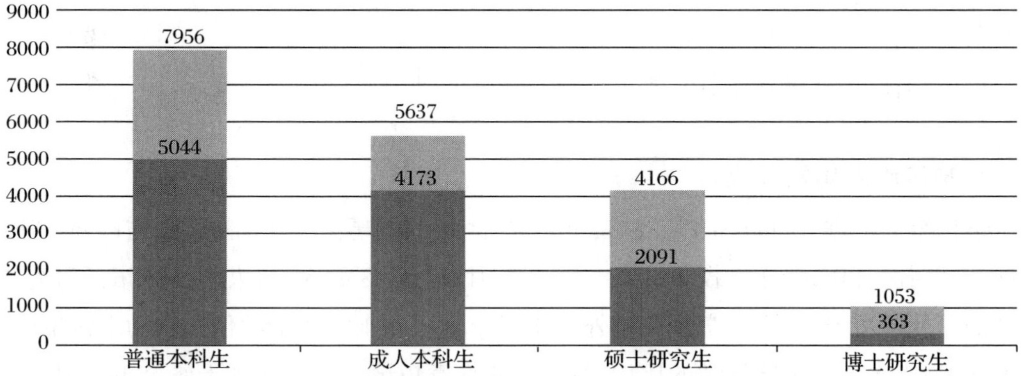

注：图中深色部分为女生人数，本图未统计留学生数量，2015年各类学生数量仍在统计中。

图1　2014年上海财经大学各培养阶段学生数量及女生人数

（一）实施通识教育改革

女性领导人才应该具备深厚的人文素养、严谨的科学精神、扎实的专业知识以及宽容的处事态度，培养女大学生的领导力要特别重视加强对其人文素养的熏陶。为此，上海财经大学启动实施了通识教育改革。

2013 年,经过充分酝酿和准备,学校正式启动通识教育改革,力求从传统的重专业化训练,向强调逻辑思辨、沟通交流、企业管理等综合能力训练转变。首先,打造七大核心通识课程模块;以通识与专业并重、继承和发展结合、知识共性与学科差异兼容为原则,设置了语言与跨文化沟通、经典阅读与历史文化传承、哲学思辨与伦理规范、艺术修养与运动健康、经济分析与数学思维、科技进步与科学精神、社会分析与公民素养七大模块的通识教育课程体系;力求通过广泛的教学、深刻的讨论和切身的体验,引导学生思考自身未来的发展定位,培养健全人格。其次,引培结合增加通识课程的种类和数量:制订通识课程建设规划,计划通过 5 年持续建设,新增 120 门通识课程,同时更新现有的 100 门课程,提高课程质量;加强与国内外高校的合作,通过师资互换,丰富课程资源;通过学生互换、课程互选、学分互认,扩大学生的选课范围,遴选优质网络课程资源组织教学。

(二)设立“科学·人文大讲堂”

人文科学素养是学生未来持久发展的源动力。上海财经大学设立了“科学·人文大讲堂”,邀请不同领域的专家为学生带来一场场科学文化盛宴。同时,学校对参与讲座的学生进行第二课堂学分认定,学生在校期间修读讲座 10 次,提交 1 篇讲座心得,经考核合格,可获第二课堂学分 1 学分。自 2013 年 6 月开办至 2015 年 6 月的两年时间内,“科学·人文大讲堂”已邀请中国工程院院士闻玉梅、中国科学院院士杨乐、中国工程院院士邬贺铨、中国科学院院士武向平等 63 位专家学者来校作讲座。系列讲座活动引导学生掌握了不同学科领域的知识与方法,促进了跨学科知识与专业教育的紧密衔接和融合。

(三)增加学生的国际体验

1. 推进国际化发展战略

学校全面推进 Global SUFE 战略,全力提升国际合作层次与水平,加强与国外一流高校展开多层次合作,合作学校包括欧、美、澳等国家与地区的 54 所大学。开拓多门类、宽口径的海外学习渠道,支持学生到国外一流高校攻读硕士和博士学位。推动本科生海外交流学习,扩大学生出国访学的比例,鼓励大四推荐免试生和专业硕士研究生出国访学。参与国际交流的本科女生人数达到当届本科女学生的 30%,本科女毕业生赴国外深造的占比超过 20%。

2. 开设暑期国际课程

当下,大规模派遣学生赴海外游学较为困难。为了让学生在校内就可以体验国际化教学,我校从 2014 年暑期小学期开始尝试开设暑期国际课程。设置初年,共有 9 个学院开设了37门课程,聘请了来自哈佛、剑桥、杜克、密歇根大学等世界知名学府的38位外籍教师,其中,女大学生选课超过500人次,完成课程修读的近450人次。暑期国际课程大幅提升了女大学生的国际化参与度,开阔了女大学生的国际视野,提高了女大学生的跨文化交流能力。

3. 落实海外实习基地

为深化学生的国际竞争力,推动生涯发展教育国际化,2015年学校着手搭建海外实习基地。其中,上海财经大学·上海糖酒集团澳大利亚海外实习基地项目就是一个重要的尝试。澳大利亚玛纳森食品集团作为上海财经大学的海外实习基地,定期为上海财经大学的在校学生提供短期实习岗位,由上海糖酒集团和上海财经大学共同组织部分在校生前往澳大利亚参加6个月的海外带薪实习。目前已有部分女大学生在完善的劳动制度保障下完成了海外实习项目。

(四)培养科学创新精神

面对瞬息万变的世界经济环境,女性领导要有创新、突破的精神,具备因应变革的能力。为此,学校加强对女大学生科研创新能力的训练,为她们形成初步的领导力奠定科学创新的基础。

1. 开设实验班

专业知识和学术研究能力是创新精神的起点。学校与国际一流大学同类学科接轨,培养拔尖创新人才,开设了数理经济实验班、金融实验班、公共管理实验班、英美法班等,从管理方式、课程设置、教学内容、授课方法等方面进行了改革,强化英语教学、专业理论和方法论等方面的训练。以"金融实验班"为例,该实验班汇集了海外和校内一流师资,采用国际通行的金融学专业课程设置方式,"统一六门核心课,打通专业选修课",学生第一、第二学年接受数学、英语与经济学专业知识强化训练,数学、英语水平应达到美国一流大学博士项目申请标准;第三学年在少而精的指导原则下,强化金融学基础训练;第四学年则拓展知识面,学生可自由选修全院课程(含部分研究生课程)。

2. 夯实科研训练平台

学校积极为女大学生创造各类科研训练机会,培养她们严谨思维和积极创新的能力。首先,依托重点实验室、重点科研项目、创新团队,开发与研制创新性实验项目,组织学生在第二课堂开展各种类型的实验、咨询、调查等活动,在教师的指导下进行课题研究。其次,依托国家经济学基础人才培养基地、创新与创业人才培养实验室、财经人才创业教育创新实验区等国家级人才培养模式创新实验区,逐渐完善实验教学体系。最后,通过创新性实验、科研创新、社会调查、数学建模、"挑战杯"大赛、大学生英语竞赛、计算机大赛等项目,推进研究性学习方法,激发女大学生的创造性思维和创新意识。

3. 设立科研创新计划

学校通过设立本科生科研创新基金、研究生创新项目等创新培养计划,引导女大学生积极参与并开展科学研究活动,鼓励女大学生深入科研创新。目前,一些女本科生、研究生的研究成果在国内权威期刊上刊发,研究项目得到各级基金的支持。与各类科研创新计划相配套,学校设立了学业导师和课程助教制度。学业导师参与指导女大学生的科研训练、学科竞赛、实习与社会实践等第二课堂活动;课程助教为女大学生提供全程的学习辅导服务,加强对女大学学业的积极引导。

(五)持续开展社会实践活动

财经高校培养的女大学生是将来直接参与社会经济建设的经济、金融、贸易、管理、会计、营销、法律等方面的管理人才,各类实践活动对增强女大学生的执行力和行动力,培育她们的组织领导力尤为重要。为此,学校加强社会实践品牌建设,鼓励女大学生积极参与校内外实践和管理活动。

1. 建立社会实践品牌

学校通过创新社会实践项目来培育未来女性领导者的领导力素质。2008 年以来,学校持续开展了大型社会实践与社会调查项目“千村调查”,组织学生利用寒暑假走出校门、深入乡村基层开展大型社会实践和社会调查活动,“走千村,访万户,读中国”,增强学生的社会责任感和社会实践能力。“千村调查”连续八年,先后以“农民发展状况”“农村医疗卫生保障”“农民收入状况”“粮食安全”“农村文化状况”“农村劳动力城乡转移状况”“农村养老状况调查”“农村基础金融服务调查”为主题开展实地调研,有七千多名女大学生参与了社会调查。许多女大学生反映“千村调查”不仅实现了读万卷书与行万里路的梦想,更培养了她们的家国情怀,其意义已远远超过调研活动本身。

2. 鼓励女大学生积极参与校内外实践和管理活动

学校鼓励女大学生积极参与各类社会实践活动,在参加活动的过程中获取人际交往常识、专业知识、生产技能、社会规范等,夯实领导力必备素质。同时,学校高度重视学生社团建设,积极鼓励女大学生参与社团组织并担任管理工作。截至 2014 年 12 月,我校注册在籍的学生社团共有 79 个,其中,学术类社团 12 个、文艺类社团 12 个、体育类社团 27 个、实践类社团 23 个、公益类社团 5 个,年度举办社团常规活动一千余场;这其中,女大学生是各大社团和校园活动的中坚力量。通过这一系列社会实践和社团管理活动,女大学生的认知体系不断完善,执行力和行动力均获得极大的提高。

参考文献

[1]白旭晖. 现代女性领导力的特点和发展现状[J]. 人口与经济,2011(S1):48-49.

[2]贺善侃,杨政. 从现代领导力的柔性化趋势看女性领导力开发[J]. 中国浦东干部学院学报,2013,7(4):61-65.

[3]蒋莱. 女性领导力的现状及发展趋向[J]. 山西师大学报(社会科学版),2012,39(4):123-126.

[4]龙小农. 教育与女性领导力的提升:第六届世界大学女校长论坛综述[J]. 现代传播,2014,36(11):8-11.

[5]袁海荣. 女性领导者成长障碍与对策研究[D]. 上海:复旦大学,2004.

(樊丽明,上海财经大学原校长、党委副书记)

试论大学女领导的领导力特质

◈ 姚玉芹

习近平主席在“妇女与可持续发展国际论坛”开幕式致辞中指出,妇女是推动人类文明进步的伟大力量,没有妇女事业的进步,就没有全社会的进步。没有全球妇女的发展,就不可能实现人类社会的可持续发展。近100多年来,全世界的妇女以自己的勇敢和执着,为实现男女平等、谋求自身解放和发展、促进人类文明进步而进行着不懈的努力。

自20世纪中后期以来,随着社会观念的转变、女性接受高等教育程度和自身能力的不断提高,越来越多的杰出女性脱颖而出。她们在政治、经济、文化教育等各个领域开始执掌江山,成为推动社会发展的精英。女总统、女总理、女总裁早已屡见不鲜,北欧的瑞典女首相、美国的大学女校长、印度各大银行的女董事,成为女性领导力提升的最好说明。特别是1995年联合国第四次世界妇女大会召开以来,世界各国女性精英在各个领域所取得的成果和作出的突出贡献,进一步推动了世界各国妇女能力建设,尤其对促进性别平等、妇女参与可持续发展等方面的各项决策,产生了积极而深远的影响。由此,女性领导力这一性别平等的深层次的主题也开始成为全球关注的焦点议题。

由中国传媒大学于2001年发起创办的世界大学女校长论坛,至2015年已经走过了14年的发展历程,曾先后在中国举办了六届主论坛,并在新西兰、日本、美国、土耳其、津巴布韦和墨西哥召开过六次分论坛,总计有九十多个国家与地区的千余人次女校长参与,成为汇聚世界各国大学女校长力量,搭建交流合作、分享智慧的国际平台。在2014年9月召开的第六届世界大学女校长论坛上,中国传媒大学承担的教育部重大委托项目——“完善中国现代大学制度视域中世界女子高等教育及大学女校长群体研究”课题的研究成果“世界大学女校长 · 女子大学丛书”问世。其中的中外大学女校长个案和群体研究系列,分别以人物传记和群像式描绘的形式出版,书中深度剖析了大学女校长的成长历程、心智历练、办学理念和治校方略。在彰显女校长个性的同时,也积极地探寻了她们在领导力方面所呈现出的共性。

陈至立在为“世界大学女校长 · 女子大学丛书”作的总序中这样写道:“大学女校长

是高等教育、女性、领导力的集结点，是知识女性的杰出代表，是自尊、自信、自立、自强的典型，她们不但为高等教育的发展做出了应有的贡献，更以自己坚忍顽强、宽厚包容、无私奉献的品质与情怀，阐释了女性领导力的独特内涵。”

一、女性领导力的内涵与特质

领导力，指的是领导能力（leadership intelligence），即促使其部属充满信心、满怀热情去达成一个共同目标的能力。① 领导力可以被形容为一系列行为的组合，而这些行为将会激励人们自愿追随领导前行的方向，并不是简单的服从。女性领导力，简言之，即女性领导者的领导能力。关于领导力，有相关研究表明，除了“比较男性化的角色任务（如军事任务）”外，“无论在实验室中或对组织的调查研究中，都发现男性与女性有相同的领导能力和效率”，只是在具体工作中女性与男性的“领导风格却似有不同”。②

关于女性领导力的特质，或者说领导风格，美国学者海尔格森（Helgesen）早在 1990 年的研究中就提出女性领导关注沟通、协调、良好的人际关系和集体的成功。朱迪·罗森娜（Judy B. Rosener）则进一步提出，有别于多数男性领导所采用的建立在组织赋予的职位权力基础上的交易式的领导模式，女性领导则更倾向于采用变革式的领导方式，体现出民主型或者参与型的风格。她们鼓励下属参与，共享权力和信息，并努力提高下属的自我价值。她们通过积极的领导意识、领导者的个人魅力、专业知识和人际关系技能来影响他人。更为突出的是，女性领导善于为组织设计一个更加具有包容性的目标，能将下属的自身利益转化为组织目标，让下属在达成组织目标的同时实现个人目标。

二、大学女领导的领导风格

“柔”“爱”“韧”“美”是女性在管理方面所具有的天然优势。这四种女性特质被融入高校管理工作中则会显现出刚柔并济的独特领导风格。

（一）柔性管理　以人为本

韩国淑明女子大学前校长李庆淑曾说：“大学女校长是改变世界的温柔力量。”笔者在冰岛大学采访时，从冰岛大学校长克里斯汀的好友、冰岛前总理的“先生”、著名作家约妮娜说，那里得知，自克里斯汀担任冰岛大学校长以来，冰岛大学不再“冷冰冰”，而是披上了一件温柔的外衣。曾经被《时代周刊》评为“美国最好的大学校长”的布朗大学前校长——鲁斯·西蒙斯（Ruth Simmons）就是以母亲般的关怀，赢得了师生的拥戴和社会的

①② 黄希庭. 人格心理学[M]. 杭州：浙江教育出版社，2002：577.

认可。她认为:“大学校长在某种程度上扮演着父母的角色。对我来说,我就是布朗大学校园里的母亲。每次我跟自己的学生讲话的时候,都有这种感觉。”①在国内高校,女校长和女党委书记也经常被学生亲切地称呼为“妈妈”。曾经的中央音乐学院党委书记、现首都师范大学党委书记张雪,就被两所学校的师生亲切地称呼为“雪书记”“雪妈妈”。

温柔是女性的第一特质。“女人如水”是对女人这一柔性特质的最好表达。水,始终从高处流往低处,随着各种器物改变自己的形状,化为甘露润泽万物而无声。正如老子所说:“天下之至柔,驰骋天下之至坚”“致阴致阳,致柔致刚”。

不同于传统的依靠组织权威、权力、制度的刚性管理,大学女领导的这一柔性特质被运用到管理中,会形成一种柔性管理。柔性管理依赖领导力等软因素,是一种以人为本的管理,针对员工的情感和心理,通过关爱、亲和、沟通、引导、影响、感化,通过建设良好的团队人际关系,使员工获得归属感,提升团队的凝聚力和战斗力。大学女领导在职业行为中把温柔发挥到极致的这种和谐、融洽的管理方式,更加适用于以学生和教职工为主体的高校管理工作,使人愿意服从、听其教诲,将会使教育变得更加有效,使管理变得更加高效。

谈到大学女领导柔性管理的方式,最主要的表现是具有亲和力、平民化、讲民主、善于沟通和移情,具有包容性。笔者在完成“世界大学女校长·女子大学丛书”这一课题时,从与众多国内外大学女领导的接触中切身感受到,亲和力是这些大学女领导最显著的特征。很多时候,亲和力所表达的不是人与人之间的物理距离的远近,而是心灵上的通达与投合,是一种平等待人的处事态度。大学女领导与生俱来的这种亲和力,以善良的情怀和博爱的心胸为依托,是一种发自内心的特殊禀赋和素养。同时,女性领导的这种亲和力与女性与生俱来的母性特质有着直接的关系,表现为女性领导比男性领导更具有同理心和爱心,更甘于奉献等。女性的这一特质,时常能起到领导和员工之间、制度管理与人性管理之间的润滑剂作用。

高品质的沟通和善于移情,是大学女领导柔性管理的另一风格体现。当今社会,高品质的沟通极为重要——小到治家,中到治企,大到治国。大学女领导各个是沟通高手,她们善于凝视与倾听,让大家把看法和观点都讲出来,择善从流,遵循“不求说了算,但求说得对”的工作原则。而且,她们经常能换位思考,设身处地地体会他人的感受。有效的沟通和协调,使女性领导者能更多地了解组织成员,发挥各成员的优势特长,营造出和谐、协作的组织氛围。在面对困难与分歧时,女性领导者更懂得运用各种沟通技巧,化解内部矛盾,平衡各方利益,形成团结一致的协作力。中央音乐学院前党委书记郭淑兰回忆起合并铁路运输学校和校园拆迁的特殊经历:“女性特有的黏合剂作用在这里得到充

---

① 唐勇.我就是校园里的母亲:专访美国布朗大学校长[EB/OL].(2006-08-28)[2016-08-30].https://news.sina.com.cn/o/2006-08-28/13549869558s.shtml.

分发挥。”普林斯顿大学前校长雪莉·蒂尔曼(Shirley Tilghman)为了实现教师“大换血”工程,也采用了“软着陆”的处事风格,利用茶余饭后的时间与教师们聊天,利用课间时间和学生们谈心,让大家在一个舒适的环境中先理解这个对学校发展颇有“阵痛”之感的举措,再温婉平和地让他们心悦诚服地接受并付诸实践。平民化的管理风格,更是重视沟通的大学女领导值得称赞的作风。这种平民化的管理风格,也为她们赢得了“平民校长”的称谓。北京外国语大学前校长陈乃芳、北京化工大学前校长庞瑶琳,都被师生亲切地称为“平民校长”。西安科技大学校长郑晓静为了能倾听到学生和教职员工的声音,特地将校长信箱做了细化规定,设置了“3+7”模式,即三天内响应,七天内调查研究并做出反馈。这些以人为本的新型管理模式凸显了女领导卓越的管理才华。

(二)坚韧不拔　重在执行

一项针对20个国家500多名高级主管的调查显示:女性的工作韧性平均为53%,比男性高出两个百分点。而且职位越高的女性,韧性越强,女性高级经理的工作韧性高达77%。这一调查结果充分说明,韧性是高职位女性领导力特征的另一体现。女性领导者之所以坚韧不拔,一则源自其与生俱来的个性,二则社会环境所致。中国传媒大学前校长刘继南在“世界大学女校长·女子大学丛书”前言中指出:长期以来形成的社会性别观念以及现实中的“玻璃天花板”现象,使得置身于男性居主导地位的社会管理体系中,女性要取得成功,需要充分展现女性特质,发挥女性优势,要以女性特有的视角观察、思考、解决问题。另一方面,在社会角色分工方面,女性往往承担了更多的家庭责任,女性领导者首先要面对的是处理好家庭和事业之间的矛盾,在时间和精力的分配平衡方面面临着挑战。因此,就韧性而言,女性领导更能适应挑战,迎难而上。同时,在执行过程中,女性凭借自身特有的细致、周密、严谨和坚持,呈现出巾帼不让须眉的态势,更易推进发展战略的实施。

由于大学是知识分子云集,是新思想、新观点、新事物层出不穷之地,且大学本身就是一个极其复杂的系统,随着高校改革进程的加快以及新政的不断出台,高校系统内部产生了一系列的剧烈震荡。这就对大学女领导提出了更严峻的挑战,而柔韧性恰恰是大学女领导迎接挑战的特殊智慧。

综览“世界大学女校长·女子大学丛书”,深入剖析其中的个案和群体研究,不难发现,正是由于她们身上所具备的坚韧不拔特质,才成就了她们作出的非凡成绩。

“倾毕生之力典身为教”的香港树仁大学校长钟起荣,从1971年开始就致力于“敦仁博物”的教育事业,她“用有限的生命做无私的奉献”,陪伴树仁书院一路奋斗成长为树仁大学。在美国埃莫森(又译爱默生)学院最困难之际接手校长职务的杰奎琳·里博格特(Jaqueline Weis Liebergott)同样用瘦弱的肩膀顶住了所有压力。她力排众议,坚持主校区不离开波士顿区,积极筹措资金买下安信楼并通过“果断而自信”的行动,兴建“卡特拉庄严剧院”,将埃莫森学院由接手时濒临倒闭、获得垃圾级别评级,重建成一所手握5亿美元投资、具有标普A级信用、位列世界第九强的电影学院。在女性地位远远低于男性且女性从未享有与男性平等的社会地位和发言权的尼泊尔,尼泊尔大学新闻与大众传播学院院长曼珠·米舍尔(Manju Mishra)用15年坚持不懈的努力和奋斗,培育了欣欣向荣的学科和优秀的女性毕业生,为女性争取了社会地位。“老骥伏枥,壮心不已”的中国传媒大学前校长刘继南,更是以她的惊人毅力和对事业锲而不舍的精神,深深地感动和鼓舞着大家,真正做到了“一人启其端,百人扬其华”,让这些并不广为人知,却真真正正为教育事业奉献一生的成功女性领导的经历馈书卷以传后人。

(三)心中无我　爱校如家

“上善若水,水善利万物而不争。”此语出自《老子》,意思是最高境界的善行就像水的品性一样,泽被万物而不争名利。大学女领导以母性的情怀,为广大师生默默付出与奉献。只问耕耘,不问个人收获是她们共同的品格。

在工作中,大学女领导勤勤恳恳、甘于奉献,皆归因于她们深深的“爱校”情结,把学校当成自己的家。女性对家庭的付出是不计回报的,大学女领导对学校的付出也是如此。关于这一点,中外大学女领导都一样。普林斯顿大学前校长雪莉·蒂尔曼曾经说:“我喜欢我的学校,把这里当成我的家一样。作为一名科学家和一名教授,我做得很开心,但想到我能把生命中接下来的20年用来帮助普林斯顿大学维持它的声誉,并能把它建设得更好,这个机会放过就太可惜了。选择了奉献,也就选择了牺牲。”①“只有把师生放在心里,真情为他们解难题,真心为他们办实事,真诚和他们交朋友,才能得到大家的信任。付出是一种责任。为大家服务,是一种幸福。多为大家工作,我才能心安。”首都师范大学党委书记张雪,曾经一度兼任两所大学的党委书记,经常上午解决完一个学校的难题,下午又赶到另一所学校去解决棘手的事情。她办公室的灯光彻夜长明是常有的事,凌晨回家吃顿早饭再赶回学校接着上班是她工作的常态。

作为女性领导,都要身兼事业和家庭双重重担。当个人利益与学校利益发生冲突时,优先考虑工作,家庭利益让位于学校利益是大学女领导的共性。学校教书育人,由于精力都用在如何培养别人家的孩子,有些大学女领导不得不疏于对自己孩子的关心与照顾。更有甚者,梅西大学的朱迪斯·甘莉雅(Judith Kinnear)校长甚至把自己“嫁”给了梅西大学,她毕生都在为把梅西大学从一所默默无闻的专科院校建设成一所真正的大学而努力,为此她至今都未婚嫁。

捧着一颗心来,不带半棵草去。在工作中,大学女领导披荆斩棘,甘于奉献。但在名

---

① 钟蕾,阮婕妤.美国常春藤大学女校长[M].北京:中国传媒大学出版社,2014:6.

利面前,她们却选择了“隐身”,把荣誉让给下属。“我们就是低头拉车的老黄牛,干活时冲锋陷阵,至于名誉和奖励,就不去想了。”“俯首甘为孺子牛”是对大学女领导奉献精神的生动写照。北京邮电大学前党委书记王德宠,在任时从来都是把荣誉让给下属,卸任后才意外得知自己是“北京市优秀教师”,原来是下属担心领导再次推却悄然所为。原首都医科大学校长杜金香,在抗击“非典”时,一直带领首医大师生与附属医院的广大医护人员冲锋在一线,取得了那场没有硝烟的战争的胜利。在上级部门的庆功会上,她毅然把荣誉和奖励都让给了下属,因为对她来说,一切努力皆为了成就一个欣欣向荣的首都医科大学、一个能让师生们蓬勃进取的首都医科大学,而不是自己的名和利。伊斯坦布尔科技大学校长居尔松·萨拉莫(Gulsun Saglamer)在对她的团队宣讲的时候就说道:“这里没有钱,只有事业。”这种对教育事业的爱、对学生的爱,彻底地断绝了她们的私心,不求名、不求利,奉献与分享是她们的主旋律,是她们在领导岗位上的“立身之本”,也是她们身上共同的特征。

(四)完善自我 追求完美

《大学》中说:“君子有诸己而后求人,无诸己而后非诸人。”即品德高尚的人,总是要求自己先做到,然后才要求别人做到;要求别人不能做的事,自己一定先不这样做。孔子有言:“上好德则下无隐,上恶贪则下耻争。”领导的言行就是学校精神面貌的风向标,是带动学校风气、引领学校发展的推动器。大学女领导非常注重个人修养,与权力化的因素相比,她们更看重非权力化的因素,即通过个人魅力的提升来提高领导力。除了眼界、心胸、责任等方面的不断自我完善外,大学女领导尤其注重品德修养。“在工作中她们公平正派,与人为善,敢于担当。尤其是对副职的工作体谅理解,面对成绩时谦虚谨慎,肯定他人在工作中做出的努力。但对于出现的问题,不乱加指责,而是勇于面对,敢于承担失误与不足,推功揽过。另外,她们很善于欣赏和发现别人的长处,工作中不分亲疏远近,团结一切可以团结的人。”①

大学女领导在不断自我完善的同时,还表现出一个特别明显的特征,那就是都追求完美。她们认为,人类的使命就是追求完美。把目标设定得越高、越完美,动力就越足,取得完美效果的可能性就越大。在宏观战略决策上,她们高瞻远瞩、运筹帷幄、引领未来;在具体工作中,她们体贴入微、心系师生,用愿景激励师生,用行动示范师生,用厚德包容之心协理校务;在领导风格上,她们追求精致,重视以人为本,在管理中实现个人发展与事业发展的契合。

---

① 姚玉芹.大学女书记们[M].北京:中国传媒大学出版社,2014:24.

三、结语：多样性、多元化社会语境下的女性领导特质研究

多样性和多元化是我们面对的这个新时代的主旋律。不论是在任何时间、任何位置上，人们都会受到多样性和多元化浪潮的冲击。我们从各种媒介接收的信息是空前巨大的，美国哈佛大学教授劳伦斯（Lawrence）甚至将“信息泛滥”列为人类面临的八大危机之一，这种爆炸性的信息量对学科的冲击是不可避免的。因此，看似平静的大学象牙塔，在这个多样性和多元化的时代，所面临的不仅是机遇，还有严峻的挑战。而在这种多样性、多元化社会语境下提出女性领导特质研究便显得尤为必要，因为女性的这种“柔”“爱”“韧”“美”的特质，正是新时代下克服文化冲突、抚平学科摩擦的良药，也是指导高校建设、引导女性成长的一块“他山之玉”。

（姚玉芹，中国传媒大学教授）

美国常春藤盟校女校长现象研究

◎钟　蕾

20世纪90年代以来，美国常春藤大学八所盟校相继诞生了五位女校长，其出现时间之集中、表现特征之相似、女校长占比之高，不可不谓之为美国高等教育界的一种新现象。本文是基于《美国常春藤大学女校长》一书，对其中的五位女校长：哈佛大学校长德鲁·福斯特(Drew G. Faust)博士、普林斯顿大学校长雪莉·蒂尔曼(Shirley M. Tilghman)博士、布朗大学校长鲁斯·西蒙斯(Ruth Simmons)博士、宾夕法尼亚大学首任女校长朱迪·罗丹(Judith Rodin)博士及其继任艾美·古特曼(Amy Gutmann)博士这五位美国常春藤盟校同期出现的女校长所代表的女性领导力现象研究的一个综述总结。本文借用中国20世纪五六十年代红遍大江南北的电影《五朵金花》之名来统称常春藤盟校的五位女校长，并将其同期出现的女校长现象称之为"五朵金花现象"。"他山之石，可以攻玉。"总结这五位女校长在成长历程、学术背景、治校举措、治学方式、教育理念等方面的共性和特征，研究高等教育界女性领导力的形成原因、管理优势与"五朵金花现象"的标志性意义，探寻"五朵金花现象"之于中国高等教育的启示意义和参考价值，是本文的研究目的。

一、"五朵金花"的共性与特征综述分析

研究"五朵金花现象"，首先让我们跟随五位女校长生活与事业的成长与发展足迹，探寻了解、比较分析其共性与特征，进而为"五朵金花现象"的形成找到其内在的基点。

"五朵金花"分别是：

哈佛大学"金花"：德鲁·福斯特(Drew G. Faust)博士，出生于1947年。

普林斯顿大学"金花"：雪莉·蒂尔曼(Shirley M. Tilghman)博士，出生于1946年。

布朗大学"金花"：鲁斯·西蒙斯(Ruth Simmons)博士，出生于1945年。

宾夕法尼亚大学"金花"：朱迪·罗丹(Judith Rodin)博士，出生于1944年。

宾夕法尼亚大学"金花":艾美·古特曼(Amy Gutmann)博士,出生于1949年。

表1 "五朵金花"的个人历程比较(一)

	当选年龄	在任期限	出身背景
德鲁·福斯特	60岁	2007~2018	贵族家庭
雪莉·蒂尔曼	55岁	2001~2013	中产阶级家庭
鲁斯·西蒙斯	56岁	2001~2012	非裔贫民家庭
朱迪·罗丹	50岁	1994~2004	中产阶级家庭
艾美·古特曼	55岁	2004~2021	犹太裔普通家庭

表2 "五朵金花"的个人历程比较(二)

	学历背景	学术情况	管理经验
德鲁·福斯特	布林茅尔女子学院历史学学士(1968) 宾夕法尼亚大学历史学硕士(1971) 宾夕法尼亚大学历史学美洲文明博士(1975)	历史学/成果丰硕	宾夕法尼亚大学美洲文明系系主任(1975~2000) 哈佛大学拉德克利夫高等研究院院长(2001~2007)
雪莉·蒂尔曼	金斯敦皇后大学化学学士(1968) 天普大学生物化学博士(1975) 美国国立卫生研究院博士后(1978)	化学领域/成果丰硕	普林斯顿大学基因研究所所长(1998~2001)
鲁斯·西蒙斯	迪拉德大学法语学士(1967) 哈佛大学罗曼语言文学硕士(1970) 哈佛大学罗曼语言文学博士(1973)	比较文学/成果丰硕	普林斯顿大学巴特勒学院院长(1983~1986) 普林斯顿大学教授学院院长助理、副院长(1986~1990) 斯佩尔曼学院教务长(1990~1992) 普林斯顿大学副教务长(1992~1995) 史密斯学院院长(1995~2001)
朱迪·罗丹	宾夕法尼亚大学心理学学士(1966) 哥伦比亚大学心理学博士(1970)	心理学/成果丰硕	耶鲁大学心理学系系主任(1989~1990) 耶鲁大学艺术与科学研究生院院长(1990~1992) 耶鲁大学教务长(1992~1995)
艾美·古特曼	哈佛大学政治学学士(1971) 伦敦经济学院政治学硕士(1972) 哈佛大学政治学博士(1976)	政治学/成果丰硕	普林斯顿大学政治系本科生教学部主任(1986~1988) 普林斯顿大学政治哲学系系主任(1987~1989) 普林斯顿大学伦理与公共事务协会主席(1990~1995;1997~2000) 普林斯顿大学教授学院院长(1995~1997)

综合以上两个表格信息不难发现,"五朵金花"在成长经历、事业发展及个体特质上表现出一定的相似点、共性及特性:

（一）相似点（成长经历、事业发展、个体特质）

1. 当选年龄相仿

“五朵金花”均在 50~60 岁的年龄段当选常春藤盟校校长，这也是女人一生中思想最成熟、经验最丰富的阶段。

2. 上任时间集中，在任期限相当

“五朵金花”先后于 20 世纪 90 年代末和 21 世纪初期担任常春藤盟校校长。这一时期美国的各行各业相继出现了一批女性精英。此外，五位女校长的任期都在十年以上，十年的任期既为她们提供了大展身手的舞台，也为继任者留下了继承与发展的余地。

3. 学历高、学术精

“五朵金花”均为名牌大学的博士毕业生。在 20 世纪中期的美国，能够上大学的女性比例很低，攻读博士学位的女性更是凤毛麟角。可见，“五朵金花”在青年时期就是学业上的佼佼者、引领时代的先锋女性。并且，她们都是所在科研领域的前沿专家，并做出了突出的科研贡献。

4. 管理经验丰富

“五朵金花”在担任常春藤盟校校长前，均担任过系主任、院长等大学管理职务，积攒了丰富的大学管理经验。尽管雪莉·蒂尔曼的管理经验相对薄弱，但她卓越的生物化学成就弥补了管理上的不足。

5. 常春藤资历深厚

“五朵金花”均有常春藤盟校的教学和管理工作经历，从几年到二十几年不等。除了雪莉·蒂尔曼外，其他四位校长均为常春藤盟校博士毕业生。可以说，常春藤血统是她们日后被校长遴选委员会推选为常春藤盟校校长的先决条件和先天优势之一。“五朵金花”是常春藤土壤中孕育出的常春藤之花。

表 3　“五朵金花”治学与治校理念与举措比较

	教育理念	创新管理举措与风格	治校业绩
德鲁·福斯特	1. 大学要对历史和未来负责。 2. 大学要保持遗世独立的姿态和尊严，不能被社会左右。 3. 年轻人要追求的是人生价值与梦想，而不是功名利禄。	1. 推行通识教育、人文教育，打破学科界限，促进跨学科合作。 2. 用融合和整合的方式（“冰激凌外交”）整顿师资队伍。 3. 课程改革，推行小班授课。 4. 扩大、美化、完善校园版图。 5. 实施一系列奖学金政策，资助贫困生入学及完成学业。 6. 大力启用女性领导，打造女性管理层。 7. 推进哈佛大学的国际化进程，强化哈佛大学的国际影响力。 8. 利用互联网发展网络教育。	1. 稳步发展，使哈佛大学始终位于各权威排行榜的第一、第二。 2. 2005 年至 2007 年的筹资增长率平均超过 20%。2008 年筹措到 629 亿美元的捐款，创下了哈佛大学历史上最高的募捐纪录。

续表

	教育理念	创新管理举措与风格	治校业绩
雪莉·蒂尔曼	1. 大学要履行对国家和社会的责任、使命；大学是培养学生的社会责任感和塑造人格的地方。 2. 大学应该捍卫独立的尊严，反对政府干涉。 3. 资金是教育的推手，雄厚的资金储备是大学寻求变革的前提。	1. 首次推行“零贷款”助学政策，2001 年普林斯顿大学成为全美第一所用奖助学金取代助学贷款的大学。 2. 特别关注女教师的生存状况，出台针对女教师的扶持政策，扩大女教师队伍，培养女性管理者，打造女性核心管理团队。 3. “精就是美”，严格把关本科生和研究生的教育质量，不贪大求全。 4. 不遗余力地资助、帮助学生，以学生为本。 5. 通过募捐和基金运作，维持学校的正常运营。2001 年普林斯顿大学的基金收益高达 82 亿美元，仅次于哈佛大学和耶鲁大学。 6. 打造国际化的普林斯顿大学，寻求国际合作，扩大普林斯顿大学的世界影响力。 7. 大兴土木，建设现代化的校园新区，并通过建设公共设施，让普林斯顿融入社区和自然。 8. 推行人文教育和通识教育。	1. 普林斯顿大学连续八年在美国高校排行榜上排名第一，其中有七次独占鳌头，一次与哈佛大学并列第一。 2. 2007 年至 2012 年发起名为“宏志计划”的募捐活动，成功筹集到 18.8 亿美元的捐款。这笔破历史纪录的募捐基金主要用来支持教师的科研项目、资助学生出国留学以及学校开展公益活动。
鲁斯·西蒙斯	1. 大学要培养对社会有责任担当和作为的人。 2. 大学要始终勇于创新并有效利用其优势整合开发其特色。 3. 有了资金才能办好教育事业。	1. 推行人文领域的通识教育，打造人文领域的旗舰大学。 2. 整顿师资队伍，引进跨学科人才，将教师队伍扩大了 20%。 3. 大兴基础设施建设、美化校园，改善教学、科研、学习条件。 4. 像母亲一般不遗余力地资助、帮助学生，被誉为“校长妈妈”。 5. 推行网络教育，建立数字化图书馆等网络设施。 6. 打造国际化的布朗大学，寻求国际合作，提升布朗大学的国际声望。	1. 创下全美最高的毕业率——2007 年布朗大学的毕业率高达 95%。 2. 创下布朗大学最高的校长支持率——有 80%的学生支持西蒙斯。 3. 2001 年被《时代周刊》评为“美国最好的大学校长”。 4. 2003 年发起价值 14 亿美元、预期 7 年完成的 Boldly Brown 募捐运动，截至 2010 年 12 月已筹措到 16.1 亿美元的校园发展基金，超额完成率高达 15%。
朱迪·罗丹	1. 先有资本，才有书香满园。 2. 大学要担负责任和使命。 3. 学生的人格教育重于一切。	1. 前期制订宏观与微观发展规划，并逐步落实。 2. 大兴基础设施建设，改造规划新校园。 3. 扩充师资队伍，引进精英学者。在任期间，宾大教师队伍扩大了 37%。 4. 掀起科技复兴运动，促进跨学科合作。 5. 率先发起网络革命，在校园里推行网络大众化运动，创立了北美第一所数字图书馆。 6. 打造宾大在西费城地区的中心地位，围绕学校建设商业圈和文化圈，让宾大引领西费城的复兴。 7. 运作资金，通过引进商铺、企业为宾大创收。 8. 优化预算和审计系统，通过提高采购效率、引进新能源等措施降低学校的日常开支。 9. 推行充满人文关怀的女性政策，创立宾大历史上的第一家托儿所。	1. 实现了跨越式发展，宾大在全美的综合排名从 1994 年的第 16 名飙升至第 4 名，五年内跻身美国十大最具科研实力的高校之列。 2. 宾大年度筹资额增长了 2 倍，从 1995 年的 1.35 亿美元飙升至 2003 年的 4 亿美元。宾大捐赠基金增长了 2 倍，从 1993 年的 11 亿美元上涨到 2003 年的 35 亿美元，创下了历史新高。

续表

	教育理念	创新管理举措与风格	治校业绩
艾美·古特曼	1. 大学要担负社会精英的使命与责任。 2. 人生的意义在于服务，奉献才能体现存在的价值。	1. 就职典礼发布《宾大契约》，后又发布《宾大联结》，先设定发展目标，再逐层落实。 2. 不遗余力地资助、帮助学生，2008 年落实了宾大历史上史无前例的“无贷款”助学政策。 3. 打破学科壁垒（PIK 教授团队），推行通识教育（ISP 学生项目）。 4. 扩大校园版图，连接学校与费城中心城区，利用学校资源改善费城的医疗卫生、教育文化、日常生活等条件。 5. 推行国际化教育，拓展国际合作，提升宾大的国际影响力。 6. 鼓励学生参与社区服务，培养学生的服务精神。	1. 宾夕法尼亚大学在全美的综合排名：2006 年和 2009 年位列第四，2012 年位列第五，2013 年并列第八。 2. 2005 年的募捐额高达 4.4 亿美元，在全美高校中位列第三。2007 年 10 月，发起名为“创造历史”的募捐运动，定下 35 亿美元的募捐目标。截至 2012 年年底，宾大已完成 43 亿美元的筹款，超额完成率高达 23%。

（二）共性（治学与治校理念）

1. 教育理念“以人为本”

“五朵金花”作为女校长都秉持“以人为本”的教育理念，以人才培养作为高校发展的立足点，而不是把经济利益作为内在驱动力。她们都追求教育的长远价值，捍卫大学独立的尊严，反对急功近利。她们还强调高等教育的使命感和责任感，认为大学是培养人才的乐园、知识的朝圣地。

2. 治学与治校举措高度契合

“五朵金花”拥有高度相似的治学与治校举措：调整校园版图、建设校园基础设施、促进跨学科合作、推行人文教育和通识教育、引进高新人才扩充教师队伍、打造学校的国际声誉、大力资助学生等。

3. 管理风格温婉细腻

与男性校长们不同的是，“五朵金花”在治学与治校政策中融入了女性特有的温柔、细腻、体贴、感性等情感因素。她们对教师的关爱和对学生的帮助，反映了她们内心深处的母性关怀。

4. 学校跨越式发展

在“五朵金花”的有效治理下，她们所领导的常春藤盟校都实现了跨越式发展。

5. 从专家型人才过渡至管理型人才

“五朵金花”都实现了从专家型人才向管理型人才的成功转型。在担任校长前，她们分别是各个研究领域的领军者；在担任校长后，她们一边从事科研，一边管理学校，肩负着治学专家和治校行家的双重使命。

6. 募捐高手

私立大学的运营很大程度上依赖于募捐基金。为了维持学校的正常运转，给学生提供更多的资助，“五朵金花”都将募集资金作为上任后的一项重要工作。并且，她们都是募集资金的高手，获捐额度均超过了以往。

（三）特性

1. 德鲁·福斯特的特点

（1）福斯特非常擅长阐释自己的教育理念，其演讲几乎篇篇都是励志美文。并且，她极其重视人格教育，一边担任校长，一边担当学生的人生导师。

（2）福斯特是“五朵金花”中管理风格最强硬的一位。在执行决策的过程中，她往往不会顾忌是否得罪人、是否有损他人利益等外在因素。对于认定的政策，她会不顾艰难险阻，大胆推行下去。

2. 雪莉·蒂尔曼的特点

（1）蒂尔曼于 2001 年首次落实“零贷款”助学政策，使普林斯顿大学成为全美第一所实现以奖助学金完全取代助学贷款的高校。

（2）蒂尔曼在很多高校追求“大而全”政策的时候，其治校却立足于“精就是美”，着力打造一所治学严谨、专业精深的研究型大学。

3. 鲁斯·西蒙斯的特点

（1）西蒙斯最与众不同之处是，她为师生们打造了一座“校园之家”，她像母亲一般照顾着校园的每个角落。在她的领导下，布朗大学不仅是一所学术机构，更成为广大学生的心灵家园。对于学生们来说，校长办公室的大门无须预约就可随便进入。在校园里，西蒙斯也以超乎寻常的亲和力赢得了“校长妈妈”的美誉。

（2）西蒙斯在通识教育蔚然成风的情况下，找到了布朗大学基于自身特色的突破之路，即打破各王牌学科的壁垒，打造一座世界一流的人文领域的旗舰大学。

4. 朱迪·罗丹的特点

（1）与其他四位校长相比，罗丹有一大突出特点，即她拥有商人的头脑和社会活动家的意识，非常擅长运作资本、经营关系，并且她还有相当多的社会任职和极高的社会知名度。

（2）罗丹是常春藤盟校中第一位提出并落实“大学融入社区生活、大学引领城市建设”理念的校长。

5. 艾美·古特曼的特点

（1）古特曼的学生资助政策不只关注贫困家庭的孩子，还有中产阶级家庭的学生。

通过数据分析,她发现高校的资助政策长期忽略了中产阶级家庭的需要,而面临金融危机,这一学生群体亟待学校的经济援助。此外,宾夕法尼亚大学的学生资助覆盖面远远大于其他高校。从这个小小的举措中不难发现,古特曼是一位思维缜密、细致入微的校长。

(2) 古特曼率先打造了一个跨学科、通识教育的国家范本。在教师中,古特曼创建了一个15位教授组成的PIK跨学科高端人才队伍;在学生中,她推行ISP集成人才培养项目。这两个项目后来都成为其他高校纷纷效仿的教育模板。

二、"五朵金花"的魅力——高等教育界女性管理者的优势

"五朵金花"拥有极为相似的人生经历和管理方式,但又各有千秋、别具一格。结合前面的表格信息和数据分析,我们发现,"五朵金花"绽放的魅力背后潜藏着高等教育界女性管理者的先天优势:

(一)事无巨细,全面周到

女性先天心思缜密,考虑问题细致周全,做起事来谨小慎微。如果说,男性更擅长把握宏观、操纵大局,那么女性往往更注重细节,其管理范围更加宽泛。并且,女校长做事认真仔细,追求完美,因而更容易实现目标。

(二)母性关怀,体贴入微

"五朵金花"都是母亲。从她们的治学与治校方略和管理风格上不难发现,她们在工作中融入了深厚的母性情怀。可以说,"五朵金花"对师生的关爱、帮助,不仅出自教育家的良知和责任,更源自母亲对孩子内心深处的爱。

(三)不辱使命,任劳任怨

"五朵金花"均在事业发展之初担负着养儿育女、照顾家庭的重任。长期的艰苦磨炼培养了她们的意志和韧劲。而这种精神一旦投入到校园管理中,就会转化为强烈的责任感和不怕吃苦、任劳任怨的工作作风。

(四)善解人意,游刃有余

女性天性温柔、平和。相比于男性,她们更善于倾听、理解、包容,并乐于与人沟通。因而,她们极易赢得对方的信任和拥戴,处理起人际关系往往也能游刃有余。

三、“五朵金花”现象的标志性意义

(一)美国高等教育界女性领导力崛起

美国常春藤盟校的“五朵金花现象”是美国社会女性领导力崛起的一个缩影。1975年前美国没有大学女校长,即便是女子学院的院长也大都由男性担任;1975年后,美国才陆续有女校长掌校。但据1986年的一份调查数据显示,当时美国高校的大学女校长仅占校长队伍的9.5%。1990年后,美国才有女性在知名学府掌舵。据美国教育评议会(ACE)统计,截至2002年,美国22%的大学校长为女校长。① 纵向贯穿女校长相关的数据,我们发现,美国大学的女校长可谓是一个崛起的群落。30年时间里,大学女校长从无到有,10多年内,女校长的人数翻了两番。除了常春藤盟校有“五朵金花”外,美国许多著名的公立或私立大学也都诞生了一批优秀的女校长。2002年,玛丽·苏·科尔曼(Mary Sue Coleman)当选密歇根大学安娜堡分校第13任校长;2004年,苏珊·霍克菲尔德(Susan Hockfield)当选麻省理工学院第16任校长;2007年,弗朗斯·考尔多瓦(France Cordova)当选普渡大学第15任校长;2008年,黛博拉·斯巴(Deboral Spar)当选巴纳德学院第11任校长;同年,朱迪·汉普勒(Judyg Hample)当选美国唯一一所以女性名字命名的女子学院——玛丽华盛顿大学的第8任校长……在大学,女性掌舵已经不再是一件稀奇的事情,反而成为一种越来越迅猛的趋势。这一现象足以说明:美国高等教育界女性领导力强势崛起。

(二)美国高校管理模式及教育理念转型

“五朵金花”既是大学的教师、学者、最高管理者,同时又是操盘手、商人和社会活动家。她们不但要亲临教学、钻研学术、统领大学,还要想方设法募集办学基金、经营社会关系。这是一种普遍现象,在如今的美国高校,校长的职能已经远远超越了传统意义上大学校长的职责范围,非全能型人才很难胜任大学校长的职务。为什么数十年时间内校长的职能会发生如此大的转变呢?深入追究不难发现,校长的职能转变源自美国高校管理模式和教育理念的转型。现代意义上的大学不仅是学术机构,还承担着公司、企业的功能。尤其是私立大学,没有足够的资金支持就无法实现长远的学术发展,而没有雄厚的学术实力也很难争取到可观的物质供给。过去,很多人会认为,大学一旦为了钱而生存,就会沾染铜臭味,就会与世俗同流合污,这种观念已经不能适应当今社会的发展现状。现在,大学越有钱越能捍卫独立的尊严,越能保持学术的纯净与精锐。基于高校内

---

① 赵立莹. 超越“玻璃顶”:美国大学女校长案例研究[J]. 理工高教研究,2008(6).

部结构的转型,大学要物色“三头六臂”的校长人选;大学管理模式和教育理念的转型也迫使大学校长努力去完成多重使命。所以说,“五朵金花”现象背后隐含着美国高等教育的大转型。

(三)美国女性社会角色的蜕变

除了常春藤盟校中产生了“五朵金花现象”外,其实在美国各行各业都不乏这样魅力四射的“金花”。从政界领袖前国务卿希拉里·克林顿(Hillary Clinton)、传媒业女皇奥普拉·温弗瑞(Oprah Winfrey)、时尚界“女魔头”安娜·温图尔(Anna Wintour),到各州府的女州长、女议员、大型上市公司的CEO以及娱乐界的女明星等,美国的女性已经从家庭走向社会,并在社会中发挥着日趋重要的作用。回想20世纪70年代,即便像“五朵金花”那样受过高等教育的女性,也大多选择了回归家庭。她们的知识储备和精神资源,没有转化为推动社会前进的价值和力量,这对于国家和社会而言是巨大的资源浪费。二十多年后,女性的世界发生了天翻地覆的变化,她们不再拘囿于情感维系的小家庭和社会活动的小圈子,而是走向了施展才华、创造人生价值的大职场。越来越多的女性像“五朵金花”那样,实现了从家庭主妇向社会人的完美蜕变,而在这个过程中,她们也成为凝聚智慧、创造历史、引领时代、推进社会发展的中流砥柱。

不得不承认,在当今社会的很多领域,男性依然是主导力量。但纵向比较近三十年来世界女性的发展史,我们会惊讶地发现,女性的生存空间已得到了极大的拓展,职业女性已经成为各行各业崛起的一股新生力量,“五朵金花现象”就是最好的佐证。

四、常春藤盟校“五朵金花现象”的成因探析

通往成功的道路不计其数,是什么促使“五朵金花”脱颖而出、华丽绽放呢?

(一)为什么“五朵金花”会出现在美国常春藤盟校?

17世纪初,漂洋过海的清教徒们抵达新大陆的第一件事就是创立敬拜上帝的教会,第二件事就是开办教育。对于早期的清教徒们来说,“敬畏上帝是智慧的开端”。美国常春藤盟校最早就是在追求宗教自由和启迪心智的精神驱动下逐渐创办起来的。宾大、哈佛、布朗、普林斯顿等无一例外都是清教徒们当年开辟的宗教新领地和自由新天地。经过几个世纪的历练,自由、开放、包容已经内化为常春藤盟校的精神内核和文化气质。而作为美国最古老的一批大学,常春藤盟校自创立以来,在师资力量、教育理念等多方面实现了超越、突破和创新。再加上宗教精神鼓励人心向善,追求至真至美,所有这些都转化成了常春藤盟校向善、向上、向美的正能量。基于以上这些因素,常春藤盟校在选择校长

时,往往能不拘一格、用人唯贤。可见,“五朵金花”诞生在常春藤盟校有着身后的精神土壤的基础。因为“五朵金花”象征着智慧、突破和美好,而这既是常春藤内在的底蕴与气质,又是常春藤不断寻求完善与超越之精神所在。

(二)为什么“五朵金花”最初诞生在20世纪90年代?

20世纪60、70年代,受民权运动的影响,美国社会为女性和少数族裔提供的就业机会和发展平台与日俱增。“五朵金花”均是在这一时期接受完成高等教育的。她们能够接受高等教育得益于良好的时代大环境。与同时代接受高等教育的女子相比,“五朵金花”最显著的特点在于:她们在20世纪70年代相继完成博士学业后,并没有选择回归家庭。可见,这一选择使她们占据了个人事业发展的先机,很早就成为知识分子中的精英、时代女性中的佼佼者。随后,她们又各自投身于高等教育事业,逐步积累了教育资本和学术能量。到了20世纪90年代,恰逢美国社会大开放、名校物色优秀校长之契机,“五朵金花”便应运而生。

(三)为什么“五朵金花”能够成才并成功?

导致“五朵金花”成才和成功的因素也许是错综复杂的。如前所述,时代契机是先决条件。然而,“五朵金花”最终能脱颖而出,绝不只依赖于某些共享资源。从“五朵金花”的个人历程中,我们总结出了她们走向成功的几点基本因素:

1. 良好的家庭环境是助燃梦想的火种

除了西蒙斯出身于贫民家庭外,其他四位女校长的家庭环境都很优越。开明的父母、优良的家庭教育尽管不能完全决定她们未来的成功,却足以引导她们人生的走向,影响其人格的塑造。可以说,家庭所能提供的物质条件是她们接受高等教育、成为职业女性的基础。四位女校长的成长经历足以证明,优越的家庭环境是女性孕育成功、点亮希望的火种。

2. 优秀是迈向成功的扎实阶梯

无一例外,“五朵金花”从小都是出类拔萃的学生。她们顺利考上大学,这为她们日后事业的成功铺好了基石。因为足够优秀,“五朵金花”可以获得更大的发展空间,这反过来也促进她们取得更好的成功。如此循环,不断超越。从某种意义上说,优秀是“五朵金花”自我搭建的通向成功的扎实阶梯。

3. 自觉、自强、自救是成功的关键

“五朵金花”从小都有不服输的勇气,具备自强的意识。尤其是鲁斯·西蒙斯,她在成长过程中遭遇的坎坷要比另外四位女性多得多。是什么促使她成就传奇人生的

呢？“越努力越幸运”这句话或许能贴切地诠释她走向成功的原因。家庭环境并不优越，西蒙斯只能自强自立，而她不懈的努力又不断地为她迎来贵人相助的机会。可见，女性即使没有优越的家庭背景，也可以凭借自身的努力成就精彩的人生。

4. 执着的追求和宽厚的心胸是克服困难的必备素质

从“五朵金花”的成长历程和治学治校经历中可以看出：她们都是追求执着、胸怀宽广的女性。在尚未实现男女平权的社会，女性遭遇的挫折注定比男性多。而如何克服困难阻力，很大程度上取决于女性是否拥有执着的信念和坚强的毅力。此外，“海纳百川，有容乃大”，女性越能包容他人，越能为自己赢得更大的发展空间。

当然，导致“五朵金花”走向成功的原因还有很多，比如超乎寻常的智慧，非同一般的亲和力、协调力、公关力、开拓力等。加之个体差异的存在，其实每一位校长都可以作为成功学的案例，供学者进行系统和深入的分析研究。

五、启示、反思与呼唤：中国教育期待“金花绽放”

研究成功者的足迹，是为了更好地指引自身未来前进的方向。“五朵金花现象”及“五朵金花”的成长、成功、成就之于当今中国高等教育的发展，同样极具启示意义。

（一）好校长不是培养出来的，而是在实践中锻炼出来的

“五朵金花”被公认为好校长，而能够证明她们优秀的标准就是她们过往的经历和业绩。“五朵金花”均从事数十年的教学、科研工作，又分别担任过系主任、院长、教务长等不同类别的行政管理职务且持续了多年。除了具备深厚的学术功底和丰富的教学经验外，她们的管理经验也相当丰富。从“五朵金花”的经历中我们可以得出这样一个结论：好校长不是刻意培养出来的，而是在实践中锻炼出来的。在高等教育领域，实践之于管理者的意义远远高于理论教化。

（二）优秀的学者与教师经历更能成就好校长

“五朵金花”被任命为校长前均是所在科研领域的领军人：罗丹是著名的心理学家；福斯特是著名的历史学家；西蒙斯是著名的比较文学评论家；蒂尔曼是著名的生命科学家；古特曼是著名的政治学家和哲学家。其中，蒂尔曼同时是美国国家科学院院士，古特曼也兼任美国艺术与科学院院士。此外，“五朵金花”也都是经验丰富的教师。当选校长

图 1　2007 年 5 月 3 日,常青藤盟校新老五位校长:鲁斯·西蒙斯(左一)、朱迪·罗丹(左二)、德鲁·福斯特(中)、艾美·古特曼(右二)、雪莉·蒂尔曼(右一),齐聚哈佛大学,共同探讨高等教育的发展问题和变化中的女性角色议题①

前,她们的教龄都超过了 20 年以上。蒂尔曼和古特曼还曾因为教学成绩突出,被授予"校长杰出教学奖"。

(三)好校长不会与科研、教学绝缘

难能可贵的是,"五朵金花"当选校长后,并没有就此中断学术生涯,并且依然坚持一线教学,与学生保持教学相长的亲密互动关系。蒂尔曼直到卸任前,还去实验室做研究,一直保持着生命科学界常青树的地位。2007 年,她还因科研成就卓著,被美国遗传学会授予荣誉奖章。除蒂尔曼外,其他四位研究社会科学和人文科学的校长,上任后也都有非常丰厚的著述。

研究"五朵金花现象"对于当今中国高等教育的意义不仅是一种启示,而更应该是一面观照现实问题的镜子。

1. 教育管理人才需要时间、经历的磨砺方能成就栋梁之材

"五朵金花"初任校长时的年龄均在 50~60 岁之间。美国没有硬性规定的退休制。据 2012 年美国的一组大学校长年龄统计显示,在美国最顶尖的 69 所高校中,70 岁以上的校长有 9 人,60~70 岁之间的有 45 人,50~60 岁之间的有 14 人,而 50 岁以下的校长仅

① 图片来源于 http://www.chinanews.com/edu/kong/news/2008/03-18/1195137.shtml。

有 1 人(48 岁)。① 反观中国的国情,退休制度对年龄的限制,特别是对女性的年龄限制,很大程度上剥夺了高等教育精英知识分子特别是女性精英知识分子继续创造价值、献身教育事业的机会。对于中国的高等教育事业和整个社会而言,这是优质教育资源的巨大浪费和无法弥补的巨大损失!

2. 高等教育的终极目标是完善人格

"五朵金花"在任时都大力推行人文教育和通识教育,不约而同地坚守"以人为本"的教育理念。在她们的演讲中,频频出现 Liberal Art(人文教育)、Humanism(人道主义)、Interdisplinary(跨学科)等与之相关的词语。在常春藤的教育形态中,大学不仅仅是传授知识的地方,更是启迪心智、完善人格、成就美好、服务社会、改造世界的精神圣地。这是当今中国高等教育机构最需要向常春藤学校借鉴和取经之处。

3. 名牌大学的贵族气质源自尊严和操守

"五朵金花"中除罗丹外,其他四位校长在任期间均遭遇了美国历史上最严重的金融危机。这一时期,为了保障预算、维持学校的正常运营,美国很多高校开始增加学费,大力扩招海外留学生。这一举措虽然保障了资金来源,却保证不了教学质量。非常时期,很多高校都选择了饮鸩止渴的办法。与之截然不同的是,常春藤盟校的四位女校长却另辟蹊径,一方面严格控制生源渠道,一方面积极募捐,帮助学生和学校共同走出困境。在"五朵金花"看来,无论怎样都不能跨越大学的底线,优质的教学质量培养出优秀的人才永远是常春藤生命力长青所在。名牌大学的塑造不能急功近利,而应依靠其独立的精神气质、独特的优质优化培养模式、先进开明的教育理念和人性化的办学体系来共同成就。

研究美国常春藤盟校的"五朵金花现象",最终是为了服务于中国高等教育事业的发展。我们或许更应该思考:当今中国高校的"金花"在哪里? 1924 年,北京女子高等师范学校诞生了第一位大学女校长杨荫榆;1928 年,金陵女子大学诞生了第二位女校长吴贻芳;新中国成立后,中国的高等教育界又相继走出了复旦大学校长谢希德、东南大学校长韦钰、北京广播学院(2004 年更名为中国传媒大学)校长刘继南、黄河科技学院院长胡大白、同济大学校长吴启迪、北京外国语大学校长陈乃芳等一批高校女掌门。中国的大学女校长队伍看似不断壮大,但从全局来看,她们仍然是校长队伍中的凤毛麟角。"以教育部直属的 72 所高等院校为例,有女性正校级管理者 11 名、女性副校级管理者 83 名。在大学校级管理者中,女性平均所占比例为 11%,其中,正职女性所占比例为 7.33%。"②副职女校长不在少数,正职女校长却寥寥无几。中国高校女性管理者呈现出"基层多、高层

① 郭英剑. 美国一流高校进入"大换血"时代[N]. 中国科学报,2012-10-10.

② 张爱淑,袁迎菊. 高校女性管理者的自我认知与社会认同[J]. 中国矿业大学学报(社会科学版),2006(4).

少，低职多、高职少，副职多、正职少”[①]的“三多三少”特点。

中国大学呼唤“五朵金花现象”的出现；中国大学呼唤中国“金花”的脱颖而出！我们期许，中国的大学有一天也能花开遍地、姹紫嫣红！我们更期待，有越来越多立足本土、放眼世界的中国“金花”给中国的高等教育创造一个如花似锦的未来！

（钟蕾，中国传媒大学经济管理学院兼职教授，传播研究院兼职研究员，传播学博士）

① 邱婧．中美高校管理层中女性参与的个案比较［J］．广西师范大学学报，2002（11）．

图书在版编目(CIP)数据

大学的选择与责任：第七届世界大学女校长论坛 /周丽娜，王娟主编. --北京：中国传媒大学出版社,2024.5

ISBN 978-7-5657-3343-7

Ⅰ.①大…　Ⅱ.①周…　②王…　Ⅲ.①高等教育—国际学术会议—文集　Ⅳ.①G64-53

中国版本图书馆 CIP 数据核字(2022)第 205456 号

大学的选择与责任：第七届世界大学女校长论坛

DAXUE DE XUANZE YU ZEREN：Di-QI JIE SHIJIE DAXUE NYUXIAOZHANG LUNTAN

主　　编　周丽娜　王　娟
策划编辑　李水仙
责任编辑　欧丽娜
责任印制　李志鹏
封面设计　拓美设计

出版发行　中国传媒大学出版社
社　　址　北京市朝阳区定福庄东街 1 号　　**邮　　编**　100024
电　　话　86-10-65450528　65450532　　**传　　真**　65779405
网　　址　http://cucp.cuc.edu.cn
经　　销　全国新华书店

印　　刷　唐山玺诚印务有限公司
开　　本　787mm×1092mm　1/16
印　　张　13.5
字　　数　286 千字
版　　次　2024 年 5 月第 1 版
印　　次　2024 年 5 月第 1 次印刷

书　　号　ISBN 978-7-5657-3343-7/G · 3343　　**定　　价**　68.00 元